■ 新编高等院校财经会计类"十三五"创新系列精品教材
XIANBIAN GAODENG YUANXIAO CAIJING KUAIJILEI "SHISANWU" CHANGXIN XILIE JINGPIN JIAOCAI

财务管理学
CAIWU GUANLI XUE

主　编　王　琳　方国旗
副主编　黄炯华　刘华志
　　　　余晓凤　尹玉林
　　　　王　瑶

 中国商业出版社

图书在版编目(CIP)数据

财务管理学 / 王琳,方国旗主编. —北京:中国商业出版社,2017.9
 ISBN 978－7－5044－9916－5

Ⅰ.①财… Ⅱ.①王…②方… Ⅲ.①财务管理 Ⅳ.①F275

中国版本图书馆 CIP 数据核字(2017)第 137196 号

责任编辑:蔡 凯

中国商业出版社出版发行
010－63180647　www.c－cbook.com
(100053　北京广安门内报国寺 1 号)
新华书店经销
北京世嘉印刷有限公司印刷

＊　＊　＊　＊　＊

787×1092 毫米　1/16　18 印张　300 千字
2017 年 9 月第 1 版　2017 年 9 月第 1 次印刷

定价:45.00 元

＊　＊　＊

(如有印装质量问题可更换)

前 言

财务管理是经济和管理类专业的核心课程,在课程体系中占有重要的地位,同时也是企业管理的重要工作。本教材以公司制企业为对象,在阐述现代企业财务管理基本理论和方法的基础上,以企业资金运动为主线,着重介绍了企业筹资、投资、运营、分配等财务实际运作。全书共分为十章,内容主要包括:总论、资金时间价值与风险价值、筹资管理、资本成本与资本结构、投资管理、证券投资、营运资金管理、股利分配、财务分析与评价、企业价值评估。

本书融合了优秀教材较好的知识点,密切联系实际,在介绍财务管理基本理论的同时,注重财务管理的可操作性和应用性;内容体系完整、清晰简捷;以行业技能为原则,贴近中级会计师、注册会计师相关科目考试的要求,为以后就业取得职业技术资格奠定基础;并吸收了国内外财务管理理论和实务的最新研究成果,内容有一定的前沿性。

本教材由王琳、方国旗老师担任主编,黄炯华、刘华志、余晓凤、尹玉林、王瑶担任副主编。王琳负责全书统稿与定稿工作。本书是参编老师在长期教学实践中不断摸索教学规律、积累教学经验、充分吸收和消化国内外优秀教材的基础上编写出来的,追求的是以复杂问题简单化的表达方式,将财务管理知识呈现给每一位读者。本书既可应用于高等院校会计专业及其他经济管理类专业的财务管理课程,同时又可作为企业财务管理人士的工具书。

在编写的过程中,充分吸取了各类教材的优点,但是由于时间仓促,编者的学术水平有限,书中难免存在有不当及错误之处,请读者提出宝贵意见,是本书不断的修正完善。

编者
2017 年 9 月

目 录

第一章　总　论 ……………………………………………………………… (1)
　　第一节　财务管理基础 ……………………………………………………… (1)
　　第二节　财务管理内容 ……………………………………………………… (5)
　　第三节　财务管理目标 ……………………………………………………… (6)
　　第四节　财务管理原则 ……………………………………………………… (10)
　　第五节　财务管理环节 ……………………………………………………… (18)
　　第六节　财务管理环境 ……………………………………………………… (19)

第二章　资金时间价值与风险价值 …………………………………………… (26)
　　第一节　资金时间价值 ……………………………………………………… (26)
　　第二节　投资的风险价值 …………………………………………………… (38)
　　第三节　投资组合的风险与收益 …………………………………………… (42)

第三章　筹资管理 ……………………………………………………………… (48)
　　第一节　筹资管理概述 ……………………………………………………… (48)
　　第二节　债务筹资 …………………………………………………………… (52)
　　第三节　股权筹资 …………………………………………………………… (59)
　　第四节　混合筹资 …………………………………………………………… (67)
　　第五节　资金的需求量预测 ………………………………………………… (71)

第四章　资本成本与资本结构 ………………………………………………… (77)
　　第一节　资本成本 …………………………………………………………… (77)
　　第二节　杠杆原理 …………………………………………………………… (84)
　　第三节　资本结构 …………………………………………………………… (88)

第五章　投资管理 ……………………………………………………………… (99)

第一节　投资管理概述 ·· (99)
　　第二节　投资项目财务评价指标 ······································ (103)
　　第三节　项目投资决策评价指标的运用 ····························· (113)

第六章　证券投资 ·· (118)
　　第一节　证券投资概述 ·· (118)
　　第二节　债券投资 ··· (126)
　　第三节　股票投资 ··· (134)
　　第四节　基金投资 ··· (143)

第七章　营运资金管理 ··· (150)
　　第一节　营运资金的概述 ·· (150)
　　第二节　现金管理 ··· (158)
　　第三节　应收账款的管理 ·· (169)
　　第四节　存货管理 ··· (180)
　　第五节　流动负债管理 ··· (190)

第八章　股利分配 ·· (198)
　　第一节　利润分配概述 ··· (198)
　　第二节　股利支付的程序和方式 ······································ (199)
　　第三节　股利分配的理论和政策 ······································ (201)
　　第四节　股票股利、股票分割和股票回购 ························· (204)

第九章　财务分析与评价 ·· (211)
　　第一节　财务分析与评价的概述 ······································ (211)
　　第二节　财务指标分析法 ·· (216)
　　第三节　上市公司财务分析 ··· (231)
　　第四节　综合财务分析 ··· (234)

第十章　企业价值评估 ··· (237)
　　第一节　企业价值评估的概述 ·· (237)
　　第二节　相对价值模型 ··· (243)
　　第三节　现金流量折现模型 ··· (253)

附录 ·· (276)

第一章 总 论

【本章提要】

本章主要介绍财务管理的基本知识，通过对本章内容的学习，了解企业的组织形式；掌握财务管理的特点与原则；掌握财务管理的目标；熟悉各利益群体之间的矛盾和协调方式；了解财务管理的环节、体制以及财务管理的技术环境、法律环境、经济环境和金融环境。

【学习目标】

- 理解财务管理的概念、主体
- 掌握财务管理的投资、筹资决策和营运资本管理
- 理解财务管理的目标和原则
- 掌握财务管理的计划与预算、决策与控制和分析与考核
- 理解财务管理的技术、经济、金融和法律环境

第一节 财务管理基础

一、财务管理的概念

财务管理是基于企业生产与再生产过程中客观存在的财务活动和财务关系而产生的，是利用货币价值形式对企业的再生产过程进行的管理，是组织财务活动、处理财务关系的一项经济管理工作。

在社会主义市场经济的条件下，企业是盈利性的经济组织。企业要在市场经济中生存和发展，必须筹集生产所需的资金，不断地从事生产经营活动，进行生产与再生产，生产能够满足消费者需要的社会产品，并从中获取利润；在市场经济环境中，社会产品表现的是商品，它是使用价值和价值的统一体；企业生产与再生产过程也表现为使用价值的生产和交换过程与价值的创造和实现过程的统一；企业进行生产经营活动，劳动者在生产过程中所消耗的生产资料的价值转移到产品中去，并创造出新的价值，通过出售产品，这样有规律地进行循环

和周转，实现了价值的增值，形成价值运动；财务管理是利用货币时间价值对企业的再生产过程的管理。

企业的生产经营活动总是不断进行的，即再生产过程是动态的，所以再生产过程中发生的各项经济业务或事项通过货币来计量，就体现为价值运动，也就是说资金的实质是再生产过程中运动的价值，即资金运动。企业的资金运动从货币开始，分别通过购买、生产、销售等过程，又回到货币资金形态的运动过程，表现为周而复始的资金循环。因此，在整个过程中，表现为实物商品的运动，同时又表现为资金的运动。企业的资金运动，成为企业经济活动的一个独立方面，具有自己客观的运动规律，这就是企业的财务活动。财务管理工作的第一项重要的内容就是组织财务活动。

企业的资金运动，从现象上看表现为形形色色的物资运动，表现为钱和物的增减变动。但是资金自己不会自动的运动，它的背后是人，即利益相关的人。所以资金运动不仅表现为钱和物的增减变动，而且体现了企业利益相关者的经济利益关系。这种由资金运动所体现的经济利益关系，也就是财务关系。财务管理工作的第二项重要的内容就是处理财务关系。

二、财务管理的主体

综上所述，企业生产与再生产过程表现为资金运动的过程。运动是绝对的，静止是相对的，即绝对的运动中有相对的静止，所以资金运动过程中相对的各个阶段总是与具体的财务活动相对应的，也就是说，资金运动总是通过具体的财务活动内容来实现的。这里的财务活动，是指企业资金的筹集、投放、使用、收回及分配等一系列活动，因此，财务活动可以相对分为以下几个方面：

（一）筹资活动

在市场经济条件下，企业进行生产经营活动，必须得有资本，即必须以拥有或控制相当数量的资金为前提。企业的财务活动是以筹资为起点的，这里的筹资是指企业为了满足自身投资、用资的需要，筹措和集中资金的活动。

企业可以从股东和债权人两方面来筹资，从而形成两种不同性质的资金来源——股东权益资金和债务资金。企业股东权益资金是通过向投资人吸收直接投资、发行股票、留存收益等方式取得，其投资者包括国家、法人、自然人等，企业在持续经营期间，不需要归还。企业债务资金是企业通过银行借款、发行债券、商业信用等方式取得资金，但企业要按照合同规定按期还本付息。

企业在筹资过程中，考虑更多的是资本结构，即指所有者权益资金和债务资金的比例关系。因此，不但要确定筹资规模，以保证投资用资所需要的资金，同时最为关键的是确定筹资渠道，即解决资本结构。

（二）投资活动

企业筹集资金的目的是为了投资，将其取得的资金投入生产经营活动中使用，以实现企业价值的最大化，否则，筹资就失去了目的、效用和意义。在投资过程中，企业一方面要考虑投资的规模大小，以确保获取最佳投资报酬；另一方面要选择投资方向和投资方式，确定合理的投资结构，以提高投资报酬率、降低投资风险。

企业投资可以分为广义的投资和狭义的投资两种。广义的投资是指企业将筹集的资金投入使用的过程，包括对外投资和对内投资。对外投资指购买其他企业股票、债券、基金等对外投放的过程。对内投资指企业购置流动资产、固定资产、无形资产等内部使用资金的过程。狭义的投资仅指对外投资。无论企业购买内部生产经营所需资产，还是购买其他企业的各种证券，都需要支付资金。而当企业变卖其对内投资形成的各种资产或收回其对外投资时，则会产生资金的收入。这种因企业投资而产生的资金的收付，便是由投资而引起的财务活动。

(三) 资金营运活动

资金营运活动是指企业在日常生产经营中发生的一系列资金收付的财务活动。这一系列的资金收付表现为：首先，企业要购买原材料或商品，以便从事生产和销售活动，同时，还要支付员工工资和其他营业费用；其次，当企业把产品售出后，取得了收入，并收回资金；最后，如果企业现有资金不能满足企业经营的需要，还要利用短期借款或商业信用等方式来融通资金。上述各方面都会产生企业资金的收付，这种因企业经营而发生的财务活动，称为资金营运活动。

企业的营运资金，主要是为满足企业日常经营的需要而垫支的资金，营运资金的周转与生产经营周期具有一致性。在一定时期内，资金周转越快，就可充分利用现有的资金，占用的资金就越少，这样资金的利用效率就越高，就可能生产出更多的产品，取得更多的收入，从而获得更多的收益。因此，在资金营运活动过程中，企业要考虑如何加快资金的周转，来增加资金利用的效果。

(四) 分配活动

企业分别通过投资和资金营运活动，就会取得相应的收入，并实现利润，即资金的增值。企业取得的各种收益应当根据现行法规和规章要求进行分配。广义地说，分配是指对企业各种收益进行分割和分派的过程，包括缴纳税收、支付利息、支付租金、支付薪酬和分配利润等；而狭义的分配仅指对利润尤其是净利润的分配。

企业通过生产经营活动取得的收益，其计算是按照会计的核算原则来进行的，首先要用以弥补生产经营成本和费用，缴纳流转税，其差额部分为企业的营业利润；营业利润和营业外收支净额投资收益等构成企业的利润总额。利润总额首先要按国家规定缴纳所得税，净利润要提取公积金，分别用于扩大积累、弥补亏损和改善职工集体福利设施，其余利润作为投资者的收益分配给投资者或暂留存企业或作为投资者的追加投资。另外，随着分配过程的进行，不但表现在资金运动的规模上，而且表现在资金的结构上，如筹资结构。这种因企业收益的分配而引起的财务活动，称为分配活动。

上述财务管理活动的四个方面是有机结合在一起的，是相互依存、相互联系的。筹资活动是财务管理的基础环节，建立一个企业时，必须筹集资本作为最初资本，所以先有筹资活动，才会有投资和资金营运活动，同时投资和资金营运也会影响资金筹集和利润分配。利润分配既是一项分配活动，也是一项筹资活动。所以，在进行财务管理决策时，企业要考虑上述四个方面的内容，合理调度，统筹安排，才会取得好的管理效果。

三、财务管理的关系

企业在生产经营过程中，会与利益相关者如政府、投资者、债权人、受资者、债务人、员工等发生财务关系。因此，企业本质上是一个利益相关者的契约集合体。企业在财务管理中也会与利益相关者发生财务关系。企业财务关系是指企业在组织财务活动过程中与利益相关者所发生的经济利益关系。企业的财务关系主要有以下几个方面：

（一）企业与政府之间的财务关系

国家的职能通过政府来行使，因此中央政府和地方政府作为社会管理者，担负着维护社会稳定、促进社会和谐、保卫国家安全、组织和管理社会活动等任务，行使政府行政职能。政府行使职能是以财政收入为经济基础的，税收又是国家财政收入的基础。政府依据社会管理者的身份，无偿参与企业利润的分配。企业必须按照国家税法的规定向税务机关缴纳各种税款，包括所得税、流转税、财产税、资源税和行为税等。企业与政府的财务关系是通过企业和国家有关税务机关来表现的，企业作为纳税人与国家税务机关之间形成依法纳税与依法征税的关系。这种关系表现出一种强制与无偿的分配关系。

（二）企业与投资者之间的财务关系

企业与投资者之间的财务关系主要指企业的投资者向企业投入资本，企业向投资者分配利润所形成的经济关系。投资者向企业投入资金而拥有对企业净资产的最终所有权及与之相关的收益权。企业的出资者主要有：国家、自然人和法人单位。投资者要按照出资合同、协议、章程的约定履行出资义务。企业利用资金购置资产，借入债务，形成法人财产。企业拥有对法人财产的所有权，并据此开展经营活动。企业实现利润后，按照合同规定的出资比例向出资者支付报酬。一般而言，出资者的出资额不同，他们对企业承担的责任与享有的权利也不同。通常投资者与企业会产生以下财务关系：投资者对企业资产的控制程度；对企业获取利润的分配份额的多少；对企业净资产的分配权的大小；对企业承担经济法律的责任。

（三）企业与债权人之间的财务关系

企业与债权人之间的财务关系是指企业向债权人借入款项，按借款合同及时还本付息所形成的经济关系。因此，债权人是企业资金来源的又一重要供给者。企业的债权人主要有：债券持有人、银行等贷款机构、商业信用提供者、其他出借资金给企业的单位和个人。企业与债权人之间的关系是债务与债权的关系。

(四)企业与受资者之间的财务关系

企业与受资者之间的财务关系是指企业购买其他企业的股票或直接以投资的形式向别的企业投资所成的经济关系。企业除了自身生产经营活动外，还会向其他企业投资，按约定履行出资义务，并根据其出资份额参与受资者的经营管理和利润分配。企业与受资者企业之间的关系，表现为所有权性质与受资的关系。

(五)企业与债务人之间的财务关系

企业将其资金向其他企业提供借款、购买债券或商业信用等形式出借给其他单位，并依据合同规定，有权要求其债务人按约定的条件支付利息和归还本金。企业与其债务人的关系表现的是债权与债务关系。

(六)企业与员工之间的财务关系

企业与员工的经济关系主要按照劳务合同进行。员工以自身提供的劳动作为获取报酬的依据。企业根据员工为企业作出贡献的程度，用收入向员工支付工资、津贴，用利润向员工支付奖金、提取公益金等，表现的是员工个人和集体在劳动成果上的分配关系。由于员工分配的多少最终会导致所有者权益的变动，企业与员工的分配关系还将直接影响出资者的利益。这种与职工关系表现为职工个人与企业在劳动成果上的分配关系。如何处理员工与出资者之间的利益关系，是企业能否长期稳定、持续发展的关键因素，也是现代企业治理结构的核心问题。

第二节 财务管理内容

一、投资决策

企业的投资包括购买固定资产和无形资产等的对内投资，也包括购买股票、债券以及兼并、收购等的对外投资。在投资管理中，企业财务人员应对投资项目进行论证，不仅要论证投资方案的现金流入与流出，还要论证投资的回收期，同时要控制投资风险，对不同的投资方案进行选择或进行投资组合。另外，还要根据企业的财务状况，确定合理的投资规模，防止盲目投资，影响财务结构的稳固性，要在投资之前进行详细的分析，做出正确的决策。

二、筹资决策

在企业筹资管理中，一是要正确预测需要筹资的金额规模多少最合理。二是合理确定筹资的方式，如发行股票和借入资金的选择以及两种方式的比例确定。三是如果采取借入资金，要对发行债券还是从银行借入做出决策。四是要对采取长期还是短期借款以及两者的比例做出选择与决策，同时还要对不同性质的银行的借款比例进行决策，保证借款的稳定性，防止大起大落。五是要对还款的方式进行选择等等。

(一) 权益资金和借入资金

权益资金是企业股东提供的资金。它不需要归还,筹资的风险小,但其期望的报酬率高。借入资金是债权人提供的资金。它要按期归还,有一定的风险,但其要求的报酬率比权益资金低。

(二) 长期资金和短期资金

长期资金是企业可长期使用的资金,一般包括长期负债和权益资金。短期资金一般是指在一年内要归还的短期借款。也就是说短期资金的筹集应主要解决临时的资金需要。

三、营运资本管理

在运营资金管理中,主要涉及流动资产与流动负债的管理,关键是加快资金周转,提高资金的使用效果。主要包括存货决策、生产决策、信用管理、税收筹划等。

第三节 财务管理目标

一、财务管理目标理论

财务管理目标是指企业在特定的理财环境中,通过组织财务活动,处理财务关系所要达到的目的。财务管理目标是企业目标在财务上集中反映。所以,财务管理目标取决于企业的目标,同时又受财务管理自身特点的制约。

作为盈利性的现代企业,所追求的目标是提高经济效益,确保投资者投入的资金保值、增值,因此企业财务目标的设定应使其一切理财活动都围绕着如何不断提高企业的经济效益。企业选择什么样的目标,目前存在许多不同的观点,最具代表性的财务目标主要有以下几种观点:

(一) 利润最大化

利润最大化在西方经济理论中是一种根深蒂固的观点。这种观点认为:利润是企业新创造的财富,是企业继续生存与发展的必要条件,有利于财务管理行为向着企业利润最大化的方向发展。以利润最大化作为财务管理目标有其科学性和合理性,主要原因有:一是在市场经济条件下,利润是衡量剩余产品的重要指标。人类从事生产经营活动的目的是创造更多的剩余产品,而剩余产品的多少,可以用利润来综合衡量;二是在自由竞争的资本市场中,资本总是流向获利最多的企业,因此,资本的使用权最终属于获利最多的企业;三是每个企业都追求利润最大化,整个社会的财富才能实现最大化。但是,持相反观点的人认为:片面强调利润最大化的目标,可能会产生许多问题,利润最大化并不能绝对化。

企业以利润最大化作为财务管理的目标有以下几个缺陷:(1)没有考虑货币的时间价值。从时间价值的角度来看,利润取得的时间不同,他们的价值也不同。比如,4年末获得利润8000万元与4年中每年年末获利2000万元相比较,哪个方案对企业更有利,必须考虑货币的时间价值才能作出正确判断。(2)没有考虑投入与产出的关系,即忽视投入企业的资本与所获取的利润之间的关系,因而不利于不同资本规模企业之间的横向比较及同一企业在不同时期的纵向比较。比如,同样获得200万元利润,一个企业投入400万元,另一个企业投入500万元,哪一个更符合企业的目标？利润最大化不能回答这个问题。(3)没有考虑风险因素。在投资决策中,不考虑风险因素将导致错误的决策。两个预期投资利润相同而风险不同的项目将使管理者作出与没有考虑风险因素时完全不同的决策。比如,同样投入200万元,本年获利50万元,一个获利并且货款全部收回,已转化为现金,另一个则全部是提供商业信用表现为应收账款,可能发生坏账损失,哪一个更符合企业的目标？不考虑风险大小,就无法作出准确判断。(4)片面追求利润最大化,使企业目光短浅,导致短期行为,企业往往为获取一些近期利润而忽略或放弃长远利益,如忽视生产安全、产品开发、人才培养和社会责任等,忽视远期投资,缺乏发展后劲,影响企业可持续发展。

(二)股东财富最大化

这种观点认为:企业是股东投资创办的,股东出资创办企业的目的是为了让企业为其创造财富,使其财富增值。增加股东财富是财务管理的目标。股东财富最大化的实质是普通股股价最大化。股东财富表现为股东拥有的股票数量与每股市价的乘积。股票价格反映了股东及其潜在的投资者对企业价值所做的评价。这一目标的优点在于:考虑了风险因素的存在,因为风险因素的高低会体现在股票的价格中;考虑了货币的时间价值因素;能较好地反映管理当局的盈利业绩、企业目前和未来的获利能力、预期的收益等因素及其变化。

股东财富最大化作为企业目标具有一定的缺陷:(1)片面强调股东的利益,忽视了其他利益相关者的利益,如债权人、管理人员、职工的利益,因此不符合企业的长远发展。(2)适用的范围较窄,只适合于上市公司。在没有发达的证券市场的背景下,尤其是在以投机为主的证券市场中,股价并不必然代表市场对企业业绩的客观评价。这一点在目前我国的证券市场中尤其值得注意。(3)股东财富最大化的目标是建立在部分假设基础之上的,这些假设有:其他资金的提供者—如债权人受到完全的保护,不会受股东的侵害;管理层以股东的利益为导向,与股东利益一致。但在市场经济中,这些利益相关者是有利益冲突的,因此,这些假设往往是不成立的。

(三)企业价值最大化

根据筹资来源可知,企业的资金来自于股东和债权人。因此企业价值是指企业的全部资产(股东和债权人提供)市场价值之和。对企业价值进行评估时,重点考虑的企业作为一个整体资产在未来可以给企业带来经济利益的能力,即企业潜在的获利能力。企业价值与股东财富不同的是,考虑了负债的市场价值部分。企业价值最大化的实质是在保持企业长期稳定、持续发展的基础上实现企业价值的不断增长,以便合理地满足利益相关者的利益要求。企业价值是由未来现金净流入量决定的,其计算公式为:

$$V = \sum_{t=1}^{n} \frac{CF}{(1+i)^t}$$

式中:V 表示企业的价值;CF 表示企业在 t 期预期得到的现金净流入量;i 表示包含股东和债权人的平均资本成本,作为对企业各期所得到的净现金流入量的折现率,折现率的大小反映了企业风险程度的高低,风险高,折现率大,风险低,折现率小;t 表示各期现金流入的时间;n 表示产生现金流量的总期数。

企业价值最大化从现代企业理论出发,着重强调在企业价值增长中满足利益相关者的利益要求,具体内容为:(1)强调股东与债权人整体利益,重大决策请债权人参加讨论,培养可靠的资金提供者。(2)强调管理层的利益,追求符合企业长远发展的要求,避免管理层者的短期行为。(3)强调风险与报酬的权衡关系,将风险控制在企业可以承受的范围之内。(4)关心顾客的利益,在新工艺、新产品的研制和开发上有较高的投入,不断推出新工艺和新产品来满足顾客的要求,以便保持销售收入的长期稳定增长。(5)关心职工利益,创造和谐的工作环境。(6)关心国家宏观政策变化,主动适应对变化,努力争取参与国家制定政策的有关活动,以便争取颁布对自己有利的法规。

当然,以企业价值最大化作为财务管理目标也有缺陷。企业对未来收益进行预测时,其包含的风险具有不确定性,难以对企业价值进行准确的评估。

二、利益冲突与协调

股东和债权人都是企业资金的提供者,共同为企业提供了财务资源。但是在市场经济条件下,经营权与所有权分离。股东不参与企业管理,债权人又在企业之外,只有管理当局在企业内部直接从事管理工作。因此,股东、经营者和债权人之间构成了企业最重要的利益相关群。但是他们的目标并不完全一致。债权人把资金借给企业,并不是为了股东财富最大化,与股东的目标不一致。同时,企业是所有者的企业,财务管理的目标就是股东的目标,股东委托经营者代表他们管理企业,为实现他们的目标而努力,但经营者也有自己的利益目标,与股东的目标也不完全一致。企业必须协调这三方面的利益冲突,才能实现企业价值最大化的目标。

(一)股东与管理者

1. 管理者的目标

在现代企业中,所有权与经营权分离。股东和管理者分离以后,股东的目标是使其财富最大化,要求管理者以其财富最大化作为导向及尽最大的努力去完成这个目标。管理者也是最大合理效用的追求者,其具体行为目标与股东目标不一致。他们的目标是:(1)避免风险。

管理者努力工作可能得不到应有的报酬，他们的行为和结果之间有不确定性，经营者总是力图避免这种风险，希望付出一份劳动财务成本管理便得到一份报酬。(2)增加待遇，包括物质和非物质的待遇，如工资、奖金；提高荣誉和社会地位等。(3)增加空闲时间，包括较少的实际工作时间和有效工作时间中较小的劳动强度等。上述两个目标之间有矛盾，增加空闲时间可能减少当前或将来的报酬，努力增加报酬会牺牲闲暇时间。

2. 管理者对股东目标的背离

管理者的目标和股东不完全一致，管理者有可能为了自身的利益而背离股东的目标。这种背离表现在两个方面：(1)逆向选择。管理者为了自己的利益而背离股东的目标。这种背离表现在：购置高档小汽车，装修豪华的办公室等；借经营管理工作需要乱花股东的钱等，这些都会损害股东利益。(2)道德风险。管理者为了自己的目标，在工作中不是尽最大努力去实现企业的财务管理目标。他们认为：冒着经营风险努力工作来提高股价，股价上涨的好处归于股东，但若失败，他们在经理人市场上的"身价"将下跌。他们不做什么错事，也不十分卖力。这样以增加自己在正常的工作期间有更多的闲暇时间。这样做，股东很难追究他们的责任，因为，他们的行为不构成行政责任问题和法律，只是道德问题而已。

3. 防止管理者背离股东目标的方法

为了防止管理者背离股东的目标，一般有两种方式：(1)监督。管理者背离股东的目标，其主要原因是所有权与经营权分离，造成双方的信息不对称。主要是由于管理者是企业的经营者，了解的信息比股东多。避免"道德风险"和"逆向选择"的出路是股东获取更多的信息，对管理者进行监督，在经营者背离股东目标时，降低其各种形式的待遇，甚至解雇他们。但是，全面监督在实际上是行不通的，因为受到监督成本的限制。(2)激励。激励是减少管理者与股东之间矛盾、尽量使他们的目标趋一致的一种有效方法，如让管理者分享企业新增的财富，给管理者高额年薪、股票期权等，让股东财富的增长与企业管理者报酬的增长联系在一起。但是，用于激励的报酬过低，达不到激励效果；报酬过高，股东付出的成本过大，损害了自己的财富。所以，激励可以减少管理者背离股东目标程度，但不能解决所有问题。通常情况下，监督和激励同时应用，达到的效果比单一使用更好。

(二)股东与债权人

债权人将资金借给企业，其目标是按约定取得利息收入并在到期时收回本金；借款合同一旦成为事实，资金划到企业，债权人就失去了控制权。企业借款的目的是将它投入到生产经营中，甚至投入到高风险的项目，两者的目标并不一致。这可能导致债权人的风险与报酬不均衡，若高风险项目成功，额外收益归股东所有；若失败，债权人则不会得到完全受偿，要与股东共同承担损失。

债权人为了防止其利益被伤害，除了寻求立法保护，如优先于股东分配剩余财产、破产时优先接管等以外，通常采取以下方式：(1)债权人将预测的风险，并把这种风险的相应报酬纳入利率；(2)发现企业有损害其债权倾向时，拒绝进一步合作，不再提供新的借款并提前收回借款;(3)在借款合同中加入限制性条款,如规定不得发行新债或限制发行新债的数额、规定资金的用途等。

三、企业的社会责任

企业目标与社会需求在许多方面是一致的。比如,企业在追求自己的利益时,自然会满足社会需求,使社会受益。这表现在以下几个方面:(1)企业为了生存,必须要生产出符合社会需要的产品,满足社会的需求,同时实现了企业产品的价值;(2)企业为了发展,会不断开发新产品和新工艺,扩大生产经营规模,增加用工需求,解决社会的就业问题;(3)企业为了获利,会改善服务,改进产品质量,从而使社会受益,提高了顾客的生活质量和社会生产效率。

企业目标和社会目标也有不一致的地方。例如,企业为了获利,可能不顾员工的利益和健康,可能生产假冒伪劣产品、可能造成环境污染等。

股东谋求自己利益的时候,不应当损害别人的利益。市场经济也是法制经济,为此,国家加强法制建设,颁布了一系列保护公众利益的法律,如《中华人民共和国产品质量法》《中华人民共和国反不正当竞争法》《公司法》《中华人民共和国合同法》《中华人民共和国环境保护法》《中华人民共和国消费者权益保护法》等,通过这些法律调节股东和社会公众的利益。

企业只要依法经营,流着道德的血液,在谋求自己利益的同时就会使公众受益,这样才会使企业价值最大化。

第四节 财务管理原则

财务管理的原则,也称理财原则,是指企业组织财务活动、处理财务关系的基础,是人们对财务管理活动规律的理性的、共同的认识。它是联系财务管理实务与财务管理理论的纽带。财务管理实务是指人们在财务管理工作中使用的程序、方法和原则。财务管理理论是对财务管理进行研究的成果,通常包括假设、概念、原理和原则等。理财原则是财务管理理论和实务的结合部分。原则的应用要考虑具体的环境,并不是任何情况下都绝对正确,在特殊情况下就不一定正确。

对于如何概括理财原则,人们的认识不完全相同。道格拉斯·R·爱默瑞和约翰·D·芬尼特的观点最具有代表性,他们将理财原则概括为三类。

一、竞争环境的原则

有关竞争环境的原则，是对资本市场中人的行为规律的基本认识。

（一）自利行为原则

自利行为原则是指人们在进行决策时按照自己的财务利益行事，在其他条件相同的情况下人们会选择对自己经济利益最大的行动。

自利行为原则的依据是理性的经济人假设。该假设认为：人们对每一项交易都会衡量其代价和利益，并且会选择对自己最有利的方案来行动。自利行为原则假设企业决策人对企业目标具有合理的认识程度，并且对如何达到目标具有合理的理解。在这种假设情况下，企业会采取对自己最有利的行动。自利行为原则并不认为钱是任何人生活中最重要的东西，或者说钱可以代表一切。问题在于商业交易的目的是获利，在从事商业交易时人们总是为了自身的利益作出选择和决定，否则他们就不必从事商业交易。自利行为原则也并不认为钱以外的东西都是不重要的，而是说在"其他条件都相同时"，所有财务交易集团都会选择对自己经济利益最大的行动。

自利行为原则的一个应用是机会成本的概念。在多个可供选择的行动方案中，当一个人选取某个行动时，就等于失去了选取其他行动获利的机会，这种失去的能够获利的机会，就是机会成本，也称择机代价。因此决策人必然会将拟选的行动与其他的可能行动相比，看该行动是否对自己最有利。尽管机会成本或择机代价并没有实际发生，对它们进行计算也较困难，但是决策者不得不考虑机会成本在行动方案决策中的重要性，否则就能从多个方案中选取好的方案。

自利行为原则的另一个重要应用是委托代理理论。该理论认为，企业本质上是一个利益相关者的契约集合。在现代企业中，涉及的利益关系人包括股东、债权人（银行、债券持有者）、管理人员、员工、政府、社会公众、客户、供应商等。企业中的这些利益相关者都是按自利行为原则行事的，他们之间存在共同利益时也存在利益冲突。企业要有效经营，需要通过"契约"来协调利益冲突，这种通过"契约"来协调，大部分属于委托代理关系。因此，委托代理理论是以自利行为原则为基础的。

（二）双方交易原则

双方交易原则是指每一项交易都至少存在两方，在一方根据自己的经济利益决策时，另一方也会按照自己的经济利益决策行动，并且对方和你一样聪明、勤奋和富有创造力，因此你在决策时要正确预见对方的反应。

双方交易原则要求在财务交易实践中不能"以我为中心"，在谋求自身利益的同时要考虑对方的存在，因为对方也是自利的，是按照自利原则来决策的。这条原则要求在财务交易时，只有合作才能共赢，不能总是"自以为是"，错误估计对方，认为自己优于对方。

双方交易原则的建立依据是商业交易至少有两方,且交易是"零和博弈",以及各方都是自利的。每一项交易都有一个卖方和一个买方,这是客观事实。无论是卖方市场还是买方市场,在已经成为事实的交易中,买进的资产和卖出的资产总是一样多。例如,在证券市场上卖出一股就一定有一股买入。既然买入的总量与卖出的总量永远一样多,那么一个人的获利只能以另一个人的付出为基础。一个低的价格使购买人受益而卖方受损;一个高的价格使购买人受损而卖方受益,一方得到的与另一方失去的相等,从总体上看双方收益之和等于零,故称为"零和博弈"。在"零和博弈"中,双方都按自利行为原则行事,谁都想获利而不是吃亏。那么,为什么还会成交呢? 这是因为参与交易决策者的信息不对称。由于买卖双方信息不对称,所以对金融证券会产生不同的预期。不同的预期导致了证券买卖,低估股票价值的人卖出,高估股票价值的人买进,直到市场价格达到他们一致的预期时交易停止。如果对方不认为对自己有利,他就不会和你成交。因此,在决策时不仅要考虑自利行为原则,还要使对方有利,否则交易就无法实现。除非对方不知道自己的利益是什么,或者很愚蠢或者不自利,然而,这样估计商业对手本身就错误的。

(三)信号传递原则

信号传递原则,是指行动可以传递信息,并且比公司的声明更有说服力。信号传递原则要求根据公司的行为判断它未来的收益状况。例如,一个大量购买国库券的公司,该行动传递的信息是:很可能缺少净现值为正数的投资项目;一个经常用配股的办法向股东筹钱的公司,该行动传递的信息是:很可能自身产生现金能力较差;内部管理层持股人出售股份,常常是公司获利能力恶化或不能持续发展的重要信号。例如,安然公司在破产前报告的利润一直不断上升,但是其内部人士在1年前就开始陆续抛售股票,并且没有任何内部人士购进安然股票的记录(在美国上市公司的董事、高级经理人员和持股10%以上的股东,在买卖本公司股票时必须向证监会申报,并且会被证监会在其网站上公告,使得内部人士的交易成为公开信息)。这一行动表明安然公司的管理层已经知道公司遇到了麻烦。特别是在公司的宣告(包括它的财务报表)与其行动不一致时,行动通常比语言更具说服力。这就是通常所说的,"不但要听其言,更要观其行"。

信号传递原则还要求公司在决策时不仅要考虑行动方案本身,还要考虑该项行动可能给人们传达的是什么信息。所以,当决策会引起激烈竞争,则行动方案要保密;若决策传递的是利好消息,则行动方案可公开。在资本市场上,每个人都在利用他人交易的信息。自己交易的信息也会被别人所利用,因此应考虑交易的信息效应。例如,当把一件商品的价格降至难以置信的程度时,人们就会认为它的质量不好,它本来就不值钱。又如,一个律师事务所从简陋的办公室迁入豪华的写字楼,会向客户服务质量高、值得信赖、传达收费高的信息。在决定降价或迁址时,不仅要考虑决策本身的收益和成本还要考虑信息效应的收益和成本。

信号传递原则是自利行为原则的延伸。因为行动是在自利导向下进行的,如公司购买一项资产的行为就传递出该资产"物有所值",购买的行为提供了有关决策对未来的预期或计划的信息。

(四)引导原则

引导原则是指当所有办法都失败时,寻找一个可以信赖、可靠的成功者作为自己的榜样和引导。所谓"当所有办法都失败",是指寻找最准确答案的成本过高以至于不值得把问题完全搞清楚;或者我们的理解力存在局限性,不知道如何做对自己更有利。在这种情况下,不要继续坚持采用正式的决策分析程序包括收集信息、建立备选方案、采用模型评价方案等,而是直接模仿成功榜样或者大多数人的做法。如你在陌生的城市寻找一个就餐的餐馆不值得或者没时间调查每个餐馆的有关信息,你应当找一个顾客较多的餐馆去就餐。你不要去顾客很少的地方,那里不是服务很差就是价格很贵。

引导原则是行动传递信号原则的一种运用。很多人去这家餐馆就餐的事实,意味着很多人对它的评价不错;承认行动传递信号,就必然承认引导原则。

引导原则的一个重要应用,是行业标准概念。一流企业做标准,二流企业做品牌,三流企业做产品,这里的标准就是引导原则的应用,一流企业成为别人向导、标准,能引导潮流。企业是这样,同样在管理过程中也会发生同类事情。例如,对一项房地产的估价,如果系统的估价方法成本过高,不如观察一下近期类似房地产的成交价格。再例如,资本结构的选择问题,理论不能提供公司最优资本结构的实用化模型。观察本行业成功企业的资本结构,或者多数企业的资本结构,不要与它们的水平偏离太远,就成了资本结构决策的一种简便、有效的方法。

引导原则的另一个重要应用就是"免费跟庄(搭便车)"概念。一个"开拓者"花费时间和金钱得出一个最佳的行动方案,其他"追随者"通过模仿节约了信息处理成本。有时追随者甚至成了"成功人士",而开拓者却成了"革命烈士"。《中华人民共和国著作权法》和《中华人民共和国专利法》是在知识产权领域中保护开拓者的法律,强制追随者向开拓者付费,以避免自由跟庄问题的影响。但是在财务交易领域中并不存在这种限制。许多小股民经常跟随机构投资者或"庄家",以节约信息成本。当然,"庄家"也会利用免费跟庄(搭便车)现象,进行恶意炒作,损害小股民的利益。因此,各国的证券监管机构都禁止操纵股价的恶意炒作,以维持证券市场的公平性。

引导原则在理解时要求不能把引导原则等同于"盲目模仿"。引导原则只在两种情况下适用:一是寻找最优方案的成本过高,觉得不值得;二是认识能力有限,理解存在局限性,找不到最优的解决办法。在这种情况下,跟随大多数人或者值得信任的人才是有利的。引导原则不会帮你找到最好的方案,却常常可以使你避免采取最差的行动。它是一个次优化准则,其最好的结果是得出近似最优的结论,最差的结果是模仿了别人的错误。这一原则虽然有潜在的问题,但是我们经常会遇到理解力、成本或信息受到限制的情况,无法找到最优方案。需要采用引导原则解决问题。

二、创造价值的原则

有关创造价值的原则,是人们对增加企业财富基本规律的认识。

(一)有价值的创意原则

有价值的创意原则,是指新创意能获得额外报酬。

竞争理论认为,企业的竞争优势可以分为成本领先和经营奇异两个方面。经营奇异,是指产品本身、销售交货、营销网络等客户广泛重视的方面在行业内独树一帜。任何独树一帜都来自于新的创意。创造和保持经营奇异性的企业,如果其产品溢价超过了为产品的独特性而附加的成本,它就能获得高于平均水平的利润。正是许多新产品的发明,使得生产企业和发明人变得很富有。

有价值的创意原则主要应用于直接投资项目。一个项目依靠什么取得正的净现值?它必须是一个有创意的投资项目。重复别人现有做法或者过去的投资项目,最多只能取得平均的报酬率,只能维持而不能增加股东财富。不过根据信号传递原则和引导原则,新的创意迟早要被别人模仿,就会失去原有的优势,因此创新的优势都是暂时的。企业只有通过一系列的短期优势才能维持长期的竞争优势。只有不断创新,才能维持经营的奇异性并不断增加股东财富。

该项原则还应用于经营和销售活动。如连锁经营方式的创意使得麦当劳的投资人变得非常富有。

(二)比较优势原则

比较优势原则是指专长能创造价值。在市场上要想赚钱,必须要有自己的优势,发挥你的专长。在激烈的市场中,大家都想赚钱,你凭什么能赚到钱?依靠的是你的强项,你必须在某一方面比别人强,这样才能赚钱。王楠的专长是打乒乓球,若他改行去打篮球就违背了比较优势原则。没有比较优势的人,很难取得超出平均水平的收入;没有比较优势的企业,很难增加股东财富。

比较优势原则的一个应用是"人尽其才、物尽其用"。在有效的市场经济中,你不必要求自己是个通才,什么都能做得最好,但应知道谁能做得最好。对于某一件工作,如果有人比你自己做得更好,就支付报酬让他代你去做。同时,你去做比别人做得更好的事情,让别人给你支付报酬。如果每个人都去做能够做得最好的事情,每项工作就找到了最称职的人,就会产生经济效率。每个企业要做自己能做得最好的事情,一个国家的效率就提高了,同时效益也提高了。国际贸易的基础,就是每个国家生产它最能有效生产的产品和劳务,这样可以使每个国家都受益。

比较优势原则的另一个应用是优势互补。合资、收购、合并等,都是出于优势互补原则。一方有某种优势,如有核心竞争力的生产技术,另一方有其他优势,如杰出的销售网络,两者整合资源,可以使各自的优势快速融合,形成合力,从而形成新的优势。

比较优势原则要求企业把主要精力放在自己的比较优势上,而不是日常的运行上。建立和维持自己的比较优势,是企业长期获利的根本。

比较优势原则的依据是分工理论。让每一个企业生产最适合它生产的产品,让每一个人去做最适合他做的工作,社会的经济效率才会提高。

(三)期权原则

期权是指不附带义务的权利,它是有经济价值的。期权原则是指在估价时要考虑期权的价值。

期权概念最初产生于金融期权交易,它是指所有者(期权购买人)能够要求出票人(期权出售者)履行期权合同上载明的交易,而出票人不能要求所有者去做任何事情。在财务上,一个明确的期权合约经常是指按照预先约定的价格买卖一项资产的权利。

广义的期权不限于财务合约,任何不附带义务的权利都属于期权。许多资产都存在隐含的期权。例如,一个企业可以决定某个商品出售或者不出售,如果价格令人满意就出售,如果价格不令人满意就不出售。这种选择权是广泛存在的。一个投资项目,在决策时预期有正的净现值,因此被采纳并实施了,上马以后发现它并没有原来预期那么好。此时,决策人不会让事情按原计划一直发展下去,而会决定方案下马或者修改方案使损失减少到最低。这种后续的选择权是有价值的,它增加了项目的净现值。在评价项目时就应考虑到后续选择权是否存在以及它的价值有多大。有时一项资产附带的期权比该资产本身更有价值。

(四)净增效益原则

净增效益原则是指财务决策建立在净增效益的基础上,一项决策的价值取决于它和别的可供选择的方案相比所增加的净收益。

一项决策的优劣是与别的可供选择方案(包括维持现状而不采取行动)相比较而言的。如果一个方案的净收益大于别的可供选择方案,我们就认为它在可选方案中是好的决策,其价值是增加的净收益。在财务决策中净收益通常用现金流量计量,一个方案的净收益是指该方案现金流入减去现金流出的差额,也称为现金流量净额。一个方案的现金流出是指该方案引起的现金流出量的增加额;一个方案的现金流入是指该方案引起的现金流入量的增加额。"方案引起的增加额",是指这些现金流量依存于特定方案,如果不采纳该方案就不会发生这些现金流入和流出。

净增效益原则的应用领域之一是差额分析法,也就是在分析投资方案时省略其相同的部分,只分析它们有区别的部分。净增效益原则初看似乎很容易理解,但实际贯彻起来需要非常清醒的头脑,需要周密地考察方案对企业现金流量总额的直接和间接影响。例如,一项新产品投产的决策引起的现金流量不仅包括新设备投资,还包括动用企业现有非货币资源对现金流量的影响;不仅包括新产品的销售收入还包括对现有产品销售的积极或消极影响;不仅包括固定资产投资,还包括需要追加的营运资金;不仅包括产品直接引起的现金流入和流出,还包括对公司税务负担的影响等。

净增效益原则的另一个应用是沉没成本概念。沉没成本是指过去已经发生、不会被以后的决策改变的成本。沉没成本与将要采纳的决策无关,因此在分析决策方案时应将其排除,否则一个有利方案会被否定。

三、财务交易的原则

有关财务交易的原则,是人们对于财务交易基本规律的认识。

(一)风险—报酬权衡原则

风险—报酬权衡原则是指风险和报酬之间存在一个对等关系,投资人必须对报酬和风险作出权衡,冒了较大风险,就会要求较高报酬,或者不愿意冒风险就只能接受较低的报酬。所谓对等关系,是指高风险高报酬、低风险低报酬,高报酬下的投资项目必然伴随巨大风险,风险小的投资项目必然只有较低的收益。

如果人们都倾向于高报酬和低风险,而且都在按照自利原则行事,那么竞争结果就产生了风险和报酬之间的权衡。你不可能在低风险的同时获取高报酬,因为这是每个人都想得到的。即使你最先发现了这样的机会并率先行动,别人也会迅速跟进,竞争会使报酬率降至与风险相当的水平。因此,现实的市场中只有低报酬同时低风险和高报酬同时高风险的投资项目。

在财务交易中,当其他一切条件相同时人们倾向于低风险和高报酬。如果两个投资项目除了收益不同以外,其他条件(包括风险)都相同人们会选择收益较高的投资机会,这是自利行为原则所决定的。如果两个投资机会除了风险不同以外,其他条件(包括报酬)都相同,人们会选择风险小的投资项目,这是风险反感决定的。所谓"风险反感"是指人们普遍对风险有反感,认为风险是不利的事情。肯定的10元钱,其经济价值要大于不肯定的10元钱。

如果你想有一个获得巨大收益的机会,你就必须冒可能遭受巨大损失的风险,每一个市场参与者都在他的风险和报酬之间作权衡。有的人偏好低风险、低报酬,有的人偏好高风险、高报酬,但是每个人都要求风险与报酬对等,不会去冒没有价值的风险。

(二)投资分散化原则

投资分散化原则,是指不要把全部财富投资于单个公司,而要组合投资。投资分散化原则的理论依据是投资组合理论。马克维茨的投资组合理论认为,若干种股票组成的投资组合,其收益是这些股票收益的加权平均数,同时通过组合又可以抵消个别风险,所以风险要小于这些股票的加权平均风险,所以投资组合能降低风险。

投资分散化要求我们不能"所有的鸡蛋放在同一个篮子里",在投资决策中,如果一个人把他的全部财富投资于一个公司,这个公司破产了,他就失去了全部财产。如果他投资于20

个公司,只有 20 个公司全部破产,他才会失去全部财产。20 个公司全部破产的概率,比一个公司破产的概率要小得多。所以投资组合可以减低风险。

分散化原则具有普遍意义,不仅仅适用于证券投资,公司各项决策都应注意分散化原则。不应当把公司的全部投资集中于个别行业、个别产品和个别项目;不应当把销售集中于少数客户;不应当使重要的资源供应集中于个别供应商;重要的事情不要依赖一个人完成;重要的决策不要由一个人做出。凡是有风险的事项,都要贯彻分散化原则,以降低风险。

(三)资本市场有效原则

资本市场是指证券买卖的市场。资本市场有效原则是指在资本市场上频繁交易的金融资产的市场价格反映了所有可获得的信息,而且面对新信息完全能迅速地做出调整。

资本市场有效原则要求理财时重视市场对企业的估价。资本市场是企业的一面镜子,又是企业行为的校正器。股价可以综合反映公司的业绩,人为地改变会计方法、弄虚作假对于企业价值的提高毫无用处。一些公司把巨大的时间和精力放在报告信息的操纵上,通过"创造性会计处理"来提高报告收益,企图用财务报表给使用人制造幻觉,这在有效市场中是无济于事的。用关联交易、资产置换操纵利润,只能得逞一时,最终会付出代价,甚至导致公司破产。市场对公司的评价降低时,应分析公司的行为是否出了问题并设法改进,而不应设法欺骗市场。妄图欺骗市场的人,最终会被市场所抛弃。

市场有效性原则要求理财时慎重使用金融工具。如果资本市场是有效的,购买或出售金融工具的交易净现值就为零。公司作为从资本市场上取得资金的一方,很难通过筹资获取正的净现值(增加股东财富)。公司的生产经营性投资带来的竞争,是在少数公司之间展开的,竞争不充分。一个公司因为它有专利权、专有技术、良好的商誉、较大的市场份额等相对优势,可以在某些直接投资中取得正的净现值。资本市场与商品市场不同,其竞争程度高、交易规模大、交易费用低、资产具有同质性,使得其有效性比商品市场要高得多。所有需要资本的公司都在寻找资本成本低的资金来源,大家都平起平坐,机会均等的竞争,使财务交易基本上是公平交易。在资本市场上,只获得与投资风险相称的报酬,也就是与资本成本相同的报酬,很难增加股东财富。

(四)货币时间价值原则

货币时间价值原则,是指在进行财务决策和计量时要考虑货币时间价值因素。"货币的时间价值"是指货币在经过一段期间的投资和再投资到生产经营通劳动创造所增加的价值。

货币具有时间价值的依据是货币投入市场后其数额会随着时间的延续而不断增加。这是一种普遍的客观经济现象。要想让投资人出钱投资,市场必须给他们一定的收益。

货币时间价值原则的首要应用是现值概念。由于现在的 10 元货币比将来的 10 元货币经济价值大。不同时间点上的货币价值不能直接加减运算,需要它们折算到同一个时间点上来运算。通常,要把不同时间点上的货币价值折算到"现在"时点,然后进行运算或比较。把不同时点的货币折算为"现在"时点的过程,称为"折现",折现使用的百分率称为"折现率",折现到现在这个时间点就是现在的价值,简称为"现值"。会计中的计量属性之一"现值",就是货币时间价值的一个运用。同时财务估价中,广泛使用现值计量资产的价值。

货币时间价值的另一个重要应用是"早收晚付"观念。对于不附带利息的货币收支,与其晚收不如早收,与其早付不如晚付。货币在自己手上,可以立即用于消费而不必等待将来消费,可以投资获利而无损于原来的价值,可以用于预料不到的支付,因此早收、晚付在经济上是有利的。

第五节 财务管理环节

一、计划与预算

(一)财务预测

财务预测是根据企业财务活动的历史资料,结合现实的要求和条件,对企业未来的财务活动做出较为具体的预计和测算的过程。在财务管理活动中,财务预测往往不是孤立进行的,需要与生产预测、市场预测结合进行。财务预测可以测算各项生产经营方案的经济效益,为决策提供可靠的依据;可以预测财务收支的发展变化情况,以确定经营目标;可以测算各项定额和标准,为编制计划、分解计划指标服务,财务预测是财务管理循环的起点。财务预测的方法主要有定性预测和定量预测两类。

(二)财务计划

财务计划是根据企业发展战略目标和经营计划,结合财务预测结果,对未来一定期间的财务活动及其结果进行规划、布置和安排,它规定了企业计划期间财务工作的任务和目标,以及预期的财务状况和经营成果,并以指标形式落实到每一计划期间的过程。财务计划主要通过指标和表格,以货币形式反映在一定的计划期内企业生产经营活动所需要的资金及其来源、财务收入和支出、财务成果及其分配的情况。财务计划指标的方法一般有平衡法、因素法、比例法和定额法等。

(三)财务预算

财务预算是根据财务战略、财务计划和各种预测信息,确定预算期内各种预算指标的过程。财务预算是财务战略的具体化,是财务计划的分解和落实,是财务计划工作的终点,也是财务控制的起点,它将财务计划与财务控制联系起来。财务预算的编制方法通常包括固定预算与弹性预算,增量预算与零基础预算,定期预算与滚动预算。

二、决策与控制

(一)财务决策

财务决策是财务管理的核心。财务决策的方法主要有两类:一类是经验判断法、另一类是定量分析法。

(二)财务控制

财务控制是指在财务管理过程中,利用有关信息和特定手段,对企业的财务活动施加影响或进行调节,以便实现财务预算所规定的财务目标的过程。财务控制与财务预算有着密切的联系,是财务控制的依据,实行财务控制是落实财务预算、保证财务预算能够实现的有效措施,也是责任绩效考评与奖惩的重要依据。财务控制的方法通常有前馈控制、过程控制、反馈控制;财务控制的措施一般包括预算控制、运营分析控制和绩效考评控制等。

三、分析与考核

(一)财务分析

财务分析是指根据企业财务报表等信息资料,采用专门方法,系统分析和评价企业财务状况、经营成果以及未来趋势的过程。财务分析是本期财务活动的总结,是下期财务预测的前提,具有承上启下的作用。通过财务分析,可以掌握企业财务预算的完成情况,评价财务状况,研究和掌握企业财务活动的规律,改善财务预测与计划、财务决策、财务预算和财务控制,提高企业财务管理水平。财务分析的方法通常有比较分析法、比率分析法、综合分析法。

(二)财务考核

财务考核是贯彻责任制原则的要求,也是构建激励与约束机制的关键环节。财务考核的形式多种多样,可以用绝对指标、相对指标、完成百分比考核。

第六节 财务管理环境

企业的财务活动是在财务管理环境中进行的,所以受财务管理环境的制约。财务管理环境是客观存在的且企业财务决策难以改变的外部约束条件,企业财务决策更多的是适应它们的要求和变化。因此企业只有在财务管理环境的各种因素作用下实现财务活动的协调平衡,才能生存和发展。企业的财务管理环境又称理财环境,是指对企业财务活动产生影响作用的企业外部的综合条件。财务管理的环境涉及的范围很广,其中最重要的是法律环境、金融环境和经济环境。

一、法律环境

财务管理的法律环境是指企业和外部发生经济关系时所应遵守的各种法律、法规和规章。

市场经济是法制经济，企业的一切生产经营活动都必须在法律许可的范围之内进行，因此财务管理也不例外。企业在其经营活动中，要和国家、其他企业或社会组织、企业职工或其他公民，及国外的经济组织或个人发生经济关系。企业只有依法进行经营活动才能保证企业的经济利益。

企业的财务管理活动，无论是筹资、投资还是利润分配及缴纳相关税收，都要和企业外部发生财务关系。在处理这些财务关系时，应当遵守有关的法律规范。法律环境对财务管理的影响，按财务管理的内容不同，主要包括以下几个方面：

(一) 对企业筹资、投资、分配活动的影响

企业必须依法筹资才能成立，同时企业投资及利润分配也要依法进行。影响企业筹资活动的法律主要有：《中华人民共和国公司法》（以下简称《公司法》）《证券法》《中华人民共和国外资企业法》《中华人民共和国中外合资经营企业法》《中华人民共和国全民所有制工业企业法》《中华人民共和国中外合作经营企业法》《中华人民共和国个人独资企业法》《中华人民共和国合伙企业法》等。

这些法律对企业财务管理活动的影响和制约主要表现在：(1) 规范了不同组织类型企业的筹资渠道和筹资方式。如只有外商投资企业才能直接吸收外商投资；只有股份有限公司在具备相应条件的前提下才能通过发行股票方式筹集资金等。(2) 规范了不同类型企业筹资的最低规模和结构。如《公司法》规定股份有限公司注册资本的最低限额为人民币 1 000 万元。(3) 规范了不同类型企业筹资的前提条件和基本程序。如《公司法》严格规定了公司发行债券的条件：股份有限公司的净资产额不低于 3 000 万元，有限责任公司的净资产额不低于 6 000 万元；累计债券总额不超过公司净资产的 40%；最近 3 年平均可分配利润足以支付公司债券 1 年的利息；筹措资金的投向符合国家的产业政策；债券的利率不得超过国务院规定的利率水平等。(4) 规范了企业投资的方式和条件。如《公司法》规定，股份有限公司的发起人可以用货币资金出资，也可以用实物、工业产权、非专利技术、土地使用权作价出资；投资者投入的各种资产必须经注册会计师验证并出具验资报告等。(5) 规范了企业投资程序和投资方向。比如，企业进行证券投资必须按照《证券法》所规定的程序来进行；企业投资方向必须符合国家的产业政策，符合公平竞争的原则。(6) 规范了投资者的出资期限和违约责任。如《公司法》规定，公司的发起人、股东在公司成立后抽逃出资的，由公司登记机关责令改正，处以抽逃出资额 5%~10% 的罚款；构成犯罪的，依法追究刑事责任。

(二) 税收法律规范

任何企业都有法定的纳税义务，企业要按国家有关税法的规定缴纳相关税。因此，财务人员了解税收政策对企业理财非常有益。掌握企业税收政策是合理安排纳税资金，制定税务计划的基础。有关税收的立法分为三类：所得税的法规、流转税的法规、其他地方税的法规。

税负是企业的一种费用，会增加企业的现金流出，对企业理财有重要影响。企业无不希

望在不违反税法的前提下减少税务负担。税负的减少，只能靠精心安排和筹划投资、筹资和利润分配等财务决策，而不允许在纳税行为已经发生时去偷税漏税。精通税法，对财务主管有重要意义。

除上述法律规范外，与企业财务管理有关的其他经济法律规范还有许多，包括各种证券法律规范、结算法律规范、合同法律规范等。财务人员要熟悉这些法律规范，在守法的前提下完成财务管理的职能，实现企业的财务目标。

二、金融环境

金融环境是影响企业融通资金最主要的外部环境。广义的金融市场，是指一切资本流动的场所，包括实物资本和货币资本的流动。广义金融市场的交易对象包括货币借贷、票据承兑和贴现、有价证券的买卖、黄金和外汇买卖、办理国内外保险、生产资料的产权交换等。

(一)金融市场的分类和组成

1. 金融市场的分类

(1)按交易的期限划分为长期资金市场和短期资金市场。长期资金市场是指期限在一年以上的股票和债券交易市场，因为发行股票和债券主要用于固定资产等资本货物的购置，所以也叫资本市场。短期资金市场是指期限不超过一年的资金交易市场，因为短期有价证券易于变成货币或作为货币使用，所以也叫货币市场。

(2)按交割的时间划分为现货市场和期货市场。现货市场是指买卖双方成交后，当场或几天之内买方付款、卖方交出证券的交易市场。期货市场是指买卖双方成交后，在双方约定的未来某一特定的时日才交割的交易市场。

(3)按交易的性质分为发行市场和流通市场。发行市场是指从事新证券和票据等金融工具买卖的转让市场，也叫初级市场或一级市场。流通市场是指从事已上市的旧证券或票据等金融工具买卖的转让市场。也叫次级市场或二级市场。

(4)按交易的直接对象分为同业拆借市场。企业债券市场、股票市场、金融期货市场等。

2. 金融市场的组成

金融市场由主体、客体和参加人组成。主体是指银行和非银行金融机构，它们是金融市场的中介机构，是连接筹资人和投资人的桥梁。

客体是指金融市场上的买卖对象。如商业票据、政府债券、公司股票等各种信用工具。金融市场的参加人是指客体的供给者和需求者，如企业、事业单位、政府部门、城乡居民等。

(二)我国主要的金融机构

遍布全国的金融机构，其业务范围、职能和服务对象等不同。

1. 中国人民银行

中国人民银行是我国的中央银行，是我国金融体系的核心，经理国库。其主要职责是制定和实施货币政策，保持货币币值稳定；维护支付和清算系统的正常运行；持有、管理、经营国家外汇储备和黄金储备；代理国库和其他与政府有关的金融业务；代表政府从事有关的国际金融活动。

2. 政策性银行

政策性银行是指由政府设立，以贯彻国家产业政策、区域发展政策为目的，不以盈利为目的的金融机构，主要包括国家开发银行、中国进出口银行、中国农业发展银行。

3. 商业银行

商业银行是以经营存款、放款、办理转账结算为主要业务，以盈利为主要经营目标的金融企业。商业银行的建立和运行，受《中华人民共和国商业银行法》规范。

4. 非银行金融机构

目前，我国主要的非银行金融机构有：

保险公司，主要经营保险业务。包括财产保险、责任保险、保证保险和人身保险。目前，我国保险公司的资金运用被严格限制在银行存款、政府债券、金融债券和投资基金范围内。

信托投资公司，主要是以受托人的身份代人理财。其主要业务有经营资金和财产委托、代理资产保管、金融租赁、经济咨询以及投资等。

财务公司，通常类似于投资银行。我国的财务公司是由企业集团内部各成员单位入股，向社会募集中长期资金，为企业技术进步服务的金融股份有限公司。它的业务被限定在本集团内，不得从企业集团之外吸收存款。也不得对非集团单位和个人贷款。

证券机构，是指从事证券业务的机构，包括：(1)证券公司，其主要业务是推销政府债券、企业债券和股票，代理买卖和自营买卖已上市流通的各类有价证券，参与企业收购、兼并，充当企业财务顾问等；(2)证券交易所，提供证券交易的场所和设施，制定证券交易的业务规则，接受上市申请并安排上市，组织、监督证券交易，对会员和上市公司进行监管等；(3)登记结算公司，主要是办理股票交易中所有权转移时的过户和资金的结算。

金融租赁公司，是指办理融资租赁业务的公司组织。其主要业务有动产和不动产的租赁、转租赁、回租租赁。

(三)金融市场上利率的决定因素

在金融市场上。利率是资金使用权的价格。一般说来，金融市场上资金的购买价格，可用下式表示：

利率 = 纯粹利率 + 通货膨胀附加率 + 风险附加率

1. 纯粹利率

纯粹利率是指无通货膨胀、无风险情况下的平均利率。例如，在没有通货膨胀时。国库券的利率可以视为纯粹利率。纯粹利率的高低，受平均利润率、资金供求关系和国家调节的影响。

首先，利息是利润的一部分，所以利息率依存利润率，并受平均利润率的制约。一般说来，利息率随平均利润率的提高而提高。利息率的最高限不能超过平均利润率。否则，企业无利可图，不会借入款项；利息率的最低界限大于零，不能等于或小于零，否则提供资金的人不会拿出资金。至于利息率占平均利润率的比重，则决定于金融业和工商业之间的竞争结果。

其次，在平均利润率不变的情况下，金融市场上的供求关系决定市场利率水平。在经济高涨时，资金需求量上升，若供应量不变则利率上升；在经济衰退时正好相反。

再次，政府为防止经济过热。通过中央银行减少货币供应量，则资金供应减少，利率上升；政府为刺激经济发展，增加货币发行，则情况相反。

2. 通货膨胀附加率

通货膨胀使货币贬值。投资者的真实报酬下降。因此投资者在把资金交给借款人时，会在纯粹利息率的水平上再加上通货膨胀附加率，以弥补通货膨胀造成的购买力损失。因此每次发行国库券的利息率随预期的通货膨胀率变化，它近似等于纯粹利息率加预期通货膨胀率。

3. 风险附加率

投资者除了关心通货膨胀率以外，还关心资金使用者能否保证他们收回本金并取得一定的收益。这种风险越大，投资人要求的收益率越高。实证研究表明，公司长期债券的风险大于国库券，要求的收益率也高于国库券；普通股票的风险大于公司债券，要求的收益率也高于公司债券；小公司普通股票的风险大于大公司普通股票。要求的收益率也大于大公司普通股票。风险越大，要求的收益率也越高。风险和收益之间存在对应关系。风险附加率是投资者要求的除纯粹利率和通货膨胀之外的风险补偿。

三、经济环境

这里所说的经济环境是指企业进行财务活动的宏观经济状况。

(一) 经济发展状况

经济发展的速度，对企业理财有重大影响。近几年，我国经济增长比较快。企业为了跟上这种发展并在其行业中维持它的地位。至少要有同样的增长速度。企业要相应增加厂房、机器、存货、工人、专业人员等。这种增长，需要大规模地筹集资金，需要借入巨额款项或增发股票。

经济发展的波动，即有时繁荣有时衰退，对企业理财有极大影响。这种波动，最先影响的是企业销售额。销售额下降会阻碍企业现金的流转，例如，产成品积压不能变现，需要筹资以维持运营。销售增加会引起企业经营失调，例如存货枯竭，需筹资以扩大经营规模。财务人员对这种波动要有所准备，筹措并分配足够的资金，用以调整生产经营。

(二) 通货膨胀

通货膨胀不仅对消费者不利，也给企业理财带来很大困难。企业面对通货膨胀，为了实现期望的报酬率,必须加强对收入和成本管理。同时,使用套期保值等办法进行对冲来减少损失,如提前购买设备和存货、买进现货卖出期货等。

(三)利息率波动

银行贷款利率的波动,以及与此相关的股票和债券价格的波动,既给企业以机会,也是对企业的挑战。

在为过剩资金选择投资方案时。利用这种机会可以获得营业以外的额外收益。例如,在购入长期债券后,由于市场利率下降,按固定利率计息的债券价格上涨。企业可以出售债券获得较预期更多的现金流入。当然,如果出现相反的情况,企业会蒙受损失。

在选择筹资来源时,情况与此类似。在预期利率将持续上升时,以当前较低的利率发行长期债券,可以节省资本成本。当然。如果后来事实上利率下降了,企业要承担比市场利率更高的资本成本。

(四)政府的经济政策

我国政府具有较强的调控宏观经济的职能,国民经济的发展规划、国家的产业政策、经济体制改革的措施、政府的行政法规等对企业的财务活动都有重大影响。

国家对某些地区、行业、经济行为的优惠、鼓励和倾斜构成政府政策的主要内容。从反面来看,政府政策也是对另外一些地区、行业和经济行为的限制。企业在财务决策时,要认真研究政府政策,按照政策导向行事,才能扬长避短。问题的复杂性在于政府政策会因经济状况的变化而调整。企业在财务决策时为这种变化留有余地,甚至预见其变化的趋势,对企业理财大有好处。

(五)竞争

竞争广泛存在于市场经济之中。任何企业都不可回避。企业之间、各产品之间、现有产品和新产品之间的竞争。涉及设备、技术、人才、营销、管理等各个方面。竞争能促使企业用更好的方法来生产更好的产品,对经济发展起推动作用。但对企业来说,竞争既是机会,也是威胁。为了改善竞争地位,企业往往需要大规模投资。成功之后企业盈利增加,但若投资失败则竞争地位更为不利。竞争是"商业战争",检验了企业的综合实力。经济增长、通货膨胀和利率波动带来的财务问题,以及企业的相应对策都会在竞争中体现出来。

四、技术环境

财务管理的技术环境,是财务管理得以实现的技术手段和技术条件,它决定着财务管理的效率和效果。我国企业会计信息化的全面推进,必将促使企业财务管理的技术环境进一步完善和优化。

在网络经济环境下,财务管理主要以网络技术为主的各种信息技术为企业的财务管理提供了更广阔更先进的技术手段与方法:企业可以以柔性技术为基础保持技术的领先;以信息网络为依托实现资源整合,将网络与财务相结合形成网络财务,并且开发网络财务软件,实行动态的、实时的财务管理。

【本章小结】

财务管理是企业组织财务活动、解决处理财务关系的综合性的管理工作。长期筹资管理主要侧重于资金的来源渠道、筹资方式、资金成本及资本结构管理;长期投资管理主要侧重于企业资金的投向、规模及使用效果管理;营运资金管理主要侧重于流动资产管理而进行的筹资活动管理。

企业价值是股东权益与债务的市场价值之和,或者为企业所能创造的预计未来现金流量的现值。企业价值不同于利润,利润只是新创造价值的一部分,而企业价值不仅包含了新创造的价值,还包含了企业潜在的获利能力。企业价值最大化目标要求企业通过最优的财务决策,充分考虑货币的时间价值和风险与收益的关系,在保证企业长期稳定发展的基础上使企业价值最大化。

股东、债权人、经营者之间的委托代理关系源于资本所有权与使用权的分离;委托人与代理人之间的矛盾或冲突在于各方的目标不同、信息不对称和风险分担不均衡。

财务管理环节是企业财务管理的工作步骤与一般工作程序。它包括财务预测、财务计划、财务决策、财务预算、财务控制、财务分析等环节,各环节相互配合、相互联系,组成了财务管理循环。

财务管理体制是明确企业内部不同财务层级财务管理权限、责任和利益的制度,其核心问题是如何对企业财务管理权限进行配置,分为集权式、分权式、混合式三种模式。

【学习思考】

1. 什么是企业财务管理?有哪些特点?
2. 你认为合理的财务管理目标是什么?
3. 怎样协调和解决经营者和所有者的利益冲突?
4. 怎样协调和解决债权人和所有者的利益冲突?
5. 如何理解企业的社会责任?
6. 企业财务管理的环境包括哪些?

第二章 资金时间价值与风险价值

【本章提要】

本章主要介绍资金时间价值和风险价值,投资的收益与策略。通过本章的学习,理解资金时间价值的影响因素,风险的概念、种类和应对策略;掌握复利现值、复利终值、年金终值、年金现值的计算;掌握投资风险的组合策略,风险价值的含义和计算。

【学习目标】

- ●掌握资金时间价值的概念、内容和计算方法
- ●理解投资的风险价值
- ●掌握投资的类型和组合投资的风险和收益
- ●掌握投资的策略以及实际应用

第一节 资金时间价值

一、资金时间价值的含义

问你一个简单的问题:你是愿意得到今天的1000元还是1年后的1000元呢?毫无疑问,你会选择今天的1000元,这其中就隐含了资金时间价值的观念。若是得到今天的1000元,无论是用于投资还是存入银行,都将得到一定的回报,1年后,价值将有所上升。换句话说,资金经过一定时间的投资会增加其价值,增加的部分就称为资金的时间价值。例如,假设银行存款利率为6%,一年后,1000元的存款能得到利息60元,如果排除通货膨胀因素和风险因素的话,这时所增加的60元即资金的时间价值。

需要明确的是,并非所有的资金都具有时间价值,资金只有在运动过程中才会产生时间价值。相对静止的资金,如手持现金,是不会随着时间的推移而增值的;相反,若考虑物价水平呈持续上涨因素的影响,手持现金会有些贬值。不管是存入银行还是其他投资、再投资行为,资金均参与了资金循环和周转运动。银行资金由于借贷关系流入企业,企业用它来购买

所需的资源,生产出新的产品,一旦出售,所得的资金量大于最初投入的资金量,周转的次数越多,增值额就越大。随着时间的延续,资金总量在循环和周转中按几何级数增长,使得资金具有时间价值。

当未来现金流量是确定的时候,资金的时间价值可以用利息率来表现,如前例中的6%,这里的利息率是指扣除风险收益和通货膨胀贴现之后的社会平均资金利润率,是资金时间价值的量的规定性。如果把不确定的情形下的现金流量加以考虑的话,就有必要在利息率中加入风险收益,作为对现金流量不确定的补偿,这个问题我们将在风险与收益中进行介绍。

资金时间价值是指资金经过一定时间的投资和再投资所增加的价值,也称为资金的时间价值,是资金在周转使用中由于时间因素而形成的差额价值。在量的规定性上,指无风险、无通货膨胀条件下的社会平均资金利润率。

资金时间价值的实质,是资金周转使用后的增值额。资金由资金使用者从资金所有者处筹集来进行周转使用后,资金所有者要分享一部分资金的增值额。

二、资金时间价值的作用

(1)资金时间价值是评价企业收益的尺度。企业作为盈利性的组织,其主要财务目标是实现企业价值最大化。为此,企业经营者必须充分利用各种经济资源去实现预期的收益,而评判这些资源是否充分有效使用的一个重要标准,就看是否实现了预期的收益水平,而这个预期的收益水平应以社会平均资金利润率为标准。由此,资金时间价值成为评价企业收益的基本尺度。

(2)资金时间价值是评价投资方案是否可行的基本依据。由于资金时间价值是扣除风险收益和通货膨胀等因素后的社会平均资金利润率,而投资方案至少应取得社会平均资金利润率水平,否则,该项目就是不成功的。由此,以资金时间价值作为尺度对投资项目的资金利润率进行衡量,就成为评价投资方案的基本依据。如果投资方案的资金利润率低于资金时间价值,则该方案经济效益不佳,则该方案不可取。如果投资方案的资金利润率高于资金时间价值,则该方案的经济效益良好,则该方案是可行的。

三、终值和现值的计算

终值(FV_n):(Future Value),指的是未来某个时间的终点价值,简称为"终值",它是期末的价值或是连本带利之和。

现值(PV_0):(Present Value),是终值的对称概念,也就是现在时间点上的价值,简称为"现值",实际上是一种本金。

(一)单利终值和现值的计算

1. 单利终值

在单利方式下,本金能带来利息,利息必须在提出以后再以本金形式投入才能生利,否则不能生利。

单利的终值就是本利和,是指若干期以后包括本金和利息在内的未来价值。

现在的1元钱,年利率为10%,从第1年到第5年,各年年末的终值可计算如下:

1元1年后的终值 = 1×(1+10%×1) = 1.1(元)
1元2年后的终值 = 1×(1+10%×2) = 1.2(元)
1元3年后的终值 = 1×(1+10%×3) = 1.3(元)
1元4年后的终值 = 1×(1+10%×4) = 1.4(元)
1元5年后的终值 = 1×(1+10%×5) = 1.5(元)

【例2-1】 2009年所在的单位进行集资建福利房,每个教工集资15 000元,当时利率10%,到今天许多人分到了房子,还有一些教工不需要,要求退还本金和利息,计算如果要求归还连本带利采用单利计算,8年前的15 000元,现在连本带利是多少?

按利率为10%计算为 15 000×(1+10%×8) = 27 000(元)

因此,单利终值的一般计算公式为:

$$FV_n = PV_0 \times (1 + i \times n)$$

式中,FV_n 为终值,即第n年末的价值;PV_0 为现值,即0年(第1年初)的价值,i为利率,n为计息期数。其中 $1+i×n$ 是单利情况下的终值系数。

2. 单利现值

现值就是以后年份收到或付出资金的现在价值,即本金。可用倒求本金的方法计算。由终值求现值,叫作贴现或折现。若年利率为10%,从第1年到第5年,各年年末的1元钱,其现值可计算如下:

1年后1元的现值 = 1÷(1+10%×1) = 1÷1.1 = 0.909(元)
2年后1元的现值 = 1÷(1+10%×2) = 1÷1.2 = 0.833(元)
3年后1元的现值 = 1÷(1+10%×3) = 1÷1.3 = 0.769(元)
4年后1元的现值 = 1÷(1+10%×4) = 1÷1.4 = 0.714(元)
5年后1元的现值 = 1÷(1+10%×5) = 1÷1.5 = 0.667(元)

因此,单利现值的一般计算分式为:

$$PV_n = FV_0 \times \{1/(1 + i \times n)\}$$

其中 $\{1/(1+i×n)\}$ 是单利情况下的现值系数。

(二)复利终值和现值

1. 复利终值

在复利方式下,本能生利,前一期的利息在下一期转列为本金与原来的本金一起计息,即所谓"利滚利"。复利的终值也是本利和。

1元1年后的终值 = 1×(1+10%) = 1.1(元)

1元2年后的终值=1.1×(1+10%)=1×(1+10%)²=1.21(元)
1元3年后的终值=1.21×(1+10%)=1×(1+10%)³=1.331(元)
1元4年后的终值=1.331×(1+10%)=1×(1+10%)⁴=1.464(元)
1元5年后的终值=1.464×(1+10%)=1×(1+10%)⁵=1.611(元)

复利终值的一般计算公式为：

$$FV_0 = PV_0 \times (1+i)^n$$

其中$(1+i)^n$是复利终值系数,简写为FVIFi,n(Future Value Interest Factor)。复利终值系数表见课本后附表。

【例2-2】8年前集资款上交15 000元,这一期间如果利率10%,经历8年要拿回连本带利,应得到多少本利和。

$FV_8 = 15\,000 \times (1+10\%)^8 = 15\,000 \times 2.144 = 32160$元。

【例2-3】存入本金2 000元,年利率为7%,5年后的本利和为:

$FV_5 = 2\,000 \times FVIF_{7\%,5} = 2\,000 \times 1.403 = 2\,806$(元)

2. 复利现值

复利现值是以后年份收到或付出资金的现在价值,即本金。

1元1年后的现值=1÷(1+10%)¹=1÷1.1=0.909(元)
1元2年后的现值=1÷(1+10%)²=1÷1.21=0.826(元)
1元3年后的现值=1÷(1+10%)³=1÷1.331=0.751(元)
1元4年后的现值=1÷(1+10%)⁴=1÷1.464=0.683(元)
1元5年后的现值=1÷(1+10%)⁵=1÷1.611=0.621(元)

复利现值的一般计算公式为:

$$PV_0 = FV_n \times \frac{1}{(1+i)^n}$$

公式中$\frac{1}{(1+i)^n}$,称为复利现值系数。简写为PVIFi,n(Present Value Interest Factor)。其数值可以查阅按不同利率和时期编成的复利现值系数表(见本书附表)。

以上两个公式,可分别改写为:

$$FV_n = PV_0 \times FVIF\,i,n$$
$$PV_n = FV_n \times PVIF\,i,n$$

【例2-4】某项投资4年后可得收益40 000元。按年利率6%计算,其现值应为:

$PV_0 = 40\,000 \times PVIF\,6\%,4 = 40\,000 \times 0.792 = 31\,680$

(三)年金终值和现值

年金(Annuity)是指一定期间内每期相等金额的收付款项。采用平均年限法的折旧、租金、利息、保险金、养老金等通常都采取年金的形式。

年金的三个特征:(1)时间间隔期限相同;(2)发生的金额相等;(3)系列款项。

年金根据发生时点不同,一般分为后付年金、预付年金、递延年金、永续年金。

年金的每次收付发生的时点各有不同:每期期末收款、付款的年金,称为后付年金,又叫普通年金;每期期初收款、付款的年金,称为预付年金,或称即付年金;距今若干期以后发生的每期期末收款、付款的年金,称为递延年金;无期限连续收款、付款的年金,称为永续年金。

1. 后付年金终值和现值的计算

(1)后付年金终值。

后付年金是指一定时期每期期末等额的系列收付款项。由于在经济活动中的后付年金最为常见,故又称普通年金。

后付年金终值犹如零存整取的本利和,它是一定时期内每期期末等额系列收付款项的复利终值之和。

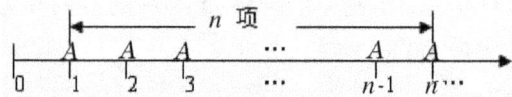

图2-1　n期普通年金现金流量图

图2-2可称为计算资金时间价值的时间序列图,计算复利终值也可以利用这种时间序列图。绘制时间序列图可以帮助我们理解各种现金流量终值和现值的关系。

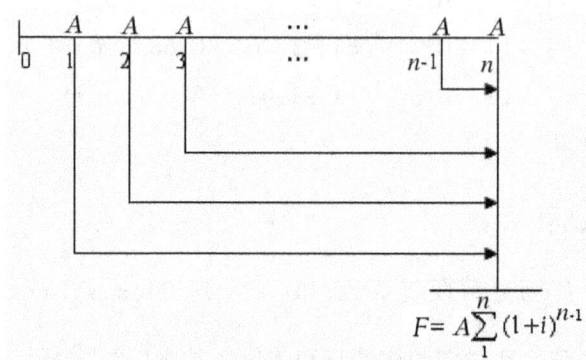

图2-2　n期后付年金的终值

后付年金终值的一般计算公式为:

$$FVA_n = \sum_{}^{n}(1+i)^{t-1}$$

式中,FVA_n为年金终值;A为每次收付款项的金额;i为利率;t为每笔收付款项的计息期数;n为全部年金的计息期数。

以上公式中$\sum^{n}(1+i)^{t-1}$称为年金终值系数,其简略表示形式为$FVIFA_{i,n}$或$(F/A,i,n)$。则年金终值的计算公式可写成:

$$FVA_n = A \times FVIFA_{i,n} = A \times (F/A, i, n)$$

后付年金的终值系数的数值,可查阅年金终值系数表(见本书附表)。

后付年金终值系数亦可按以下公式计算:

$$(F/A, i, n) = FVIFA_n = [(1+i)^n - 1]/i$$

该公式的推导过程如下:

$$FVIFA_n = (1+i)^0 + (1+i)^1 + (1+i)^2 + \cdots + (1+i)^{n-2} + (1+i)^{n-1} \quad (1)$$

将(1)式两边同乘以$(1+i)$,得:

$$FVIFA_n \times (1+i) = (1+i)^1 + (1+i)^2 + (1+i)^3 + \cdots + (1+i)^{n-1} + (1+i)^n \quad (2)$$

将(2) - (1)得:

$$FVIFA_n \times (1+i) - FVIFA_n = -1 + (1+i)^n$$

$$FVIFA_{i,n} = [(1+i)^n - 1]/i$$

其中$[(1+i)^n - 1]/i$是后付年金终值系数。

【例2-5】每年末存入银行2 000元,共存30年,年利率为5%,到第30年末,本利和为多少?

$$FVA_{30} = 2\,000 \times FVIFA_{5\%,30} = 2\,000 \times 66.43885 = 132\,877.7(元)$$

(2)年偿债基金(已知年金终值FVA_n,求年金A)。

偿债基金是指为了在约定的未来某一时点清偿某笔债务或积聚一定数额资金而必须分次等额提取的存款准备金。每次提取的等额存款金额类似年金存款,同样可以获得按复利计算的利息,因而应清偿的债务即为年金终值,每年提取的偿债基金即为年金。由此可见,偿债基金的计算也就是年金终值的逆算。其计算公式如下:

$$A = FVA_n \times i/[(1+i)^n - 1]$$

上式中的$i/[(1+i)^n - 1]$,称作偿债基金系数,可以查阅偿债基金系数表,也可通过年金终值系数的倒数求得。

【例2-6】某企业有一笔5年后到期的借款,数额为2 000万元,为此设置偿债基金,年复利率为10%,到期一次还清借款,则每年年末应存入的金额应为:

$$2\,000 \times [10\%/(1+10\%)^5 - 1] = 2\,000 \times 0.1638 = 327.6(万元)$$

或:$2\,000 \times (1/FVIFA10\%, 5) = 2\,000 \times (1/6.105) = 327.6(万元)$

(3)后付年金现值

后付年金现值是一定时期内每期期末收付款项的复利现值之和。年金现值如图2-3所示。

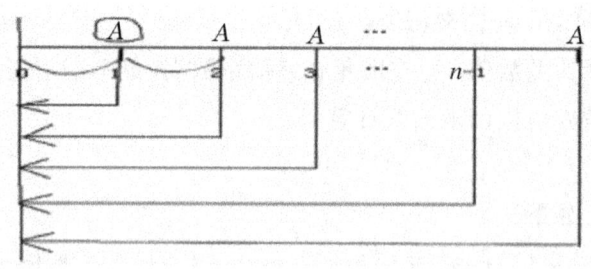

图 2-3　n 期后付年金现值

后付年金的现值的原始计算公式：

后付年金现值系数 $(P/A, i, n) = PVIFAi,n$

$= (1+i)^{-1} + (1+i)^{-2} + \cdots + (1+i)^{-(n-1)} + (1+i)^{-n}$

根据等比数列求和公式得出 $(F/A, i, n) = PVIFA_{i,n} = [1-(1+i)^{-n}]/i$

因此，年金现值的一般的计算公式为：

$$PVA_0 = A \times \sum^n [1/(1+i)^t] = A \times PVIFA_{i,n} = A \times (P/A, i, n)$$

以上公式中的 $\sum^n [1/(1+i)^t]$，称为年金现值系数，表示为 $PVIFAi,n$ 或 $(P/A, i, n)$。

【例 2-7】在今后 5 年中，每年年末营业现金流量 500 元，贴现率为 6%，其现值为多少元？

$PVA_0 = A \times PVIFA_{i,n} = 500 \times 4.212 = 2\,106(元)$

（4）年资本回收额（已知年金现值 PVA_0，求年金 A）

与普通年金现值相对的概念是年资本回收额。年资本回收额是指在约定期内等额回收初始投资的金额。年资本回收额的计算是年金现值的逆运算。

$$PVA_0 = A \times \frac{1-(1+i)^{-n}}{i} = A \times PVIFA_{i,n}$$

每年投资回收额 $A = PVA_0 / PVIFA_{i,n} = PVA_0 \times \dfrac{i}{1-(1+i)^{-n}}$

其中 $\dfrac{i}{1-(1+i)^{-n}}$ 称为资本回收系数，是年金现值系数的倒数。可以查阅资本回收系数表，也可通过年金现值系数的倒数求得。

【例 2-8】假设以 10% 的利率借 20 000 元，投资于某个寿命为 10 年的项目，每年至少要收回多少现金流量才是有利的？

$A = PVA_0 / PVIFA_{i,n} = 20\,000 / PVIFA_{10\%,10} = 20\,000 / 0.1627 = 3\,254(元)$

2. 预付年金，又称先付年金、即付年金，指在每期期初收付的年金

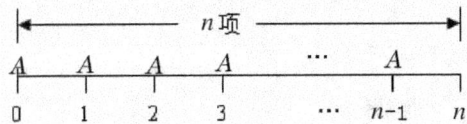

图 2-4　n 期每期先付年金为 A 的现金流量图

（1）预付年金终值：从上图可以看出，n 期预付年金与 n 期后付年金的收付款次数相同，但由于收付款时间不同，n 期预付年金比 n 期后付年金终值多计算一期利息。所以，可以先求出 n 期后付年金终值，然后再乘以 $(1+i)$ 便可求出 n 期预付年金的终值。

预付年金终值计算公式：

$$FV_n = A \times FVIFA_{i,n} \times (1+i) = A \times (F/A, i, n) \times (1+i) \qquad (1)$$

也可以这样理解，n 期预付年金与 $(n+1)$ 期后付年金计息期数相同，但比 $(n+1)$ 期后付年金少付一次款，因此，只要将 $(n+1)$ 期后付年金的终值减去一期付款额 A，便可求出 n 期预付年金的终值。计算公式（2）为：

$$FVA_n = A \times FVIFA_{i,n+1} - A = A \times (FVIFA_{i,n+1} - 1) = A \times (F/A, i, n+1) - A$$
$$= A \times [(F/A, i, n+1) - 1] \qquad (2)$$

【例 2-9】5 年中每年初存入 500 元，利率 6%，第 5 年末存款本息总计为多少？

$$FVA_n = 500 \times FVIFA_{6\%,5} \times (1+6\%) = 500 \times (FVIFA_{6\%,5+1} - 1)$$
$$= 500 \times 5.637 \times (1+6\%) = 500 \times (6.975 - 1)$$
$$= 2987.5 (元)$$

（2）预付年金现值

n 期预付年金现值与 n 期后付年金的收付款期数相同，但由于 n 期后付年金是期末收付款，n 期预付年金是期初收付款，在计算现值时，n 期后付年金现值比 n 期预付年金多贴现一期。所以可先求出 n 期后付年金的现值，然后再乘以 $(1+i)$ 便可求出 n 期预付年金现值。

$$PVA = A \times PVIFA_{i,n} \times (1+i) = A \times (P/A, i, n) \times (1+i) \qquad (1)$$

还可以这样理解：n 期预付年金现值与 $(n-1)$ 期后付年金现值的贴现期数相同，但 n 期预付年金比 $(n-1)$ 期后付年金多一期不用贴现的款项 A，因此，先计算 $(n-1)$ 期后付年金现值，然后再加上一期不需要贴现的款项 A，便可求出 n 期预付年金现值。

$$PVA_0 = A \times PVIFA_{i,n-1} + A = A \times (PVIFA_{i,n-1} + 1)$$
$$= A \times (P/A, i, n-1) + A = A \times [(P/A, i, n-1) + 1] \qquad (2)$$

【例 2-10】6 年分期付款购车，每年初付 20 000 元，利率 10%，其现值是多少元？

$$PVA_0 = 20\,000 \times (PVIFA_{10\%,5} + 1)$$
$$= 20\,000 \times (3.791 + 1) = 95\,820 (元)$$

或 $PVA_0 = 20\,000 \times 4.355 \times (1+10\%) = 95\,810 (元)$

3. 延期年金。又称递延年金，指首次收付额不是从第一期开始的普通年金。如图 2-5

所示

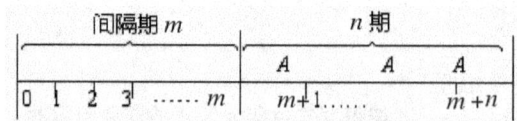

图 2-5 延期年金现金流

其中，m 期叫间隔期或递延期，n 期叫年金发生期。计算递延年金的现值有两种方法：

方法一：顺算法

顺算法是先将 n 期年金现值折算到 m 点，所以按照普通年金现值计算，其公式为：$PVA^m = A \times PVIFA_{i,n}$，计算出 n 期年金的现值之后，再将 PVA^m 贴现即可。

其现值计算公式：$PVA^m = A \times PVIFA_{i,n} \times PVIF_{i,m}$

方法二：扣除法

假定 m 期也发生年金 A，连同实际的发生额，看起来就是一个典型的 $m+n$ 期普通年金了，因此可以代入普通年金的公式计算起点上的价值。然后减去实际没有发生的 m 期的年金的现值。

$$PVA_0 = A \times PVIFA_{i,m+n} - A \times PVIFA_{i,m}$$
$$= A \times (PVIFA_{i,m+n} - PVIFA_{i,m})$$

【例 2-11】某企业准备在第五年年末起每年取出 10 万元用于职工培训，共计五年，年利率为 10%，则现在应存入银行多少元？

已知：$A = 100\ 000$ 元，$m = 4$（年），$m + n = 9$（年）

$PVA_0 = 100\ 000 \times (PVIFA_{10\%,9} - PVIFA_{10\%,4})$

$= 100\ 000 \times (5.7590 - 3.1699) = 258\ 910$（元）

或：

$PVA_0 = 100\ 000 \times PVIFA_{10\%,5} \times PVIF_{10\%,4}$

$= 100\ 000 \times 3.7908 \times 0.683 = 258\ 912$（元）

4. 永续年金，指无穷期限的普通年金。

永续年金没有终止期限，也就没有终值，但可以计算现值。

永续年金与递延年金的共同特点都是普通年金的特例。由于永续年金是没有终结点的年金，因此它的终值从理论上讲是无穷大，计算是没有意义的。所以永续年金一般不讨论它的终值计算问题。普通年金的现值计算公式：$PVA_0 = A \times [1 - (1 + i)^{-n}]/i$

若 n 趋向于无穷大，就转化为永续年金。这时 $(1 + i)^{-n}$ 的极限趋向于 0；因此，永续年金的现值 $PV = A/i$

【例 2-12】拟建一项永久性奖学金，每年计划颁发 10 000 元奖学金，利率为 10%，现在应存入多少元?

$$PV = 10\,000 \times \frac{1}{10\%} = 100\,000(元)$$

四、不等额系列收付款项现值的计算

【例 2 – 13】年末的现金流量如表 2 – 1 所示。

表 2 – 1　　　　　　　　　　单位:元

年	现金流量
1	1 000
2	2 000
3	3 000
4	2 000
5	1 000

若贴现率为 10%,则此项不等额系列付款的现值为:

$PV_0 = 1\,000 \times PVIF_{10\%,1} + 2\,000 \times PVIF_{10\%,2} + 3\,000 \times PVIF_{10\%,3} + 2\,000 \times PVIF_{10\%,4} + 1\,000 \times PVIF_{10\%,5}$

$= 1\,000 \times 0.909 + 2\,000 \times 0.826 + 3\,000 \times 0.751 + 2\,000 \times 0.683 + 1\,000 \times 0.621 = 6\,801(元)$

【例 2 – 14】利率为 10%,第 3 年末需用 2 000 元,第 5 年末需用 2 000 元,第 6 年末需用 4 000 元。为保证按期从银行提出款项满足各年年末的需要,现时应向银行存入的款项可列表计算如下:

表 2 – 2　各年不连续发生的不等额系列付款　　　　单位:元

t	U_t	$PVLF_{0.1,t}$	PV_0
3	2 000	0.751	1 502
5	2 000	0.621	1 242
6	4 000	0.564	2 256
合计	8 000	—	5 000

(五) 年金与不等额系列付款混合情况下的现值

如果在一组不等额系列付款中,有一部分现金流量为连续等额的付款,是可分段计算其年金现值同复利现值,然后加总。

【例 2 – 15】某系列现金流量如表 2 – 3 所示,贴现率为 10%,试计算该项系列付款的现值。

表 2-3　　　　　　　　　　　　　　　　　　　　单位元

年	现金流量
1	3 000
2	3 000
3	3 000
4	2 000
5	2 000
6	2 000
7	2 000
8	2 000
9	1 000

在这个例子中，1～3年为等额付款，可求3年期的年金现值，4～8年亦为等额付款，可求8年期的年金现值，但要扣除前三年的年金现值（即递延年金现值），第9年的现金流量可计算其复利现值。该项不等额的系列付款现值可按下列公式计算：

$PV_0 = 3\,000 \times PVIFA_{10\%,3} + 2\,000 \times (PVIFA_{10\%,8} - PVIFA_{10\%,3}) + 1\,000 \times PVIFA_{10\%,9}$
$= 13\,581(元)$

五、计息期短于一年的时间价值计算和折现率的计算（插值法）

以上有关资金时间价值的计算，主要阐述了一次性收付款项现值转换为终值，终值转换为现值，系列收付款项转换为终值、现值，终值、现值转换为系列收付款项的计算方法，这种计算的前提是计息期为一年，而且折现率和计算期数为已经给定了的。但是，在经济生活中，往往有计算期短于一年，或者需要根据已知条件确定折现率和计息期数的情况。为此，就要对资金时间价值计算中的几个特殊问题，作些分析。

（一）计息期短于一年时间价值的计算

计息期就是每次计算利息的期限。在复利计算中，如按年复利计息，一年就是一个计息期；如按季复利计算，一季是一个计息期，一年就有四个计息期。计息期越短，一年中按复利计息的次数就越多，利息额就会越大。因此要事先规定计息期的长短。

【例2-16】张某将1 000元存入银行，年利率为8%，
如果半年计息一次，复利计息，两年后的本利和是：
$FV_4 = 1\,000 \times (1 + 8\%/2)^4 = 1\,000 \times FVIF_{4\%,4} = 1\,000 \times 1.170 = 1\,170(元)$
如果每季计息一次，复利计息，两年后的本利和是：
$FV_8 = 1\,000 \times (1 + 8\%/4)^8 = 1\,000 \times FVIF_{2\%,8} = 1\,000 \times 1.172 = 1\,172(元)$
这里实际上就涉及名义利率和实际利率两个概念。

（二）名义利率和实际利率

名义利率是复利次数超过一次时给定的年利率。如果一年不是复利一次，而是两次以上（含两次），这样实际计算的本利和要比按年复利的本利和要大，复利次数越多，最后的增值越多。如果复利若干次，带来的利息也会越多。按每年只复利一次的利率是实际利率。

【例2-17】 本金1 000元，投资5年，利率8%，每年复利一次，其本利和为

$FV_5 = 1\,000 \times FVIF_{8\%,5} = 1\,000 \times 1.469 = 1\,469(元)$

上例若每季复利一次，则：

$FV_{20} = 1\,000 \times FVIF_{2\%,20} = 1\,000 \times 1.486 = 1\,486(元)$

上例中的8%是名义利率，而实际利率比名义利率要高，假设名义利率为I，

$\therefore 1\,486 = 1\,000(1+i)^5$

$= 1\,000 \times FVIF_{i,5}$

$FVIF_{i,5} = 1.486$ 查终值系数表知 $FVIF_{8\%,5} = 1.469$，$FVIF_{9\%,5} = 1.538$

用插值法求出实际利率：

$$\left\{ \begin{matrix} 8\% & 1.469 \\ x & 1.468 \\ 9\% & 1.538 \end{matrix} \right\}$$

$$\frac{8\% - x}{8\% - 9\%} = \frac{1.469 - 1.468}{1.469 - 1.538}$$

$x = 8.25\%$，即实际利率$i = 8.25\%$

实际年利率和名义利率之间的关系是：

$$1 + i = \left(1 + \frac{r}{m}\right)^m$$

式中：r为名义利率；m为每年复利次数；i为实际利率；以上例数据计算：

$= 8.24\%$

（三）折现率的推算

在计算资金时间价值时，如果已知现值、终值、年金和期数，而要求i，就要利用已有的计算公式加以推算。下面介绍两个例子来说明折现率的计算。

【例2-18】 现在存入银行2 000元，要想4年后得到本利和3 000元，存款利率应有多高？

$FVIF_{i,4} = 3\,000 \div 2\,000 = 1.5$

在复利终值系数表中，凡属4期的各系数中，年利率11%的系数值为1.518，与1.5十分接近。可见，年利率大约为11%。如果要使计算更加准确，可用插入法进行计算。

【例2-19】 现在向银行存入5 000元，问年利率i为多少时，才能保证以后10年中每年取出750元利息。

$5\,000 = 750 \times PVIFA_{i,10}$，则 $PVIFA_{i,10} = 5\,000/750 = 6.667$

查表表明：

$$\begin{pmatrix} 8\% & 6.710 \\ x & 6.667 \\ 9\% & 6.418 \end{pmatrix}$$

$$\frac{8\% - x}{8\% - 9\%} = \frac{6.710 - 6.667}{6.710 - 6.418}$$

$$x = 8.147\%$$

【例 2 - 20】某企业拟购买一台柴油机更新目前所使用的汽油机。柴油机价格较汽油机高出 2000 元，但每年可节约燃料费用 500 元。若利息率为 10%，则柴油机应至少使用多少年此项更新才有利？

```
            F=2000元
    500 500 500  ...  500 500
    ├──┼──┼──┼──...──┼──┤
    0  1  2        ...     n
```

已知 $P = 2\,000, i = 10\%, A = 500$

$2\,000 = 500 \times PVIFA_{10\%,n}$

则 $PVIFA_{10\%,n} = 2\,000/500 = 4$

查年金现值系数表知：$PVIFA_{10\%,6} = 4.355, PVIFA_{10\%,5} = 3.791$

用插值法：

$$\begin{pmatrix} 6 & 4.355 \\ x & 4 \\ 5 & 3.791 \end{pmatrix}$$

$$\frac{6-x}{6-5} = \frac{4.355 - 4}{4.355 - 3.791}$$

$$x = 5.37(年)$$

第二节　投资的风险价值

企业的经济活动大都是在风险和不确定的情况下进行的，而离开了风险因素就无法正确评价企业收益的高低。投资风险价值原理，揭示了风险与收益之间的关系，它同资金时间价值原理一样，是财务决策的基本依据。

一、投资的风险价值的概念

资金时间价值是在没有风险和通货膨胀下的投资收益率。但是在财务活动中风险是客观存在的，所以必须考虑企业冒着风险进行投资时能否获得额外收益的问题。

投资风险价值就是指投资者由于冒着风险进行投资而获得的超过资金时间价值的额外收

益，又称投资风险收益。

（一）投资决策的类型

1. 确定性投资决策

这是指未来情况能够确定或已知的投资决策。如购买政府发行的国库券，由于国家实力雄厚，事先规定的债券利息到期肯定可以实现，这种投资就属于确定性投资，即没有风险和不确定的问题。

2. 风险性投资决策

这是指未来情况不能完全确定，但各种情况发生的可能性——概率为已知的投资决策。如购买某家用电器公司的股票，已知该公司股票在经济繁荣、一般、萧条时的收益率分别为15%、10%、5%；另根据有关资料分析，认为近期该行业繁荣、一般、萧条的概率分别为30%、50%、20%，这种投资就属于风险性投资。

3. 不确定性投资决策

这是指未来情况不仅不能完全确定，而且各种情况发生的可能性也不清楚的投资决策。如投资煤炭开发工程，若开发顺利可获得100%的收益率，但若找不到理想的煤层则发生亏损；至于能否找到理想的煤层，获利与亏损的可能性各有多少事先很难预料，这种投资就属于不确定性投资。

（二）投资风险价值的表示方法

投资风险价值有两种表示方法：风险收益额（绝对数）和风险收益率（相对数）。

投资收益率 = 无风险收益率 + 风险收益率

（三）风险与收益的权衡

风险意味着有可能出现与人们取得收益的愿望相背离的结果，但是，人们在投资活动中，由于主观努力，把握时机，往往能有效地避免失败，并取得较高的收益。所以，风险不同于危险，危险只可能出现坏的结果，而风险则是指既可能出现坏的结果，也可能出现好的结果。

收益与风险两者之间有一定的比例关系，即高风险要求高收益；低风险与低收益相适应。

二、单项资产的风险收益

（一）概率

一个事件的概率是指这一事件的某种后果可能发生的机会。比如投硬币，可能正面朝上，也可能反面朝上，用每种结果出现的可能性是多少来描述它，就叫概率。

概率特征：

$1.0 \leq P_i \leq 1$

2. $\sum_{i}^{n} P_i = 1$

(二) 概率分布

概率分布就是把不同结果的收益值和概率值在收益和概率二维空间上表达出来。

【例 2-21】顺达公司某投资项目有 A、B 两个方案,投资额均为 500 万元,其收益的概率分布如表 2-4 所示。

表 2-4 某投资项目 A、B 两个方案收益的概率分布表

经济情况	概率(P_t)	收益额(随机变量)(万元)	
		A 方案	B 方案
繁荣	$P_1 = 0.20$	$X_1 = 60$	$X_1 = 70$
一般	$P_2 = 0.60$	$X_2 = 50$	$X_2 = 50$
较差	$P_3 = 0.20$	$X_3 = 40$	$X_3 = 30$

(三) 期望报酬率

有时被称为收益期望值,是指某一投资方案未来收益的各种可能结果,用概率为权数计算出来的加权平均数。公式:$E = \Sigma X_i P_i$,期望值代表各种结果的标准值。

根据表 2-4 可分别计算 A、B 两个方案的预期收益如下:

A 方案 $\sum$:$60 \times 0.2 + 50 \times 0.6 + 40 \times 0.2 = 50$(万元)

B 方案 $\sum$:$70 \times 0.2 + 50 \times 0.6 + 30 \times 0.2 = 50$(万元)

A 方案偏离中心值的幅度比较小,风险较小;B 方案偏离中心值幅度较大,风险较大。

概率分布有两种类型:一是非连续式(即分散型)上例中即为分散型;二是连续型概率分布。概率分布越集中,风险越小,概率分布越分散,风险越大。由上可知,A 的风险较小,B 的风险较大。

(四) 投资风险收益的计算

1. 计算标准离差 δ

它是指某一事件出现的某一种结果与标准值的差额,简称标准离差。

$$\delta = \sqrt{\sum_{i=1}^{n}(X_i - \bar{E})^2 \times P_i}$$

【例 2-22】南方公司某投资项目有甲、乙两个方案,投资额均为 10 000 元,其收益的概率分布如表 2-5 所示。

表 2-5 某投资项目甲、乙两方案收益的概率分布表

经济情况	概率(P_i)	收益(随机变量) 甲方案	收益(随机变量) 乙方案
繁荣	$P_1 = 0.30$	$X_1 = 20\%$	$X_1 = 30\%$
一般	$P_2 = 0.50$	$X_2 = 10\%$	$X_2 = 10\%$
较差	$P_3 = 0.20$	$X_3 = 5\%$	$X_3 = 0\%$

$\bar{E}_甲 = 20\% \times 0.3 + 10\% \times 0.5 + 5\% \times 0.2 = 12\%$

$\bar{E}_乙 = 30\% \times 0.3 + 10\% \times 0.5 + 0\% \times 0.2 = 14\%$

$\delta_乙 = 11.14\%$

$\delta_甲 = 3.57\%$

一般而言,对于预期值相同的两个方案来说,标准离差越大,风险越大;标准离差越小,风险越小。

2. 计算标准离差率

对于预期值不同的两个方案应当采用标准离差率进行衡量 $V = \dfrac{\delta}{\bar{E}} \times 100\%$

甲方案的标准离差率 $V_甲 = \dfrac{3.57\%}{12\%} = 46.42\%$

乙方案的标准离差率 $V_乙 = \dfrac{11.14\%}{14\%} = 79.57\%$

由于 $V_甲 < V_乙$ 所以甲方案风险较小。

在实际中,标准离差率由于是一个相对指标,比标准离差更具有可比性,实际应用更多。

3. 计算风险收益率

风险收益率 = b × 风险程度

$R_R = b \times V$

式中:R_R 为风险收益率;B 为风险收益系数;V 为标准离差率。

投资的总报酬率可表示为:

$K = R_f + R_r = R_f + bV$

式中:R_f 为无风险收益率;K 为投资报酬率

无风险收益率就是加上通货膨胀贴现以后的货币时间价值,西方一般把投资于国库券的报酬率视为无风险收益率。

风险收益率与无风险收益率共同构成了投资总报酬率。

以上例为依据,如果风险收益系数 b 为 8%,甲乙两个方案的风险收益率分别是:

$R_甲 = 8\% \times 43.42\% = 3.73\%$

$R_乙 = 8\% \times 79.57\% = 6.37\%$

第三节　投资组合的风险与收益

投资者在进行投资时,一般并不把所有资金都投资于一种证券,而是同时投资于多种证券。这种同时投资多种证券的投资组合,称为证券组合或投资组合。

一、投资组合的风险

投资组合的风险可以分为两种性质完全不同的风险,即可分散风险和不可分散风险。投资组合能够在一定程度上降低风险,但不能完全消除风险。这种不能通过投资组合消除的风险,称为不可分散风险,又叫市场风险或系统风险。系统风险独立于公司之外,是指对整个证券市场上各类证券都产生影响的风险,主要影响因素包括国家经济状况变动、通货膨胀、世界能源状况的改变等。对于这类风险,再好的投资组合也无法避免,只能靠更高的报酬率来补偿。

(一)可分散风险

此类风险是公司或行业所特有的风险,可以通过多元化投资来分散,称为可分散风险,又叫非系统风险或公司特别风险。非系统风险源于公司本身的商业活动和财务活动,如罢工、新产品开发失败、诉讼失败等都会给某公司或行业带来风险。非系统风险表现为个别证券报酬率变动脱离整个证券市场平均报酬率的变动。

在理论上,我们可以发现有这样两种股票,当对它们分别进行投资的时候,可能风险极大;但当对它们进行投资组合时,风险可能完全消除,其投资组合风险为零(见表 2-6)。

同样,我们也可以发现有两种证券,其证券收益率的变动方向及幅度完全一样。当一种证券收益上升(下降)时,另一种证券收益也同样上升(下降),因此,实现的证券组合收益变动幅度与两种证券各自收益的变动幅度完全一样,组合后的风险没有减少。

在上述两个典型的例子中,A 证券与 B 证券组合后的风险为零;X 证券与 Y 证券组合后的风险没有变化。这说明,组合后的风险有可能被分散,也有可能无法分散。实际上,不同证券的投资组合可以降低风险,但又不能完全分散风险。

表2-6　A、B证券投资组合风险

A、B证券投资组合风险年份	A证券 AK	B证券 BK	A、B证券组合 pK
1995	40%	-10%	15%
1996	-10%	40%	15%
1997	35%	-5%	15%
1998	-5%	35%	15%
1999	15%	15%	15%
平均报酬率	15%	15%	15%
标准离差	22.6%	22.6%	0

表2-7　X、Y证券投资组合风险

年份	X证券 XK	Y证券 YK	X、Y证券组合 pK
1995	40%	40%	40%
1996	-10%	-10%	-10%
1997	35%	35%	35%
1998	-5%	-5%	-5%
1999	15%	15%	15%
平均报酬率	15%	15%	15%
标准离差	22.6%	22.6%	22.6%

A证券和B证券之所以能结合起来组成一个无风险的证券组合,是因为它们收益的变化正好成相反的循环——当A证券的收益上升时,B证券的收益正好下降;反之亦然。我们把A证券和B证券叫作完全负相关。这里的相关系数 $r=-1.0$。

与完全负相关相反的是完全正相关($r=1.0$),两个完全正相关的证券的收益同时上升或下降。这样的两种证券组合,不能分散任何风险。如表2-7所示XY证券组合。

一般而言,正的相关系数表明期望收益率朝同一个方向变动;负的相关系数表明期望收益率朝相反方向变动;相关系数为零表明收益率之间不一起变动。研究表明,相关系数总是在+1至-1之间。

(二)不可分散风险

通过投资组合,非系统风险能被降低;若分散是充分有效的话,这种风险还能消除。因此投资者所持有的证券的全部风险并不能期望全部得到补偿,因为证券的非系统风险是可以分散掉的。因此在一种证券的风险中,重要的是系统风险或不可分散风险,投资者期望得到补偿的风险也就是系统风险,他们不能期望市场对非系统风险有任何额外的补偿。但这种风险对不同企业也有不同的影响。

系统性风险通常用 β 系数来计量,一般由一些投资服务机构定期计算公布。作为整体的

证券市场的 β 系数为 1。如果某种股票的风险与整个证券市场的风险情况一致，则这种股票的 β 系数等于 1；如果某种股票的 β 系数大于 1，说明其风险大于整个市场风险；如果某种股票的 β 系数小于 1，说明其风险小于整个市场风险。

以上说明了单种股票的 β 系数的情况。那么证券组合的 β 系数如何计算呢？证券组合的 β 系数是单个证券 β 系数的加权平均数，权数为各种证券在投资组合中所占的比重。其计算公式是：

$$\beta_p = \Sigma X_i \beta_i$$

式中：β_p 为证券组合的 β 系数；X_i 为某种证券的投资比重；β_i 为第 i 种证券的 β 系数。

通过以上分析，可得出如下结论：

一种股票的风险有两部分组成，他们是可分散风险和不可分散风险。

可分散风险可通过证券组合来削减。可分散风险随证券组合中股票数量的增加而逐渐减少。

股票的不可分散风险由市场变动所产生，它对所有股票都有影响，不能通过证券组合而消除。不可分散风险是通过 β 系数来测量的，一些标准的 β 值如下：

$\beta = 0.5$，说明该股票的风险只有整个市场股票风险的一半；

$\beta = 1.0$，说明该股票的风险等于整个市场股票的风险；

$\beta = 2.0$，说明该股票的风险是整个市场股票风险的两倍。

二、证券组合的风险收益

投资者进行证券组合投资与进行单项投资一样，都要求对承担的风险进行补偿，股票的风险越大，要求的收益就越高。但是，与单项投资不同，证券组合投资要求补偿的风险只是不可分散风险，而不要求对可分散风险进行补偿。如果由可分散风险的补偿存在，善于科学地进行投资组合的投资者将购买这部分股票，并抬高其价格，其最后的收益率只反映不能分散的风险。因此，证券组合的风险收益是投资者因承担不可分散风险而要求的，超过时间价值的那部分额外收益。可用下列公式计算：

$$R_P = \beta_p(K_m - R_F)$$

式中：R_P 为证券组合的风险收益率；β_p 为证券组合的 β 系数；K_m 为所有股票的平均收益率，也就是由市场上所有股票组成的证券组合的收益率，简称为市场收益率；R_F 为无风险收益率，一般用政府公债的利息率来衡量。

【例 2 – 23】华强公司持有甲、乙、丙三种股票构成的证券组合，他们的 β 系数分别式 2.0、1.0 和 0.5，它们在证券组合中所占的比重分别为 60%、30% 和 10%，股票的市场收益率为 14%，无风险收益率为 10%，试确定这种证券组合的风险收益率。

确定证券组合的 β 系数

$$\beta_p = \Sigma X_i \beta_i = 60\% \times 2.0 + 30\% \times 1.0 + 10\% \times 0.5 = 1.55$$

计算该证券组合的风险收益率

$$R_P = \beta_p (K_m - R_F) = 1.55 \times (14\% - 10\%) = 6.2\%$$

当然,计算出风险收益率后,便可根据投资额和风险收益率计算出风险收益的数额。从以上计算中可以看出,在其他因素不变的情况下,风险收益取决于证券组合的 β 系数,β 系数越大,风险收益就越大;反之亦然。

【例2-24】在上例中,华强公司为降低风险,售出部分甲股票,买进部分丙股票。使甲、乙、丙三种股票在证券组合中所占的比重变为10%、30%和60%,试计算此时的风险收益率。

此时,证券组合的 β 值为:

$$\beta_p = \Sigma X_i \beta_i = 10\% \times 2.0 + 30\% \times 1.0 + 60\% \times 0.5 = 0.80$$

那么,此时的证券组合的风险收益率应为:

$$R_P = \beta_p (K_m - R_F) = 0.80 \times (14\% - 10\%) = 3.2\%$$

从以上计算可以看出,调整各种证券在证券组合中的比重可改变证券组合的风险、风险收益率和风险收益额。

三、风险和收益率的关系

在西方金融学和财务管理学中,有许多模型论述风险和收益率的关系,其中一个最重要的模型为资本资产定价模型(Capital Asset Pricing Model,CAPM)。这一模型为:

$$K_i = R_F + R_P = R_F + \beta_i (K_m - R_F)$$

式中:K_i 为第 i 种证券组合的必要收益率;R_F 无风险收益率;β_i 为第 i 种证券组合的 β 系数;K_m 为所有证券的平均收益率.

【例2-25】顺达公司股票的 β 系数为2.0,无风险利率为6%,市场上所有股票的平均收益率为10%,那么,顺达公司股票的收益率应为:

$$K_i = R_F + \beta_i (K_m - R_F) = 6\% + 2.0 \times (10\% - 6\%) = 14\%$$

也就是说,顺达公司股票的收益率达到或超过14%时,投资者肯定进行投资。如果低于14%,则投资者不会购买顺达公司的股票。

四、证券投资组合的策略与方法

从以上分析我们知道,通过证券投资组合能有效地分散风险,那么,企业在进行证券投资组合时应采用什么策略,用何种方法进行组合呢?现简要说明如下:

(一)证券投资组合策略

在证券组合理论发展的过程中,形成了各种各样的派别,从而也形成了不同的组合策略,先介绍最常见的几种:

(1)保守型策略。这种策略认为,最佳证券投资组合策略是要尽量模拟市场现状,将尽可能多的证券包括进来,以便分散掉全部非系统风险,得到与市场所有证券的平均收益同样的收益。1976年,美国先锋基金公司创造的指数信托基金,便是这一策略的最典型的代表。这种基金投资于标准普尔(Standard and Poor's)股票价格指数中所包括的全部500种股票,其投资比例与500家企业价值相同。这种投资组合有以下好处:①能分散掉全部可分散风险;②不需要高深的证券投资的专业知识;③证券投资的管理费比较低。但这种组合获得的收益不会高于证券市场上所有证券的平均收益。因此,此种策略属于收益不高、风险不大的策略,故称之保守型策略。

(2)冒险型策略。这种策略认为,与市场完全一样的组合不是最佳组合,只要投资组合做得好,就能击败市场或超越市场,取得远远高于平均水平的收益。在这种组合中,一些成长型的股票比较多,而那些低风险、低收益的证券不多。另外,其组合的随意性强,变动频繁。采用这种策略的人都认为,收益就在眼前,何必死守苦等。对于追随市场的保守派,他们是不屑一顾的。这种策略收益高,风险大,因此,称为冒险型策略。

(3)适中型策略。这种策略认为,证券的价格,特别是股票的价格,是由特定企业的经营业绩来决定的。市场上股票价格的一时沉浮并不重要,只要企业经营业绩好,股票一定会升到其本来的价值水平。采用这种策略的人,一般都善于对证券进行分析,如行业分析、企业业绩分析,财务分析等,通过分析,选择高质量的股票和债券,组成投资组合。适中型策略如果做得好,可获得较高的收益,而又不会承担太大的风险。但进行这种组合的人必须具备丰富的投资经验,拥有进行证券投资的各种专业知识。这种投资策略风险不太大,收益却比较高,所以是一种最常见的投资组合策略。各种金融机构、投资基金和企事业单位在进行证券投资时一般都采用此种策略。

(二)进行证券投资组合的方法有很多,但最常见的方法通常有以下几种

(1)选择足够数量的证券进行组合。这是一种最简单的证券投资组合方法。在采用这种方法时,不是进行有目的的组合,而是随机选择证券,随着证券数量的增加,非系统风险会逐步减少,当数量足够时,大部分非系统风险都能分散掉。根据投资专家们估计,在美国纽约证券市场上,随机地购买40种股票,其大多数非系统风险都能分掉。为了有效地分散风险,每个投资者拥有股票的数量最好不少于14种。我国股票种类还不太多,同时投资于10种股票,就能达到分散风险的目的了。

(2)把风险大、风险中等、风险小的证券放在一起进行组合。这种组合方法又称1/3法,是指把全部资金的1/3投资于风险大的证券;1/3投资于风险中等的证券;1/3投资于风险小的证券。一般而言,风险大的证券对经济形势的变化比较敏感,当经济处于繁荣时期,风险大的证券获得高额收益,但当经济衰退时,风险大的证券却会遭受巨额损失;相反,风险小的证券对经济形势的变化则不十分敏感,一般都能获得稳定收益,而不致遭受损失。因此,这种1/3的投资组合法,是一种进可攻、退可守的组合法,虽不会获得太高的收益,但也不会承担巨大风险,是一种常见的组合方法。

(3) 把投资收益呈负相关的证券放在一起进行组合。一种股票的收益上升而另一种股票的收益下降的两种股票，称为负相关股票。把收益呈负相关的股票组合在一起，能有效地分散风险。例如，某企业同时持有一家汽车制造公司的股票和一家石油公司的股票，当石油价格大幅度上升时，这两种股票便呈负相关。因为油价上涨，石油公司的收益会增加，但油价的上升，会影响汽车的销量，使汽车公司的收益降低。只要选择得当，这样的组合对降低风险有十分重要的意义。

【本章小结】

货币时间价值是在商品经济高度发展和借贷关系存在的条件下出现的一个经济范畴。货币所有者将货币的使用价值让渡给使用者，用于进行生产经营或者其他投资而获得增值。货币使用者需要从其活动的增值中分出一部分付给货币所有者作为报酬，这种按借贷时间长短计算的报酬叫作货币时间价值。终值和现值是资金时间价值中两个最基本的概念。终值是资金经过一定时间之后的价值，包括本金和时间价值，用 F 表示。现值是以后年份收到或付出资金的现值价值，用 P 表示。目前有单利和复利两种利息计算方法。

年金是指在一定期间内每期付出或收入相同的款项，用 A 表示。年金具有两个特点，一个是金额相等；一个是时间间隔相等。年金可以分为普通年金、预付年金、递延年金和永续年金。

在现代企业财务管理中，风险是企业在各项财务活动中，由于各种难以预料或者无法控制的因素作用，使企业的实际报酬与预计报酬发生背离，从而造成经济损失的可能和带来超出预期报酬的可能。企业在实际风险控制中，应该选择适当的风险应对策略，这样可以有效控制企业风险发生的可能性。

【学习思考】

1. 什么是资金时间价值?影响资金的时间价值有哪些因素?
2. 什么是利息?什么是利率?
3. 什么是名义利率?什么是实际利率?两者有什么关系?
4. 什么是风险?应对风险有哪些策略?
5. 利率的计算方法有哪些?

第三章 筹资管理

【本章提要】

本章主要介绍筹资管理的相关内容,包括:筹资的动机、内容、方式、分类及原则;银行借款、发行公司债券及融资租赁等债务筹资方式;吸收直接投资、发行普通股股票以及留存收益等股权筹资方式;优先股、可转换债券与认股权证等混合筹资方式;资金需要量预测的方法。

【学习目标】

- 理解筹资的动机、内容、方式、分类及原则
- 掌握银行借款的概念、分类及程序,理解银行借款筹资的特点
- 掌握公司债券的概念、分类、发行程序及其价格,理解公司债券筹资的特点
- 掌握租赁的分类和特点、融资租赁的概念、程序、方式,理解融资租赁筹资的特点
- 掌握直接吸收投资的分类、程序及方式,理解直接吸收投资筹资的特点
- 掌握股票的概念、分类、股票发行及其价格、股票上市,理解股票筹资的特点
- 理解留存收益筹资的特点
- 理解优先股、可转换债券、认股权证筹资的特点
- 掌握资金需要量的预测方法

第一节 筹资管理概述

一、企业筹资的动机

企业筹资最基本的目的,是为企业的经营活动提供资金保障。归纳起来表现为四类筹资动机:创立性筹资动机、扩张性筹资动机、调整性筹资动机及混合性筹资动机。

(一)创立性筹资动机

创立性筹资动机,是指企业设立时,为取得资本金并形成开展经营活动的基本条件而产生的筹资动机。

(二)扩张性筹资动机

扩张性筹资动机,是指企业因扩大经营规模或对外投资需要而产生的筹资动机。处于成长期的企业,往往会产生扩张性的筹资动机。

(三)调整性筹资动机

调整性筹资动机,是指企业因调整资本结构而产生的筹资动机。企业产生调整性筹资动机的具体原因,大致有二:一是优化资本结构,合理利用财务杠杆效应;二是偿还到期债务,债务结构内部调整。

(四)混合性筹资动机

混合性筹资动机,是指企业既为扩张规模又为调整资本结构而产生的筹资动机。在这种混合性筹资动机的驱使下,企业通过筹资,既扩大了资产和资本的规模,又调整了资本结构。

二、筹资管理的内容

筹资管理要求解决企业为什么要筹资、需要筹集多少资金、从什么渠道以什么方式筹集,以及如何协调财务风险和资本成本,合理安排资本结构等问题。

(一)科学预计资金需要量

企业创立时,要按照规划的生产经营规模,核定长期资本需要量和流动资金需要量;企业正常营运时,要根据年度经营计划和资金周转水平,核定维持营业活动的日常资金需求量;企业扩张发展时,要根据生产经营扩张规模或对外投资对大额资金的需求,安排专项的资金。

(二)合理安排筹资渠道、选择筹资方式

筹资渠道解决的是资金来源问题,筹资方式则解决通过何种方式取得资金的问题。筹资渠道主要有:国家财政资金、银行信贷资金、非银行金融机构资金、其他企业资金及居民个人资金。最基本的筹资方式有两种:股权筹资和债务筹资。

(三)降低资本成本、控制财务风险

资本成本是企业筹集和使用资金所付出的代价,包括资金筹集费用和使用费用。一般来说,债务资金比股权资金的资本成本要低。即使同是债务资金,由于借款、债券和租赁的性质不同,其资本成本也有差异。企业在筹资管理中,要合理利用资本成本较低的资金,努力降低企业的资本成本率。

财务风险,是指企业无法如期足额地偿付到期债务的本金和利息的风险。企业筹集资金在降低资本成本的同时,要充分考虑财务风险。

三、筹资方式

筹资方式,是指企业筹集资金所采取的具体形式,它受到法律环境、经济体制、融资市场

等筹资环境的制约,特别是受国家对金融市场和融资行为方面的法律法规制约。

一般来说,企业最基本的筹资方式就是两种:股权筹资和债务筹资。股权筹资形成企业的股权资金,通过吸收直接投资、发行股票、留存收益等方式取得;债务筹资形成企业的债务资金,通过银行借款、发行公司债券、融资租赁等方式取得。至于发行可转换债券、认股权证等筹集资金的方式,属于兼有股权筹资和债务筹资性质的混合筹资方式。

(一)吸收直接投资

吸收直接投资,是指企业以协议等形式吸收国家、法人、个人和外商直接投入资本,形成企业资本金的一种筹资方式。这种筹资方式不以股票这种融资工具为载体,通过签订投资协议规定双方的权利和义务,主要适用于非股份制公司筹集股权资本。吸收直接投资,是一种股权筹资方式。

(二)发行股票

股票是股份有限公司为筹措股权资本而发行的有价证券,是持股人拥有公司股份的凭证,它代表持股人在公司中拥有的所有权。这种筹资方式只适用于股份有限公司,而且必须以股票作为载体。发行股票,是一种股权筹资方式。

(三)留存收益

留存收益,是指企业从税后净利润中提取的盈余公积金、以及从企业可供分配利润中留存的未分配利润。留存收益,是企业将当年利润转化为股东对企业追加投资的过程,是一种股权筹资方式。

(四)银行借款

银行借款,是指企业根据借款合同从银行或非银行金融机构取得资金的筹资方式。这种筹资方式广泛适用于各类企业,它既可以筹集长期资金,也可以短期融通资金,具有灵活、方便的特点。银行借款,是一种债务筹资方式。

(五)发行公司债券

公司债券是公司依照法定程序发行的、约定在一定期限内向债券人还本付息的有价证券。它代表持券人同发债公司之间的债券债务关系。发行公司债券,是一种债务筹资方式。

(六)融资租赁

融资租赁,也称为资本租赁或财务租赁,是由出租人(租赁公司)按照承租人(承租企业)的要求购买设备,并在契约或合同规定的较长期限内提供给承租人使用的信用业务。融资租赁方式不直接取得货币性资金,通过租赁信用关系,直接取得实物资产,快速形成生产经营能力,然后通过向出租人分期交付租金方式偿还资产的价款。融资租赁,是一种债务筹资方式。

四、筹资的分类

企业采用不同方式所筹集的资金,按照不同的分类标准,可分为不同的筹资类别。

(一)股权筹资、债务筹资及混合筹资

按照资本属性的不同,企业的长期筹资可分为股权筹资、债务筹资及混合筹资三类。

1.股权筹资。股权筹资形成企业的股权资本,又称权益资本、自有资本,是企业依法取得并长期拥有,可自主调配运用的资本。根据我国有关法律规定,企业的股权资本由投入资本(或股本)、资本公积、盈余公积和未分配利润组成。

2.债务筹资。债务筹资形成企业的债务资本,是企业依法取得并依约运用、到期偿还的资本。债权人有权按期索取债券本息,但无权参与企业的经营管理和利润分配。

3.混合筹资。混合筹资是指兼具股权筹资和债权筹资双重属性的长期筹资类型,主要的混合筹资方式是发行优先股、发行可转换债券和发行认股权证。

(二)直接筹资与间接筹资

企业的筹资活动按其是否借助银行等金融机构,可分为直接筹资和间接筹资两种类型。

1.直接筹资。直接筹资是指企业不借助银行等金融机构,直接与资本所有者协商融通资本的一种筹资活动。具体而言,直接筹资包括吸收直接投资、发行股票、发行债券等方式。

2.间接筹资。间接筹资是指企业借助银行等金融机构融通资本的筹资活动。这是一种传统的筹资类型。在间接筹资活动过程中,银行等金融机构发挥中介作用。

(三)内部筹资与外部筹资

企业的长期筹资按资金来源的范围不同,可分为内部筹资和外部筹资两种类型。企业一般在充分利用内部筹资来源之后,再考虑外部筹资问题。

1.内部筹资。内部筹资是指企业内部通过利润留存而形成的资本来源。内部筹资是在企业内部自然形成的,因此被称为"自动化的资本来源",一般无须花费筹资费用,其数量通常由企业可分配利润的规模和利润分配政策(或股利政策)所决定。

2.外部筹资。外部筹资是指企业内部筹资不能满足需求时,向企业外部筹资而形成的资本来源。企业外部筹资方式很多,如:长期借款筹资、发行债券筹资、融资租赁筹资、发行股票筹资等。

五、筹资管理的原则

企业筹资管理的基本要求,是要在严格遵守国家法律法规的基础上,分析影响筹资的各种因素,权衡资金的性质、数量、成本和风险,合理选择筹资方式,提高筹资效果。

(一)筹措合法

企业的筹资行为和筹资活动必须遵循国家的相关法律法规,依法履行法律法规和投资合

同约定的责任，合法合规筹资，依法披露信息，维护各方的合法权益。

(二)规模适当

企业要根据生产经营及其发展的需要，合理预测资金的需要量。筹资规模与资金需要量应当匹配一致。

(三)取得及时

企业筹集资金，要根据资金需求的具体情况，合理安排资金的筹集到位时间，使筹资与用资在时间上相衔接。

(四)来源经济

企业应当在考虑筹资难易程度的基础上，针对不同来源资金的成本，认真选择筹资渠道，并选择经济、可行的筹资方式，力求降低筹资成本。

(五)结构合理

企业筹资要综合考虑股权资金与债务资金的关系、内部筹资与外部筹资的关系，合理安排资本结构，保持适当偿债能力，防范企业财务危机。

第二节　债务筹资

债务筹资是指企业通过银行借款、发行债券、融资租赁等方式筹集的长期债务资本。本节分别介绍银行借款、发行公司债券、融资租赁三种长期债务筹资的方式。

一、银行借款

银行借款是指企业根据借款合同从银行或非银行金融机构取得资金的筹资方式。

(一)银行借款的分类

1. 按提供贷款的机构，分为政策性银行贷款、商业银行贷款和其他金融机构贷款

政策性银行贷款是指执行国家政策性贷款业务的银行向企业发放的贷款，通常为长期贷款。如国家开发银行贷款，主要满足企业承建国家重点建设项目的资金需要；中国进出口信贷银行贷款，主要为大型设备的进出口提供的买方信贷或卖方信贷；中国农业发展银行贷款，主要用于确保国家对粮、棉、油等政策性收购资金的供应。

商业性银行贷款是指由各商业银行，如中国工商银行、中国建设银行、中国农业银行、中国银行等，向工商企业提供的贷款，用以满足企业生产经营的资金需要，包括短期贷款和长期贷款。

其他金融机构贷款，如从信托投资公司取得实物或货币形式的信托投资贷款，从财务公司取得的各种中长期贷款，从保险公司取得的贷款等。其他金融机构的贷款一般较商业银行

贷款的期限要长，要求的利率较高，对借款企业的信用要求和担保的选择比较严格。

2. 按有无抵押品作担保分类，分为信用贷款和抵押贷款

信用贷款是指不以抵押品作担保的贷款，即仅凭借款企业的信用或某保证人的信用而发放的贷款。信用贷款通常仅由借款企业出具签字的文书，一般是贷给那些资信优良的企业。对于这种贷款，由于风险较高，银行通常要收取较高的利息，往往还附加一定的限制条件。

抵押贷款是指以特定的抵押品为担保的贷款。作为贷款担保的抵押品可以是不动产、机器设备等实物资产，也可以是股票、债券等有价证券。它们必须是能变现的资产。如果贷款到期时借款企业不能或不愿偿还贷款时，银行可取消企业对抵押品的赎回权，并有权处置抵押品。抵押贷款有利于降低银行贷款的风险，提高贷款的安全性。

3. 按企业取得贷款的用途分类，我国银行长期贷款分为基本建设贷款、更新改造贷款、科研开发、新产品试制贷款等。

(二)银行借款的程序

1. 企业提出申请。企业申请借款必须符合贷款条件。确定贷款条件的依据是：企业单位设置的合法性、经营的独立性、自有资本的足够性、经营的盈利性及贷款的安全性。企业借款应具备的基本条件：①企业经营的合法性；②企业经营的独立性；③企业具有一定数量的自有资金；④企业在银行开立基本账户；⑤企业有按期还本付息的能力。

企业提出的借款申请，应陈述借款的原因、借款的金额、用款的时间与计划、划款期限与计划。

2. 银行进行审批。银行针对企业的借款申请，按照有关规定和贷款条件，对借款企业进行审查，依据审批权限，核准企业的借款金额和用款计划。银行审批的内容包括：①企业的财务状况；②企业的信用情况；③企业的盈利稳定性；④企业的发展前景；⑤借款投资项目的可行性等。

3. 签订借款合同。银行经审查批准借款合同后，可与借款企业进一步协商贷款的具体条件，签订正式的借款合同，明确规定贷款的数额、利率、期限和一些限制性的条款。

4. 企业取得借款。借款合同生效后，银行可在核定的贷款指标范围内，根据用款计划和实际需求，一次或分次将将贷款转入企业的存款结算账户，以便企业支用借款。

5. 企业偿还借款。企业按照借款合同的规定按期付息还本。企业偿还贷款的方式通常有三种：①到期日一次偿还；②定期偿还等额的本金，即在到期日之前定期(如每一年或二年)偿还相同的金额，至贷款到期日还完本金；③分批偿还，每批金额不等，便于企业灵活安排。

(三)银行借款筹资的特点

1. 筹资速度快。与发行债券、融资租赁等债权筹资方式相比，银行借款的程序相对简单，所花时间较短，企业可以迅速获得所需资金。

2. 资本成本低。利用银行借款筹资，其利息可以在所得税前支付，故可减少企业实际负

担的成本。比发行债券和融资租赁的利息负担要低。而且，无须支付证券发行费用、租赁手续费用等筹资费用。

3. 筹资弹性较大。在借款之前，企业根据当时的资本需求与银行等贷款机构直接商定贷款的时间、数量和条件。在借款期间，若公司的财务状况发生某些变化，也可与债权人再协商，变更借款数量、时间和条件，或提前偿还本息。

4. 限制条款多。在企业与银行签订的借款合同中，一般都有限制性条款，这些条款可能会影响企业以后的筹资和投资活动。

5. 筹资数额有限。一般不如发行债券、股票那样一次筹集到大笔资金。

二、发行公司债券

公司债券是公司依照法定程序发行的、约定在一定期限内还本付息的有价证券。它代表持券人同发债公司之间的债权债务关系。

(一)公司债券的基本要素

1. 债券的面值

债券的面值包括两个基本内容：币种以及票面金额。币种可以是外币也可以是本币。票面金额是印在债券上表明债券到期时偿还债务的金额。它固定不变，到期必须足额偿还。

2. 债券的期限

债券从发行之日起，至到期日之间的时间成为债券的期限。在债券的期限内，公司需要定期支付利息，到期还本；也可以按规定分期偿还或一次偿还。

3. 债券的票面利率

债券上一般都载明利率，即票面利率。通常为固定利率，但也可以为浮动利率。债券上标明的利率一般是年利率。

(二)公司债券的分类

1. 按是否记名，分为记名债券和无记名债券

记名债券是指在券面上记有持券人的姓名或名称。对于这种证券，公司只对记名人偿本，持券人凭印签支取利息。记名债券的转让，由债券持有人以背书等方式进行，并由发行公司将受让人的姓名或名称载于公司债券存根簿。

无记名债券是指在券面上不记有持券人的姓名或名称，还本付息以债券为凭，一般实行剪票付息。无记名债券的转让，由债券持有人将该债券交付给受让人后即发生转让的效力，无需背书。

2. 按是否能够转换成公司股权，分为可转换债券与不可转换债券

可转换债券是指根据发行公司债券募集办法的规定，债券持有人可将其转换为发债公司的股票的债券，应规定转换办法，并应按转换办法向债券持有人转发股票。债券持有人有权

选择是否将其所持债券转换为股票。发行这种债券，既可为投资者增加灵活的投资机会，又可为发行公司调整资本结构或缓解财务压力提供便利。

不可转换债券是指债券持有人不可将其转换为发债公司的股票的债券。一般来说，不可转换债券的利率要比可转换债券高一些。

3. 按有无抵押担保，分为抵押债券和信用债券

抵押债券又称有担保债券，是指发行公司有特定财产作为担保品的债券。按其抵押品的不同，又可分为不动产抵押债券、动产抵押债券和信托抵押债券。信托抵押债券是指公司以其持有的有价证券为担保而发行的债券。

信用债券又称无担保债券，是指发行公司没有抵押品担保，完全凭公司信用发行的债券。这种债券通常由信誉良好的公司发行。

(三) 债券的发行条件

在我国，根据《公司法》的规定，股份有限公司、国有独资公司和两个以上的国有公司或者两个以上的国有投资主体投资设立的有限责任公司，具有发行债券的资格。根据《证券法》规定，公开发行公司债券，应当符合下列条件：①股份有限公司的净资产不低于人民币3 000万元，有限责任公司的净资产不低于人民币6 000万元；②累计债券余额不超过公司净资产的40%；③最近3年平均可分配利润足以支付公司债券1年的利息；④筹集的资金投向符合国家产业政策；⑤债券的利率不超过国务院限定的利率水平；⑥国务院规定的其他条件。

公开发行公司债券筹集的资金，必须用于核准的用途，不得用于弥补亏损和非生产性支出。

根据《证券法》规定，公司申请公司债券上市交易，应当符合下列条件：①公司债券的期限为1年以上；②公司债券实际发行额不少于人民币5 000万元；③公司申请债券上市时仍符合法定的公司债券发行条件。

(四) 债券的发行程序

1. 作出发行债券决议。公司发行债券要由董事会制定方案，股东大会作出决议。

2. 提出申请。按规定，公司申请发行债券由国务院证券管理部门批准。公司申请应提交公司登记证明、公司章程、公司债券募集办法、资产评估报告和验资报告。

3. 公告募集办法。企业发行债券的申请经批准后，向社会公告债券募集办法。根据我国《公司法》的规定，公司债券募集办法中应当载明的主要事项有：发行公司名称；债券募集资金的用途；债券总额和债券的票面金额；债券的利率；还本付息的期限和方式；债券的发行价格、起止日期；公司的净资产额；已发行的尚未到期的公司债券总额；公司债券的承销机构。

4. 委托证券经营机构发售。公司债券分私募发行和公募发行，私募发行是以特定的少数投资者为对象发行债券，而公募发行则是在证券市场上以非特定的广大投资者为对象公开发行债券。公募间接发行是各国通行的公司债券发行方式，在这种发行方式下，发行公司与

承销团签订承销协议。承销团由数家证券公司或投资银行组成,承销方式有代销和包销两种。代销是指承销机构代为推销债券,在约定期限内未售出的余额可退还发行公司,承销机构不承担发行风险。包销是由承销团先购入发行公司拟发行的全部债券,然后再售给社会上的投资者,如果约定期限内未能全部售出,余额要由承销团负责认购。

5. 交付债券,收缴债券款,登记债券存根簿。发行债券通常不需经过填写认购证过程,由债券购买人直接向承销机构付款购买,承销单位付给企业债券。然后,发行公司向承销机构收缴债券款并结算代理费及预付款项。

(五)债券的发行价格

公司债券的发行价格是发行公司(或其承销机构代理,下同)发行债券时所使用的价格,也即债券投资者向发行公司认购其所发行债券时实际支付的价格。公司在发行债券之前,必须依据有关因素,运用一定的方法,确定债券的发行价格。

1. 决定债券发行价格的因素。决定债券发行价格的因素有:①债券面额,它是决定债券发行价格的最基本因素;②票面利率,它是债券的名义利率,通常是在发行之前已确定,并在债券票面上注明;③市场利率,它是衡量债券票面利率高低的参照系,两者往往不一致,因此共同影响债券的发行价格;债券期限,它同银行借款一样,期限越长,债券人的风险就越大,要求的利息报酬率就越高,债券的发行价格就越低。

2. 确定债券发行价格的方法。在实务中,公司债券的发行价格通常有三种情况,即等价(也称平价)、溢价、折价。等价是指以债券的票面金额作为发行价格;溢价是指按高于债券票面的价格发行债券;折价是指按低于债券票面的价格发行债券。

综合上述,按货币时间价值的原理,债券的发行价格由两部分构成:一部分是各期利息(通常表现为年金形式)以市场利率作为折现率折算的现值;另一部分是债券面额以市场利率作为折现率折算的现值。

(六)发行公司债券筹资的特点

1. 债券的筹资成本较低。与股票的股利相比,债券的利息可在所得税前支付,发行公司可享受税收利益,故公司实际负担的债务成本一般低于股票成本。

2. 债券筹资能发挥财务杠杆作用。无论发行公司的盈利多少,债券持有人一般只收取固定的利息,更多的收益可分配给股东或留用公司经营,从而增加股东和公司的财富。

3. 债券筹资能够保障股东的控制权。债券持有人无权参与发行公司的管理决策,因此,公司发行债券不会像增发新股可能会分散股东对公司的控制权。

4. 债券筹资的财务风险高。债券有固定的到期日,并须定期支付利息,发行公司必须承担按期付息偿本的义务。在公司经营不景气时,亦须向债券持有人付息偿本,这会给公司带来更大的财务困难,甚至导致破产。

5. 债券筹资限制条件多,筹资的数量有限。我国《证券法》规定,发行公司流通在外累计债券总额不得超过公司净资产总额的40%。

三、融资租赁

(一)租赁的分类及特点

租赁是指出租人以收取租金为条件,在契约或合同规定的期限内,将资产租借给承租人使用的一种经济行为。租赁行为在实质上具有借贷属性,但其直接涉及的是物而不是钱。在租赁业务中,出租人主要是各种专业租赁公司租赁物大多为设备等固定资产。租赁分为融资租赁和经营租赁。经营租赁,也称营运租赁、服务租赁,是由出租人向承租单位在短期内提供租赁设备,并提供维修、保养、人员培训等的服务性业务。经营租赁的特点主要是:①出租的设备一般由租赁公司根据市场需要选定,然后再寻找承租企业;②租赁期较短,短于资产的有效使用期,在合理的限制条件内承租企业可以中途解约;③租赁设备的维修、保养由租赁公司负责;④租赁期满或合同中止以后,出租资产由租赁公司收回。

融资租赁,也称为资本租赁、财务租赁,是由出租人(租赁公司)按照承租人(承租企业)的要求购买设备,并在契约或合同规定的较长期限内提供给承租人使用的信用业务。融资租赁的主要特点是:①一般由承租企业向租赁公司提出正式申请,由租赁公司购进设备给承租企业使用;②租赁期较长,大多为设备使用年限的一半以上;③由承租企业负责设备的维修、保养;④租赁期满,按事先约定的方法处理设备,包括退还租赁公司,或继续租赁,或企业留购。

(二)融资租赁的基本程序与形式

1. 融资租赁的基本程序

(1)选择租赁公司,提出委托申请。当企业决定采用融资租赁方式以获取某项设备时,需要了解各个租赁公司的资信情况、融资条件和租赁费率等,分析比较选定一家作为出租单位。然后,向租赁公司申请办理融资租赁。

(2)签订购货协议。由承租企业和租赁公司中的一方或双方,与选定的设备供应厂商进行购买设备的技术谈判和商务谈判,在此基础上与设备供应厂商签订购货协议。

(3)签订租赁合同。租赁合同系由承租企业与租赁公司签订,它是租赁业务的重要文件,具有法律效力。融资租赁合同的内容可分为一般条款和特殊条款两部分。

(4)交货验收。设备供应厂商将设备发运到指定地点,承租企业要办理验收手续。验收合格后签发交货及验收证书交给租赁公司,作为其支付货款的依据。

(5)定期交付租金。承租企业按租赁合同规定,分期交纳租金。

(6)合同期满处理设备。承租企业根据合同约定,对设备续租、退租或留购。

2. 融资租赁的基本形式

(1)直接租赁。直接租赁是融资租赁的主要形式,承租方提出租赁申请,出租方按照承租方的要求购买,租给承租方。

(2)售后回租。售后回租是指承租方因缺乏资金,将自己的资产售给出租方,再以租赁的形式从出租方租回使用。采用这种融资租赁的方式,承租企业因出售资产而获得了一笔相当于市价的资金,同时将其租回而保留了资产的使用权。这与抵押贷款有些相似。

(3)杠杆租赁。杠杆租赁是指涉及承租人、出租人和贷款人三方的融资租赁业务。一般来说,出租方自己只投入部分资金,通常为资产价值的20%~40%,其余资金则通过将该资产抵押担保的方式,向贷款人借款支付。租赁公司将购进的设备出租给承租方,收取租金。出租人既是债权人也是债务人,既收取租金又偿还债务。若租赁收益大于借款成本支出,则出租人可获财务杠杆利益。

(四)融资租赁租金的计算

1. 租金的构成

融资租赁每期租金的多少,取决于以下几项因素:①设备原价及预计残值,包括设备买价、运输费、安装调试费、保险费等,以及该设备租赁期满后,出售可得的市价;②利息,指租赁公司为承租企业购置设备垫付资金所应支付的利息;③租赁手续费,指租赁公司承办租赁设备所发生的业务费用和必要的利润。

2. 租金的支付方式

租金的支付方式有以下几种分类方式:①按支付间隔期长短,分为年付、半年付、季付和月付等方式;②按在期初和期末支付,分为先付和后付;③按每次支付额,分为等额支付和不等额支付。

3. 租金的计算

我国融资租赁实务中,租金的计算大多采用等额年金法。等额年金法下,通常要根据利率和租赁手续费率确定一个租费率,作为折现率。

(五)融资租赁筹资的特点

1. 无需大量资金就能迅速获得资产。在资金缺乏情况下,能迅速获得所需资产。融资租赁集"融资"与"融物"于一身,一般要比先筹措资金后购买设备来得更快,可使企业尽快形成生产经营能力。

2. 融资租赁筹资的限制条件较少。企业运用股票、债券、长期借款等筹资方式,都受到相当多的资格条件的限制,相比之下,租赁筹资的限制条件很少。

3. 免遭设备陈旧过时的风险。随着科学技术的不断进步,设备陈旧过时的风险很高,而大多数租赁协议规定由出租人承担,承租企业可免受这种风险。

4. 享受税收利益。租金费用可以在所得税前扣除,承租企业能享受税收利益。

5. 资本成本负担较高。融资租赁的租金通常比银行借款或发行债券所负担的利息高得多,租金总额通常要高于设备价值的30%,高额的固定租金也构成了一项沉重的负担。

四、债务筹资的优缺点

(一)债务筹资的优点

1. 资本成本负担较轻。一般来说,债务筹资的资本成本要低于股权筹资。其一是取得资金的手续费用等筹资费用较低;其二是利息、租金等用资费用比股权资本要低;其三是利息等资本成本可以在税前支付。

2. 发挥财务杠杆作用。债务筹资不改变公司的控制权,因而股东不会出于控制权稀释原因反对负债。债权人从企业那里只能获得固定的利息或租金,不能参加公司剩余收益的分配。当企业的资本报酬率高于债务利率时,会增加普通股股东的每股收益,提高净资产报酬率,提升企业价值。

3. 稳定公司的控制权。债权人无权参加企业的经营管理,利用债务筹资不会改变和分散股东对公司的控制权。

(二)债务筹资的缺点

1. 不能形成企业稳定的资本基础。债务资本有固定的到期日,到期需要偿还,只能作为企业的补充性资本来源。再加上债务筹资往往需要进行信用评级,没有信用基础的企业和新创建企业,往往难以取得足够的债务资本。现有债务资本在企业的资本结构中达到一定比例后,往往由于财务风险升高而不容易再取得新的债务资金。

2. 财务风险较大。债务资本有固定的到期日,有固定的利息负担,抵押、质押等担保方式取得的债务,资本使用上可能会有特别的限制。这些都要求企业必须有一定的偿债能力,要保持资产流动性及其资产报酬水平,作为债务清偿的保障,对企业的财务状况提出了更高的要求,否则会给企业带来财务危机,甚至导致企业破产。

第三节　股权筹资

一、吸收直接投资

吸收直接投资,是指企业以协议等形式吸收国家、法人、个人和外商直接投入资本,形成企业资本金的一种筹资方式。

(一)吸收直接投资的种类

1. 按形成股权资本的构成分类

筹集国家直接投资,主要是国家财政拨款,形成企业的国有资本;筹集其他企业、单位等法人的直接投资,由此形成的企业的法人资本;筹集本企业内部职工和城乡居民的直接投资,形成企业的个人资本;筹集外国投资者及我国港澳台地区投资者的直接投资,形成企业的外商资本。

2. 按投资者的出资形式分类

吸收直接投资分为货币投资和非货币投资。非货币投资主要有两类形式：一是实物资产投资，即投资者以房屋、建筑物、设备等固定资产和材料、燃料、产品等流动资产作价投资；二是无形资产投资，即投资者以商标权、专利权、非专利技术、土地使用权等无形资产作价投资。

(二)吸收直接投资的出资方式

1. 以货币资产出资

以货币资产出资是吸收直接投资中最重要的出资方式。企业有了货币资产，便可以获取其他物质资源，支付各种费用，满足企业创建时的开支和随后的日常周转需要。我国《公司法》规定，公司全体股东或者发起人的货币出资金额不得低于公司注册资本的30%。

2. 以实物资产出资

实物出资是指投资者以房屋、建筑物、设备等固定资产和材料、燃料、商品产品等流动资产所进行的投资。实物投资应符合以下条件：①适合企业生产、经营、研发等活动的需要；②技术性能良好；③作价公平合理。

3. 以无形资产出资

以无形资产出资是指投资者以专有技术、商标权、专利权及土地使用权等无形资产作价投资。一般来说，企业吸收的无形资产应符合以下条件：①有助企业研究、开发和生产出新的高科技产品；②有助于企业提高生产效率，改进产品质量；③有助于企业降低生产消耗、能源消耗等各种消耗；④作价公平合理。

(三)吸收直接投资的程序

1. 确定筹资数量

企业在新建、扩大经营时，首先确定资金的需要量。资金的需要量应根据企业的生产经营规模和供销条件等来核定，确保筹资数量与资金需要量相适应。

2. 寻找投资者

企业既要广泛了解有关投资者的资信、财力和投资意向，又要通过信息交流和宣传，使出资方了解企业的经营能力、财务状况以及未来预期，以便企业从中寻找最合适的合作伙伴。

3. 签署投资协议

企业与投资者商定投资意向和具体条件后，便可签订投资协议，并加以落实。企业应尽可能吸收货币投资，如果投资方确有先进而适合需要的固定资产和无形资产，亦可采取非货币投资方式。对实物投资、工业产权投资、土地使用权投资等非货币资产，双方应按公平合理的原则协商定价。当出资数额、资产作价确定后，双方须签署投资的协议或合同，以明确双方的权利和责任。

4. 取得所筹集的资金

签署投资协议后,企业应按规定或计划取得资金。如果采取现金投资方式,通常还要编制拨款计划,确定拨款期限、每期数额及划拨方式,有时投资者还要规定拨款的用途,如把拨款区分为固定资产投资拨款、流动资金拨款、专项拨款等。如为实物、工业产权、非专利技术、土地使用权投资,一个重要的问题就是核实财产。财产数量是否准确,特别是价格有无高估低估的情况,关系到投资各方的经济利益,必须认真处理,必要时可聘请专业资产评估机构来评定,然后办理产权的转移手续取得资产。

(四)吸收直接投资筹资的特点

1. 能够尽快形成生产能力

吸收直接投资不仅可以取得一部分货币资金,而且能够直接获得所需的先进设备和技术,尽快形成生产经营能力。

2. 资本成本较高

投资者一旦出资,非经法律许可,不得随意抽走资金,所以投资者承担着较大的投资风险,必然要求较高的投资回报。因此,吸收直接投资的成本较高。

3. 不利于产权交易

吸收直接投资由于没有证券为媒介,产权关系有时不够明晰,不利于产权交易。

二、发行普通股股票

股票是股份有限公司为筹措股权资本而发行的有价证券,是持股人拥有公司股份的凭证,它代表持股人在公司中拥有的所有权。股票作为一种所有权凭证,代表着股东对发行公司净资产的所有权。股票只能由股份有限公司发行。

(一)股票的特征与分类

1. 股票的特征

(1)永久性。公司发行股票所筹集的资金属于公司的长期自有资金,没有期限,不需归还。换言之,股东在购买股票之后,一般情况下不能要求发行企业退还股金。

(2)流通性。股票作为一种有价证券,在资本市场上可以自由转让、买卖和流通,也可以作为抵押品。上市公司发行的股票具有很强的变现能力,流动性很强。

(3)风险性。股票投资通常具有较高的投资收益,但高收益伴随的是高风险,其表现有二:一是股份有限公司经营状况的不确定性,使得投资者具有高风险;二是股票市场价格的波动性给投资者带来的风险。

(4)权责性。股东作为股份公司的所有者,拥有参与企业管理的权利,包括重大决策权、经营者选择权、财务监控权、公司经营的建议和质询权等。此外,股东还有承担有限责任、遵守公司章程等义务。

2. 股票的分类

(1) 按股东权利和义务，分为普通股股票和优先股股票。

普通股股票简称普通股，是公司发行的代表着股东享有平等的权利、义务，不加特别限制的，股利不固定的股票。普通股是最基本的股票，通常情况下，股份有限公司只发行普通股。

优先股股票简称优先股，是公司发行的相对于普通股具有一定优先权的股票。其优先权利主要表现在股利分配优先权和分取剩余财产优先权上。优先股股东在股东大会上无表决权，在参与公司经营管理上受到一定限制，仅对涉及优先股权利的问题有表决权。(2) 按票面有无记名，分为记名股票和无记名股票。

记名股票是在股票票面上记载有股东姓名或将名称记入公司股东名册的股票，无记名股票不登记股东名称，公司只记载股票数量、编号及发行日期。

我国《公司法》规定，公司向发起人、国家授权投资机构、法人发行的股票，为记名股票；向社会公众发行的股票，可以为记名股票，也可以为无记名股票。

(3) 按发行对象和上市地点，分为 A 股、B 股、H 股和 N 股等。

A 股即人民币普通股票，由我国境内公司发行，境内上市交易，它以人民币标明面值，以人民币认购和交易。B 股即人民币特种股票，由我国境内公司发行，境内上市交易，它以人民币标明面值，以外币认购和交易。H 股是注册地在内地、上市在香港的股票。N 股是在纽约上市的股票。

(二) 股票的发行

1. 股票发行的条件

按照我国《公司法》和《证券法》等法律法规规定，新设立的股份有限公司申请公开发行股票应当符合下列条件：①生产经营符合国家产业政策；②发行普通股限于一种，同股同权，同股同利；③在募集设立方式下，发起人认购的股份不少于公司拟发行股份总数的 35%；④在公司拟发行的股本总额中，发起人认购的部分不少于人民币 3 000 万元，但是国家另有规定的除外；⑤向社会公众发行的部分不少于公司拟发行的股本总额的 25%，其中公司职工认购的股本数额不得超过拟向社会公众发行的股本总额的 10%；⑥公司拟发行的股本总额超过人民币 4 亿元的，证监会按照规定可酌情降低向社会公众发行部分的比例，但是，最低不少于公司拟发行的股本总额的 15%；⑦发起人在近 3 年内没有重大违法行为；⑧证监会规定的其他条件。

2. 股票发行的程序

股份有限公司在设立时发行股票的基本程序如下：

(1) 发起人认足股份、缴付股资。公司设立一般分发起设立和募集设立两种方式。发起方式设立的公司，发起人认购公司的全部股份；募集方式设立的公司，发起人认购的股份不得少于公司股份总数的 35%。发起人可以用货币出资，也可以非货币资产作价出资。在发起设立方式下，发起人缴付全部股资后，应选举董事会、监事会，由董事会办理公司设立的登记事项;在募集设立方式下,发起人认足其应认购的股份并缴付股资后,其余部分向社会公开募集。

(2)提出公开募集股份的申请。以募集方式设立的公司,发起人向社会公开募集股份时,必须向国务院证券监督管理部门递交募股申请,并报送批准设立公司的相关文件,包括公司章程、招股说明书等。

(3)公告招股说明书,制作认股书,签订承销协议。公开募集股份申请经批准后,应公告招股说明书。招股说明书应包括公司的章程、发起人认购的股份数、本次每股票面价值和发行价格、募集资金的用途等。认股书应载明招股说明书所列事项,由认股人填写所认股数、金额以及认股人住所,并签名盖章。同时,与证券公司等证券承销机构签订承销协议。

(4)招认股份,缴纳股款。发行股票的公司或其承销机构一般用广告或书面通知的办法招募股份。认股者一旦填写了认股书,就要承担认股书中约定的缴纳股款义务。如果认股者的总股数超过发起人拟招募的总股数,可以采取抽签的方式确定哪些认股者有权认股。认股者应在规定的期限内向代收股款的银行缴纳股款,同时交付认股书。股款认足后,发起人应委托法定的机构验资,出具验资证明。

(5)召开创立大会,选举董事会、监事会。发行股份的股款募足后,发起人应在规定期限内(法定30天)主持召开创立大会。创立大会由发起人、认股人组成,应有代表股份总数半数以上的认股人出席方可举行。创立大会通过公司章程,选举董事会和监事会成员,并有权对公司的设立费用进行审核,对发起人用于抵作股款的财产作价进行审核。

(6)办理公司设立登记,交割股票。经创立大会选举的董事会,应在创立大会结束后30天内,办理申请公司设立的登记事项。登记成立后,即向股东正式交付股票。

3. 股票的发行方式

(1)间接公募发行及承销。间接公募发行,是指公司通过中介机构向社会公众公开发行股票。采用募集设立方式成立的股份有限公司,向社会公开发行股票时,必须由有资格的证券经营中介机构,如证券公司等承销。股票承销包括代销和包销。这种发行方式的发行范围广,发行对象多,易于足额筹集资本。公开发行股票,同时还有利于提高公司的知名度,扩大其影响力,但公开发行方式审批手续复杂严格,发行成本高。

(2)直接私募发行及直销。直接私募发行,是指公司只向少数特定对象直接发行股票,不需要中介机构承销,采用直接将股票销售给认购者的自销方式。这种发行方式弹性较大,发行成本低;但发行范围小,股票的变现性差。

4. 股票的发行价格

股票发行价格是公司发行股票时,将股票出售给认购者所使用的价格,也就是投资者认购股票时所支付的价格。以募集方式设立的公司首次发行的股票价格,由发起人决定;公司增资发行新股的股票价格,由股东大会作出决议。股票发行价格通常有等价、时价、中间价三种。等价是以股票面值为发行价格发行股票,亦称平价发行。时价也称市价,即以公司原发行同种股票的现行市场价格来选择增发新股的发行价格。中间价是以股票市场价格和面额的中间值作为股票的发行价格。我国《公司法》规定,股票发行价格可以按票面金额(即等价),也可以超过票面金额(即溢价),也可以低于票面金额(即折价)。

(三)股票的上市

1. 股票上市的目的。股票上市的目的是多方面的,主要包括:①便于筹措新资金。证券市场是资本商品的买卖市场,证券市场上有众多的资金供应者。同时,股票上市经过了政府机构的审查批准并接受严格的管理,执行股票上市和信息披露的规定,容易吸引社会资本投资者。公司上市后,还可以通过增发、配股、发行可转换债券等方式进行再融资。②促进股权流通和转让。股票上市后便于投资者购买,提高了股权的流动性和股票的变现力,便于投资者认购和交易。③促进股权分散化。上市公司拥有众多的股东,加之上市股票的流通性强,能够避免公司的股权集中,分散公司的控制权,有利于公司治理结构的完善。④便于确定公司价值。股票上市后,公司股价有市价可循,便于确定公司的价值。对于上市公司来说,即时的股票交易行情,就是对公司价值的市场评价。同时,市场行情也能够为公司收购兼并等资本运作提供询价基础。

但股票上市也有对公司不利的一面,这主要有:上市成本较高,手续复杂严格;公司将负担较高的信息披露成本;信息公开的要求可能会暴露公司的商业机密;股价有时会歪曲公司的实际情况,影响公司声誉;可能会分散公司的控制权,造成管理上的困难。

2. 股票上市的条件。公司公开发行的股票进入证券交易所交易,必须受严格的条件限制。我国《证券法》规定,股份有限公司申请股票上市,应当符合下列条件:①股票经国务院证券监督管理机构核准已公开发行;②公司股本总额不少于人民币3 000万元;③公开发行的股份达到公司股份总数的25%以上;公司股本总额超过人民币4亿元的,公开发行股份的比例为10%以上;④公司最近3年无重大违法行为,财务会计报告无虚假记载。

3. 股票上市的暂停、终止与特别处理。当上市公司出现经营情况恶化、存在重大违法违规行为或其他原因导致不符合上市条件时,就可能被暂停或终止上市。

上市公司出现财务状况或其他状况异常的,其股票交易将被交易所"特别处理(ST:special Treatment)"。"财务状异常"是指以下几种情况:①最近2个会计年度的审计结果显示的净利润为负值;②最近1个会计年度的审计结果显示其股东权益低于注册资本;③最近1个会计年度经审计的股东权益扣除注册会计师和有关部门不予确认的部分后,低于注册资本;④注册会计师对最近1个会计年度的财产报告出具无法表示意见或否定意见的审计报告;⑤最近一份经审计的财务报告对上年度利润进行调整,导致连续2个会计年度亏损;⑥经交易所或中国证监会认定为财务状况异常的。"其他状况异常"是指自然灾害、重大事故等导致生产经营活动基本中止,公司涉及的可能赔偿金额超过公司净资产的诉讼等情况。

(四)发行普通股筹资的特点

1. 资本的永久性。普通股股本没有规定到期日,它是公司的永久性资本,除非公司清算才予以清偿。这对于保证公司对资本的最低需求,促进公司长期持续稳定经营具有重要作用。

2. 资本成本较高。由于股票投资的风险较大,收益具有不确定性,投资者就会要求较高的风险补偿。因此,股票筹资的资本成本较高。

3. 筹资风险小。由于普通股股本没有固定的到期日,一般也不用支付固定的股利,不存在还本付息的风险。

4. 发行普通股筹集股权资本能提升公司的信誉。普通股股本以及由此产生的资本公积金和盈余公积金等,是公司筹措债务资本的基础。有了较多的股权资本,有利于提高公司的信用价值,同时也为利用更多的债务资本提供强有力支持。

5. 利用普通股筹资,出售新股票,增加新股东,可能会分散公司的控制权;另一方面,新股东对公司已积累的盈余具有分享权,会降低普通股每股收益,从而可能引起普通股股价下跌。

三、留存收益

留存收益,是指企业从税后净利润中提取的盈余公积金、以及从企业可供分配利润中留存的未分配利润。

(一)留存收益的性质

从性质上看,企业通过合法有效地经营所实现的税后净利润,都属于企业的所有者。企业将本年度的利润部分甚至全部留存下来的原因很多,主要包括:第一,收益的确认和计量是建立在权责发生制基础上的,企业有利润,但企业不一定有相应的现金净流量增加,因而企业不一定有足够的现金将利润全部或部分派给所有者。第二,法律法规从保护债权人利益和要求企业可持续发展等角度出发,限制企业将利润全部分配出去。《公司法》规定,企业每年的税后利润,必须提取10%的法定盈余公积金。第三,企业基于自身扩大再生产和筹资的需求,也会将一部分利润留存下来。

(二)留存收益的筹资途径

1. 提取盈余公积金

盈余公积金,是指有指定用途的留存净利润。盈余公积金是从当期企业净利润中提取的积累资金,其提取基数是本年度的净利润。盈余公积金主要用于企业未来的经营发展,经投资者审议后也可以用于转增股本(实收资本)和弥补以前年度经营亏损,但不得用于以后年度的对外利润分配。

2. 未分配利润

未分配利润,是指未限定用途的留存净利润。未分配利润有两层含义:第一,这部分净利润本年没有分配给公司的股东;第二,这部分净利润未指定用途,可以用于企业未来的经营发展、转增资本(实收资本)、弥补以前年度的经营亏损及以后年度的利润分配。

(三)留存收益筹资的特点

1. 没有筹资费用。企业从外界筹集长期资本,与普通股筹资相比较,留存收益筹资不需要发生筹资费用,资本成本较低。

2. 保持原有股东对公司的控制权。利用留存收益筹资,不用对外发行新股或吸收新投资者,由此增加的权益资本不会改变公司的股权结构,不会稀释原有股东的控制权。

3. 筹资数额有限。留存收益的最大数额是企业到期的净利润和以前年度未分配利润之和,不像外部筹资一次性可以筹集大量资金。如果企业发生亏损,那么当年就没有利润留存。另外,股东和投资者从自身期望出发,往往希望企业每年发放一定的利润,保持一定的利润分配比例。

四、股权筹资的优缺点

(一)股权筹资的优点

1. 股权筹资是企业稳定的资本基础。股权资本没有固定的到期日,无需偿还,是企业的永久性资本,除非企业清算时才有可能予以偿还。这对于保障企业对资本的最低需求,促进企业长期持续稳定经营具有重要意义。

2. 股权筹资是企业良好的信誉基础。股权资本作为企业最基本的资本,代表了企业的资本实力,是企业与其他单位组织开展经营业务,进行业务活动的信誉基础。同时,股权资本也是其他方式筹资的基础,尤其可为债务筹资,包括银行借款、发行公司债券等提供信用保障。

3. 企业财务风险小。股权资本没有还本付息的财务风险。相对于债务资本而言,股权资本筹资限制少。另外,企业可以根据其经营状况和业绩的好坏,决定向投资者支付报酬的多少,给企业带来的财务负担较小。

(二)股权筹资的缺点

1. 资本成本高。一般而言,股权筹资的资本成本要高于债务筹资。这主要是由于投资者投资于股权的风险较高,投资者就要求较高的报酬率。与债券利息相比,股利从税后利润中支付,不能抵税。此外,普通股的发行成本也较高。

2. 容易分散企业的控制权。利用股权筹资,由于引进了新的投资者或出售了新的股票,必然会导致企业控制权结构的改变,分散了企业的控制权。

第四节 混合筹资

混合筹资是指兼具股权筹资和债权筹资双重属性的长期筹资类型,主要的混合筹资方式是发行优先股、发行可转换债券和发行认股权证。

一、优先股

优先股是相对普通股而言的,是较普通股具有某些优先权利,同时也受到一定限制的股票。优先股的含义主要体现在"优先权利"上,包括优先分配股利和优先分配公司剩余财产优先股与普通股具有某些共性,如优先股亦无到期日,公司运用优先股所筹资本亦属于股权资本。但是,它又具有公司债券的某些特征。因此,优先股被视于一种混合性的证券。

(一)优先股的特点

与普通股而言,优先股主要具有如下特点:

1. 优先分配固定股利。优先股股东通常优先于普通股股东分配股利,且其股利一般是固定的,所以优先股类似固定利息的债券。

2. 优先分配公司剩余财产。当公司因解散、破产等进行清算时,优先股股东优先于普通股股东分配公司的剩余财产。

3. 优先股股东一般无表决权。在公司股东大会上,优先股股东一般没有表决权,通常也无权参与公司的经营管理,仅在涉及优先股股东权益问题时享有表决权。

4. 优先股可由公司赎回。发行优先股的公司,按照公司章程的有关规定,根据公司的需要,可以一定的方式将所发行的优先股赎回,以调整公司的资本结构。

(二)优先股的分类

优先股按其具体的权利不同,还可以进一步的分类。

1. 优先股按股利是否累积支付,分为累积优先股和非累积优先股。累积优先股是指公司过去年度末支付的股利可以累积计算由以后年度的利润补足付清。非累积优先股则没有这种需求补付的权利。

2. 优先股按是否分配额外股利,分为参与优先股和非参与优先股。当公司收益在按规定分配给优先股和普通股后而仍有收益可分配股利时,能够与普通股一道参与分配额外股利的优先股,即为参与优先股;否则为非参与优先股。

3. 优先股按公司是否赎回,分为可赎回优先股和不可赎回优先股。可赎回优先股是指股份有限公司出于减轻股利负担的目的,可按规定购回的优先股。公司不能购回的优先股则属于不可赎回优先股。

(三)优先股筹资的特点

1. 优先股没有固定的到期日,不用偿付本金。发行优先股筹集资本,实际上相当于得到一笔无期限的长期贷款,公司不承担还本义务。对可赎回优先股,公司可在需要时按一定的价格收回,这就使得利用这部分资本更有弹性。当公司财务状况较弱时发行优先股,而财务状况较强时收回,有利于调整公司的资本结构。

2. 优先股的股利既有固定性,又有一定的灵活性。一般而言,优先股股利都采用固定股利,但对于固定股利的支付并不构成公司法定的义务。如果公司财务状况不佳,可以暂时不支付优先股股利,即使如此,优先股股东也不像公司债权人那样迫使公司破产。

3. 保持普通股股东对公司的控制权。当公司既想向社会增加筹集股权资本,又想保持原有普通股股东的控制权时,利用优先股筹资尤为恰当。

4. 提高举债能力。从法律上讲,优先股股本属于股权资本,发行优先股筹资能够增强公司的财务实力,提高公司的举债能力。

5. 资本成本较高。优先股的资本成本虽低于普通股,但一般高于债券。

二、可转换债券

可转换债券是指由公司发行并规定债券持有人在一定期限内按约定的条件可将其转换为发行公司普通股的债券。发行可转换债券具有债务和股权筹资的双重属性,属于一种混合性筹资。如果在规定的转换期限内,持有人未将可转换债券转换为股票,发行公司还需要到期偿付债券,在这种情形下,可转换债券筹资与普通债券筹资相类似,属于债务筹资属性。如果在规定的转换期限内,持有人将可转换债券转换为股票,则发行公司将债券负债转化为股东权益,从而具有股权筹资属性。

(一)可转换债券的基本要素

1. 标的股票

可转换债券作为期权类的二级派生产品与期权一样也有其标的物。它的标的物一般是发行公司自己的普通股票,不过也可以是其他公司的股票,如该公司的上市子公司的股票。

2. 票面利率

可转换债券的票面利率一般会低于普通债券的票面利率,有时甚至还低于同期银行存款利率。因为可转换债券的投资收益中,除了债券的利息收益外,还附加了股票买入期权的收益部分。一个设计合理的可转换债券在大多数情况下,其股票买入期权的收益是以弥补债券利息收益的差额。

3. 转换价格

转换价格是指可转换债券在转换期间内据以转换为普通股的折算价格,即将可转换债券转换为普通股的每股普通股的价格。如每股30元,即是指可转换债券到期时,将债券金额按每股30元转换为相应股数的股票。由于可转换债券在未来可以行权转换成股票,在债券发售时,所确定的转换价格一般比发售日股票市场价格高出一定比例,如高出10%~30%。按规定,上市公司发行可转换公司债券,以发行前1个月股票的平均价格为基准,上浮一定幅度作为转股价格。

4. 转换比率

转换比率是指每一份可转换债券在既定的转换价格下能转换为普通股股票的数量。在债券面值和转换价格确定的前提下,转换比率为债券面值与转换价格之商,即:转换比率=债券面值/转换价值。

5. 转换期

转换期指的是可转换债券持有人能够行使转换权的有效期限。可转换债券的转换期可以与债券的期限相同,也可以短于债券的期限。转换期间的设定通常有四种情形:债券发行日至到期日;发行日至到期前;发行后某日至到期日;发行后某日至到期前。至于选择哪种,要看公司的资本使用状况、项目情况、投资者要求等。由于转换价格高于公司发债时股价,投资者一般不会在发行后立即行使转换权。

6. 赎回条款

赎回条款是指发债公司按事先约定的价格买回未转股债券的条件规定,赎回一般发生在公司股票价格在一段时期内连续高于转股价格达到某一幅度时。赎回条款通常包括:不可赎回期间与赎回期;赎回价格(一般高于可转换债券的面值);赎回条件(分为无条件赎回和有条件赎回)等。

发债公司在赎回债券之前,要向债券持有人发出赎回通知,要求他们在将债券转股与卖回给发债公司之间作出选择。一般情况下,投资者大多会将债券转换为普通股。可见,设置赎回条款最主要的功能是强制债券持有者积极行使转股权,因此又被称为加速条款。同时也能使发债公司避免在市场利率下降后,继续向债券持有人支付较高的债券利率所蒙受的损失。

7. 回售条款

回售条款是指债券持有人有权按照事前约定的价格将债券卖回给发债公司的条件规定。回售一般发生在公司股票价格在一段时期内连续低于转股价格达到某一幅度时。回售对于投资者而言实际上是一种卖权,有利于降低投资者的持券风险。与赎回一样,回售条款也有回售时间、回售价格和回收条件等规定。

8. 强制性转换调整条款

强制性转换调整条款是指在某些条件具备之后,债券持有人必须将可转换债券转换为股票,无权要求偿还债权本金的规定。可转换债券发行之后,其股票价格可能出现巨大波动。如果股价长期表现不佳,又未设计回售条款,投资者就不会转股。公司可设置强制性转换调整条款,保证可转换债券顺利地转换成股票,预防投资者到期集中挤兑引发公司破产的悲剧。

(二)可转换债券的发行条件

根据我国《公司法》和《上市公司证券发行管理办法》的规定:公开发行可转换债券的公

司,除应当符合增发股票的一般条件外,还应当符合下列规定:

1. 最近3个会计年度加权平均净资产收益率平均不低于6%。扣除非经常性损益后的净利润与扣除前的净利润相比,以低者作为加权平均净资产收益率的计算依据;

2. 本次发行后累计公司债券余额不超过最近一期期末净资产额的40%;

3. 最近3个会计年度实现的年均可分配利润不少于公司债券1年的利息。

(三)可转换债券筹资的特点

1. 有利于调整资本结构。可转换债券是一种债权筹资和股权筹资双重性质的筹资方式。可转换债券在转换前属于发行公司的一种债务,转换后,可以调整公司的资本结构。

2. 有利于稳定股价。在发行新股或配股时机不好时,可以先发行可转换债券,一是不会因为直接发行新股导致公司股票的市价进一步降低;二是可转换债券转换期较长,在将来转换股票时,对公司股价的影响较平稳,有利于稳定公司股价。

3. 资本成本较低。可转换债券的利率低于同一条件下普通债券的利率,降低了公司的筹资成本;此外,在可转换债券转换为普通股时,公司无需另外支付筹资费用,又节约了股票的筹资成本。

4. 筹资便利。可转换债券使投资者获得固定利息,同时也为其提供了进行债券投资转换成股权投资的选择权,对投资者具有一定的吸引力,有利于债券的发行,便于资金筹集。

5. 加大还本付息压力。可转换债券存在不转换的财务压力,如果在转换期内公司股价处于低位,持券者到期不会转股,会造成公司因集中兑付债券本金而带的财务压力。可转换债券还存在回售的财务压力,若可转换债券发行后,公司股价长期低迷,在设计有回售条款的情况下,投资者集中在一段时间内将债券回售给发行公司,加大了公司的财务支付压力。

三、认股权证

认股权证是股份有限公司发行的可认购其股票的一种买入期权。它赋予持有者在一定期限内以事先约定的价格购买发行公司一定股份的权利。

(一)认股权证的基本性质

1. 认股权证的期权性

认股权证本质上是一种股票期权,属于衍生金融工具,具有实现融资和股票期权激励的双重功能。但认股权证本身是一种认购普通股的期权,它没有普通股的红利收入,也没有普通股相应的投票权。

2. 认股权证是一种投资工具

投资者可以通过购买认股权证获得市场价与认购价之间的股票差价收益,因此它是一种具有内在价值的投资工具。

(二)认股权证的分类

1. 长期与短期的认股权证。认股权证按认股的期限可分为长期认股权证和短期认股权证。长期认股权证的期限通常持续几年，有的是永久性的。短期认股权证的期限比较短，一般在90天以内。

2. 单独发行与附带发行的认股权证。认股权证按发行方式可分为单独发行的认股权证和附带发行的认股权证。单独发行的认股权证是指不依附于其他证券而单独发行的认股权证。附带发行的认股权证是指依附于债券、优先股、普通股或短期票据发行的认股权证。

(三)认股权证筹资的特点

1. 增加额外的资本来源。认股权证不管是单独发行还是附带发行，大多都为发行公司筹集一笔额外的资本，增强公司的资本实力和营运能力。

2. 促进其他筹资方式的运用。单独发行的认股权证有利于将来发售股票。附带发行的认股权证可促进其所依附证券发行的效率。例如，认股权证依附于债券发行，可以促进债券的发售。

3. 稀释普通股收益。当认股权证行权时，普通股股份增多，每股收益下降，同时也稀释了原股东对公司的控制权。

第五节 资金的需要量预测

企业筹资的目的是投资，本着"用多少借多少"的原则，因此企业在筹资之前，应当采用一定的方法预测资金需求量，只有这样，才能使筹集的资金既能保证生产经营的需要，又不会导致资金闲置。下面主要介绍预测资金需要量常用的方法，即因素分析法、销售百分法以及回归分析法。

一、因素分析法

因素分析法是筹资数量预测的一种比较简单的方法。下面主要说明因素分析法的原理、运用以及需要注意的问题。

(一)因素分析法的原理

因素分析法又称分析调整法，是以有关项目基期年度的平均资金需要量为基础，根据预测年度的经营业务和资金周转加速的要求，进行分析调整，来预测资金需要量的一种方法。这种方法计算简便，容易掌握，但预测结果不太精确。它通常用于品种繁多、规格复杂、资金用量小的项目。采用这种方法时，首先应在上年度资本平均占用额的基础上，剔除其中呆滞积压等不合理占用部分；然后根据预测年度的经营业务和资金周转加速的要求进行测算。因素分析法的基本模型是：

资金需要额 = (基期资金平均占用额 − 不合理资金占用额) × (1 ± 预测期销售增减百分比) × (1 ± 预测期资金周转速度变动率)

(二)因素分析法的运用

根据因素分析法的基本模型,收集有关资料,就可以对筹资数量进行预测。

【例 3-1】ABC 公司上年度实际资金平均占用额为 2 000 万,其中不合理部分为 200 万元,预计本年度销售增长 5%,资本周转速度加快 2%,则预测年度资本需求额为:

(2 000 - 200) × (1 + 5%) × (1 - 2%) = 1 852.2(万元)

(三)运用因素分析法需要注意的问题

因素分析法比较简单,预测结果不太精确。因此,运用因素分析法预测筹资需要额,应注意以下问题:

1. 在运用因素分析法时,应当对决定资本需要额的众多因素进行充分的分析研究,确定各种因素与资本需要额之间的关系,以提高与预测的质量。

2. 因素分析法限于企业经营业务的资本需要的预测,当公司存在新的项目投资时,应根据新项目投资的具体情况单独预测其资本需要额。

3. 运用因素分析法匡算公司全部资本的需要额,只是对资本需要额的一个基本估计。在进行筹资预算时,还需要采用其他预算方法对资本需要额作出具体的预测。

二、销售百分比法

(一)销售百分比法的原理

销售百分比法,又称资产负债表法,是根据销售与资产、负债以及留存收益等项目等之间的关系来进行资金需要量预测的一种方法。企业的销售增长时,要相应增加流动资产,甚必要时还会增加非流动资产。为取得扩大销售所需增加的资产,企业需要筹措资金。这些资金,一部分来自留存收益,另一部分通过外部筹资取得。通常,销售增长率较高时,仅靠留存收益不能满足资金需要,即使获利良好的企业也需外部筹资。因此,企业需要预先知道自己的筹资需求,提前安排筹资计划,否则就可能发生资金短缺问题。

(二)销售百分比法的运用

运用销售百分比法预测企业外部资金需求量的步骤如下:

1. 分析确定敏感项目。所谓敏感项目,是指其变动与销售变动有明显依存关系的资产或负债项目,分为敏感资产和敏感负债两类。其中,敏感资产项目一般包括现金、应收账款、存货等项目;敏感负债项目一般包括应付账款、应付费用等项目。

2. 计算销售百分比,即基期敏感项目与基期销售收入的百分比。

3. 计算预计新增销售额下的新增资产和负债。也就是在一定的新增销售额下,所需要的新增资产或负债各项目的资金数额。

新增资产(负债) = (预计销售额 - 原销售额) 各项目占销售百分比

4. 预计留存收益增加额。留存收益是企业内部的融资来源,只要企业有盈利并且不是全部支付用股利,留存收益就会使企业权益自然增长。

留存收益增加 = 预计销售额 销售净利率（1 - 股利支付率）

5. 计算外部融资需求。除了通过留存收益等筹集内部资金外,为满足生产经营活动的需要,企业应从外部筹集的资金。

外部融资需求 = 新增总资产 - 新增总负债 - 预计留存收益增加

【例3-2】ABC公司2015年12月31日的资产负债表如下所示:

表3-1 ABC公司简要资产负债表

2015年12月31日　　　　　　　　　　　　　　　　单位:万元

资产		负债与所有者权益	
库存现金	6 000	应付账款	10 000
应收账款	12 000	其他应付款	6 000
存货	40 000	短期借款	22 000
固定资产	60 000	公司债券	10 000
		实收资本	50 000
		留存收益	20 000
资产合计	118 000	负债与所者权益合计	118 000

ABC公司2015年销售收入为100 000元,现在还有剩余生产能力,即增加收入不需要进行固定资产方面的投资。假定股利支付率为50%,销售净利润率为10%,如果2016年的销售收入提高到130 000元,那么要筹集多少资金。其他材料如下表3-2:

表3-2 ABC公司销售百分比表

资产	占销售收入%	负债与所有者权益	占销售收入%
现金	6	应付账款	10
应收账款	12	应付费用	6
存货	40	短期借款	不变动
固定资产	不变动	公司债券	不变动
		实收资本	不变动
		留存收益	不变动
合计	58	合计	16

新增销售额 = 130 000 - 100 000 = 30 000

外部融资需求量 = 30 000 58% - 30 000 15% - 130 000 10%（1 - 50%）= 6 400元

销售百分比法的优点,是能为筹资管理提供短期预计的财务报表,以适应外部筹资的需要,且易于使用。但上述销售百分比法,是假定预测年度敏感项目及其与销售的百分比均与基年保持不变,因此,在有关因素发生变动的情况下,必须相应地调整原有的销售百分比。

三、回归分析法

回归分析法是筹资数量预测一种较为复杂的方法。下面主要说明回归分析法的原理、运用及需要注意的问题。

(一)回归分析法的原理

回归分析法是假定资本需要量与营业业务量(如销售数量、销售收入)之间存在线性关系而建立的数学模型,然后根据历史有关资料,用回归直线方程确定参数预测资金需求量的方法。其预测模型为:

$$Y = a + bX$$

式中,Y 表示资本需求总额;a 表示不变资本总额;b 表示单位业务量所需要的可变资本额;X 表示营业业务量。不变资本是指在一定的营业规模内不随业务量变动的资本,主要包括:为维持营业而占用的最低数额的现金,原材料的保险储备,必要的成品储备,厂房、机器设备等固定资产占用的资金。

变动资本是指随营业业务量变动而同比例变动的资本,一般包括直接构成产品实体的原材料、外购件等占用的资金。另外,在最低储备以外的现金、存货、应收账款等也具有变动资本的性质。

(二)回归分析法的运用

运用上述预测模型,在利用历史资料确定 a,b 数值的条件下,即可预测一定业务量 X 所需要的资本总量 Y。

1. 根据最小二乘法原理,建立回归直线方程如下:

$$\sum Y = na + b\sum X$$

$$\sum XY = a\sum X + b\sum X^2$$

2. 根据历史资料,计算回归直线方程数据。【例 3-3】ABC 公司编制的资金需要量预测表如表 3-3 所示,如果预计 2016 年的产销量为 30 万件,预测该年资金需要量。

表 3-3 ABC 资金需要量预测表

年 度	产销量(X_i)(万件)	资金占用(Y_i)(万元)	$X_i Y_i$	X_i^2
2012	20	75	1 500	400
2013	22	80	1 760	484
2014	21	77	1 617	441
2015	24	85	2 040	576
合计 n = 4	$\sum X_i = 87$	$\sum Y_i = 317$	$\sum X_i Y_i = 6917$	$\sum X_i^2 = 1901$

3. 代入上述回归直线方程求解 a 和 b,即 a = 23.94,b = 2.54

4. 确定资本需求总额预测模型。将 $a=23.94$，$b=2.54$ 代入 $Y=a+bX$，得到资本需求总额预测模型为：

$$Y=23.84+2.54X$$

5. 计算资本需求总额。将2016年预计的产销量30万件代入上式，经计算，资本需求总额为：$23.94+2.54\times30=100.14$（万元）。

(三)运用回归分析法需要注意的问题

运用回归法预测筹资需求，应当注意以下问题：

1. 资本需求额与营业业务量之间的线性关系应符合历史实际情况，预期未来这种关系将保持下去。

2. 确定 a，b 两个参数的数值，应利用预测年度前连续若干年的历史资料，一般要有三年以上的资料，才能取得比较可靠的参数。

3. 应当考虑价格等因素的变动情况。在预期原材料、设备的价格和人工成本发生变动时，应相应调整有关预测参数，以取得比较准确的预测结果。

【本章小结】

企业筹资最基本的目的，是为企业的经营活动提供资金保障。归纳起来表现为四类筹资动机：创立性筹资动机、扩张性筹资动机、调整性筹资动机及混合性筹资动机。

一般来说，企业最基本的筹资方式就是两种：股权筹资和债务筹资。股权筹资形成企业的股权资金，通过吸收直接投资、发行股票、留存收益等方式取得；债务筹资形成企业的债务资金，通过银行借款、发行公司债券、融资租赁等方式取得。至于发行可转换债券、认股权证等筹集资金的方式，属于兼有股权筹资和债务筹资性质的混合筹资方式。

公司发行债券有相应的法规与程序。债券的发行价格通常有溢价、平价与折价三种形式，其关键因素在于债券票面利率与市场利率的区别。可转换债券是一种附有选择权的债券，其价格与转换比例与标的股票价格的变动相关。价是指以债券的票面金额作为发行价格；溢价是指按高于债券票面的价格发行债券；折价是指按低于债券票面的价格发行债券。融资租赁与经营租赁不同，它是以融物的形式来达到融资的目的，相当于分期还本付息的借款。

对于非股份制公司来说，吸收直接投资是其主要的股权筹资方式。吸收直接投资财务风险小、投资速度快，但具有成本高且控制权不易协调等缺点。普通股的发行以及上市要符合我国《公司法》、《证券法》以及相关规定及要求，并要考虑多方面因素以权衡上市筹资的利弊。股票发行价格通常有等价、时价、中间价三种。等价是以股票面值为发行价格发行股票，亦称平价发行。时价也称市价，即以公司原发行同种股票的现行市场价格来选择增发新股的发行价格。中间价是以股票市场价格和面额的中间值作为股票的发行价格。我国《公司法》规定，股票发行价格可以按票面金额（即等价），也可以超过票面金额（即溢价），也可以低于票面金额（即折价）。认股权证是赋予投资者认购普通股选择权的衍生有价证券。

企业筹资的目的是投资，本着"用多少借多少"的原则，因此企业在筹资之前，应当采用一定的方法预测资金需求量，只有这样，才能使筹集的资金既能保证生产经营的需要，又不会导致资金闲置。下面主要介绍预测资金需要量常用的方法，即因素分析法、销售百分法以及回归分析法。

【学习思考】

1. 公司债券有哪几种类型？公司发行债券为什么会有不同形式的发行价格？债务筹资有什么优缺点？
2. 什么是可转换债券？公司为什么会发行可转换债券？
3. 如何区分融资租赁与经营租赁？融资租赁一般有哪三种形式？如何确定租金？融资租赁有什么有缺点？
4. 吸收直接投资为何有多种出资形式？试分析吸收直接投资的利弊。
5. 普通股融资有何优缺点？
6. 什么是认股权证？认股权证融资有何利弊？

第四章　资本成本与资本结构

【本章提要】

本章主要介绍资本成本与资本结构相关理论知识,包括:资本成本的含义和作用;个别资本成本、综合资本成本和边际资本成本的计算;经营杠杆与经营风险、财务杠杆与财务风险以及总杠杆与筹资总风险;影响资本结构的因素、资本结构理论框架以及最佳资本结构的决策方法。

【学习目标】

● 理解资本成本的含义和作用
● 掌握个别资本成本、综合资本成本和边际资本成本的计算
● 理解经营杠杆与经营风险、财务杠杆与财务风险和总杠杆与筹资总风险,掌握其度量
● 了解资本结构理论的基本框架
● 掌握影响公司资本结构的因素以及最佳资本结构的决策方法

第一节　资本成本

一、资本成本的含义

资本成本是企业为筹集和使用资本而付出的代价。资本成本包括筹资费用和资本使用费两部分。筹资费用指企业在筹资过程中支付的各种费用,如发行股票、债券支付的印刷费、发行手续费、律师费、资信评估费、公证费、担保费、广告费等。资本使用费是指企业在生产经营过程中,因使用资金而支付的费用,如向股东支付的股利,向债券持有人支付的利息等。

广义讲,企业筹集和使用任何资金,无论短期的还是长期的,都要付出代价。狭义的资本成本仅指筹集和使用长期资金(包括自有资本和借入长期资金)的成本。由于长期资金也被称为资本,所以长期资金的成本也称为资本成本。

二种费用相比之下,资本使用费是筹资企业经常发生的,而筹资费用通常在筹集资金时一次性发生,因此,在计算资本成本时可作为筹资金额的一项扣除。资本成本可以用绝对数

表示,也可以用相对数表示。在一般情况下,如果不作特别说明,资本成本即是相对数表示的成本率。用公式表示:

$$资本成本(率) = \frac{资金占用费}{筹资总额 - 筹资费用} \times 100\%$$

$$或 = \frac{资金占用费率}{1 - 筹资费用率} \times 100\%$$

二、资本成本的作用

资本成本是财务管理中一个重要概念,运用比较广泛,但主要用于投资管理和筹资管理,其作用主要有以下两个方面:

首先,资本成本是评价投资项目,比较投资方案和追加投资决策的主要经济标准。

一般而言,项目的投资报酬率只有大于其资本成本率,从经济上才是合算的,否则该投资项目不可行。这就表明,资本成本是企业项目投资的"最低收益率",或者是判断项目是否可行的标准。同样,资本成本也是评价企业生产经营成果的重要依据。资本成本是企业投资报酬率的最低极限,任何一项投资的报酬率都必须大于其相应的资本成本,才能补偿企业使用资金支付的成本,企业才会实现利润,这样才能满足投资者的报酬要求。因此,资本成本就成为衡量企业经营成果的最低标准。

其次,在筹资管理中,资本成本是企业选择筹资来源和方式,拟定筹资方案的主要依据。企业筹资可以通过贷款、股票、留存收益等方式。不同的资本来源,其成本是不同的,各种不同来源资本的比例也影响企业综合资本成本率的大小。企业要以最小的成本取得所需资金,就必须分析和比较各种筹资渠道和方式的成本,合理配置。

三、影响资本成本的因素

在市场经济环境中,企业资本成本是多方面因素综合作用的结果,其中主要的影响因素有:总体经济环境、证券市场条件、企业内部的经营和融资状况、项目融资规模等。总体经济环境决定了经济市场中资本供求关系和通货膨胀的情况。如货币供给大于货币需求,资金供给者要求的收益率低,则企业的资本成本会低;如货币需求大于货币供给,资金供给者要求的收益率高,则企业的资本成本会高。同时通货膨胀水平发生变化,资本供给者要求的收益率也会相应变化。证券市场条件决定着证券投资风险。若某种证券的流动性不好,不易变现,投资人要求的报酬率也高。融资规模是影响企业资本成本的一个因素。企业的融资规模大,资本成本较高。比如,企业发行的证券金额很大,大规模发行证券会降低其发行价格,同时资金筹集费和资金占用费都会上升,由此会提高企业的资本成本。

四、资本成本的计算

个别资本是企业使用资本的费用与有效的实际筹资金额的比率。在不同的决策中,使用不同的资本成本的计量形式,如在比较筹资来源中,使用个别资本成本,包括债务成本和权益成本;在进行资本结构决策时,使用加权平均资本成本;在进行追加筹资决策时,则使用边际资本成本。

(一)个别资本成本

企业形成资产的来源有债务和权益。因此企业资本从来源上分为债务资本和权益资本两大类,且这两类资本成本在性质上有区别,导致计算方法存在一定的差别。所以,个别资本成本的计算也可分为债务资本成本与权益资本成本两类。

1.债务资本成本

债务资本成本是指债务利息和筹资费用。由于债务的利息均在企业所得税前支付,因此,企业负担的利息要考虑所得税的影响,其实际承担的利息为:利息×(1-所得税率),并以此确认为债务筹资的资本占用费。

(1)借款资本成本

借款资本成本可按以下公式计算:

$$借款资本成本 = \frac{借款年利息 \times (1-所得税率)}{借款金额 - 借款费用}$$

【例4-1】ABC公司向银行取得1 000万元的长期借款,借款年利息率为8%,期限为10年,每年年末付息一次,到期一次还本,筹资费用率为3%,企业所得税率为25%。该项长期借款的资本成本为:

$$借款成本 = \frac{1000 \times 8\% \times (1-25\%)}{1000 - 1000 \times 3\%} = 6.19\%$$

这种方法计算较为简单,但不合理,存在一个重要缺陷,即没有考虑资金的时间价值,所以在实际中很少使用。在进行财务管理时要以资金时间价值为原则,因此以后各项资本成本都以资金时间价值为原则进行计算。

考虑时间价值的计算公式:

$$P(1-F) = \sum_{t=1}^{n} \frac{I(1-T)}{(1+K)^t} + \frac{P}{(1+K)^n}$$

式中:P表示借款金额;F表示借款筹资手续费率;

I表示借款年利息;T表示所得税率;

K表示借款税后成本。

计算出K需使用"试误法",也叫"插值法"。

【例4-2】沿用【例4-1】的资料,计算过程为:

$$1\,000 \times (1-3\%) = \sum_{t=1}^{10} \frac{1000 \times 8\% \times (1-25\%)}{(1+K)^t} + \frac{1000}{(1+K)^{10}}$$

由于每年的税后利息等于 $1\,000 \times 8\% \times (1-25\%) = 60$，表现为普通年金，所以上式又可写成：

$1\,000 \times (1-3\%) = 60 \times (P/A, K, 10) + 1\,000 \times (P/F, K, 10)$

运用内插法求解税后借款资本成本：$K = 6.45\%$

（2）债券资本成本

债券的利息也是在所得税前支付，具有减税效应。债券资本成本的计算公式如下：

$$债券资本成本 = \frac{债券年利息 \times (1-所得税率)}{债券筹资额 - 债券筹资费用}$$

【例4-3】ABC公司发行一笔长期债券，总面值1 000万元，票面利率为8%，期限为10年，每年年末付息一次，到期一次还本，发行总价格为1 000万元，债券筹资的费用率为15%，所得税为25%。则该长期债券的资本成本为：

$$债券资本成本 = \frac{1000 \times 8\% \times (1-25\%)}{1000 - 1000 \times 15\%} = 7.06\%$$

这种计算方法没有考虑资金的时间价值。考虑时间价值的计算公式：

$$P(1-F) = \sum_{t=1}^{n} \frac{I(1-T)}{(1+K)^t} + \frac{M}{(1+K)^n}$$

式中：P表示债券筹资额（按发行价格确定）；F表示债券筹资手续费率；

I表示债券年利息；T表示所得税率；M表示债券面值；

K表示债券税后成本。

【例4-4】沿用【例4-3】的资料，计算过程为：

$$1\,000 \times (1-15\%) = \sum_{t=1}^{10} \frac{1000 \times 8\% \times (1-25\%)}{(1+K)^t} + \frac{1000}{(1+K)^{10}}$$

由于每年的税后利息等于 $1\,000\ 8\%\ (1-25\%) = 60$，表现为普通年金，所以上式又可写成：

$1\,000 \times (1-15\%) = 60 \times (P/A, K, 10) + 1\,000 \times (P/F, K, 10)$

运用插值法求解税后债券资本成本：$K = 7.31\%$

2. 权益资本成本

权益资本成本包括优先股成本、普通股成本和留存收益成本等。根据有关法律的规定，资本的使用费用（即股利等）均从税后支付，因此没有节税功能。

（1）优先股资本成本

公司发行优先股股票筹资，同长期债券筹资一样，也需支付筹资费，如注册费、代销费等。优先股股息率在事先确定，定期支付股息，并且假设企业持续经营，所以没有到期日。其支付的股息表现为永续年金，因此根据永续年金现值公式推导出的优先股成本的计算公

式为:

$$K = \frac{D}{P \times (1-F)}$$

式中:K 表示优先股成本;D 表示优先股总额的每年股息;

P 表示优先股股金总额;F 表示优先股筹资费用率。

【例 4-5】ABC 公司发行优先股股票 100 万元,筹资费用率 3%,年股息率为 10%,则优先股成本率为:

$$K = \frac{100 \times 10\%}{100 \times (1-4\%)} = 10.42\%$$

该优先股的股息率为 10%,其资本成本率为 10.42%。一般说来优先股的股票筹资费用高于债券的筹资费用,股息又不能减少企业所得税,优先股的股息率也大于债券票面利率,所以优先股成本率高于债券成本率。但是优先股股票筹集的资金是企业自有资金,能避免财务风险,所以在一定条件下,企业仍愿意采用这种筹资方式。

(2)普通股资本成本

普通股资本成本的计算是比较复杂的。从理论上讲,股东投资期望收益率即为公司普通股成本。在计算时,常常将此作为计算的依据,主要采用股利折现法、资本资定价模型法和风险收益调整法。

第一种:股利折现模型法

$$P_0(1-F) = \sum_{t=1}^{\infty} \frac{D_t}{(1+K)^t}$$

式中:P_0 表示股票的现时价格;F 表示筹资手续费率;D_t 表示第 t 年的预计股利额;K 表示普通股成本。

当股利每年固定增成时,则普通股成本计算公式如下:

$$K = \frac{D_1}{P_0 \times (1-F)} + g$$

D_1 表示第 1 年股利;g 表示普通股股利预计年增长率。

【例 4-6】ABC 公司平价发行股票,面值为 20 元,发行费用为 4 元,已知第一年的每股股利为 3 元,以后各年按 4% 的比率增长,则普通股成本为:

$$普通股成本 = \frac{3}{20-4} + 4\% = 22.75\%$$

第二种:资本资产定价模型法

该方法运用资本资产定价模型,将公司普通股的必要报酬率当作普通股的资本成本。其计算公式为:

$$K = R_f + \beta(R_m - R_f)$$

式中:R_f 表示无风险报酬率;

β 表示股票的贝他系数；

R_m 表示股票市场平均风险报酬率。

【例 4-7】ABC 公司普通股股票的 β 值为 1.2，市场无风险报酬率为 10%，平均风险股票必要报酬率为 14%，则该公司股票的资本成本为：

K = 10% + 1.2 × (14% - 10%) = 14.8%

第三种：风险收益调整法

根据风险报酬权衡原则，普通股股东比债权人对企业承担了更大的风险，因此普通股股东会从风险与收益对等观念出发，会在债券人的报酬率（即公司税前债务成本）的基础上要求风险溢价。因此，普通股资本成本可以表述为：

普通股成本 = 税前的债务成本 + 风险溢价

资本市场的经验表明，公司普通股的风险溢价对于本公司的债券而言，绝大部分在 3%~5% 之间。

(3) 留存收益成本

公司的留存收益又称留存利润或保留盈余，它是由公司税后净利形成的，属于普通股股东。从表面上来看，公司使用留存收益似乎不花费什么成本，实际上它存在一种机会成本。因此，留存收益成本应作为一种机会成本考量，其确定方法与普通股成本基本相同，只是不考虑筹资费用，其计算公式为：

$$K = \frac{D_1}{P_0} + g$$

式中：D_1 表示第 1 年股利；g 表示普通股股利预计年增长率；

P_0 表示股票的现时价格

【例 4-8】ABC 公司今年留存利润 500 000 元，其普通股股票每股市价为 12 元，发行费用为 4%，预计今年每股股利 1 元，以后每年增长 5%，则该公司留存利润成本为：

$$K = \frac{1}{12} + 5\% = 13.33\%$$

(二) 综合资本成本

由于受多种因素的制约，企业不可能只使用某种单一的筹资方式，往往需要通过多种渠道筹集资本。而通过个别资本成本的计算表明，不同方式筹集的资本成本是不一样的。企业的资本结构是由多种资本组成的，融资决策必须从企业各种方式筹集的资本中，计算出企业的综合资本成本，寻求综合资本成本最低的资本组合。综合资本成本是指企业全部长期资本成本的总成本，通常以各种资本占全部资本的比重为权数，对个别资本成本进行加权平均确定，因此又称为加权平均资本成本。其计算公式为：

$$K = \sum_{t=1}^{n} k_t w_t \left(其中 \sum_{t=1}^{n} w_t = 1 \right)$$

式中:K 表示综合资本成本;w_t 表示第 t 种个别资本占全部资本的比重;k_i 表示第 i 种个别资本成本。

在实际中,综合资本成本权数的确定有三种选择,即账面价值权数、市场价值权数、目标价值权数。

1. 账面价值权数

即以各项个别资本的会计报表账面价值为基础来计算资本权数,确定各类资本占总资本的比重。其优点是资料容易取得,可以直接从资产负债表中得到,而且计算结果比较稳定。其缺点是,当债券和股票的市价与账面价值差距较大时,导致按账面价值计算出来的资本成本不能反映目前从资本市场上筹集资本的现时机会成本,不适合评价现时的资本结构。

2. 市场价值权数

以各项个别的现行市价为基础来计算资本权数,确定各类资本占总资本的比重。其优点是能够反映现时的资本成本水平,有利于进行资本结构决策。缺点是不适用未来的筹资决策。

3. 目标价值权数

以各项个别资本预计的未来价值为基础来确定资本权数,确定各类资本占总资本的比重。优点能体现决策的相关性,能选择未来的市场价值,也可以选择未来的账面价值。缺点是目标价值的确定难免具有主观性。

【例 4-9】ABC 公司账面反映的资本共 500 万元,其中借款 50 万,应付长期债券 100 万,普通股 250 万,留存收益 100 万,其成本分别为 9.17%,6.7%,11.26%,11%。试计算该公司的加权平均资本成本率。

(1)计算各种资本成本的比重

借款占总资本的比重 = 50 ÷ 500 × 100% = 10%

长期债券占总资本的比重 = 100 ÷ 500 × 100% = 20%

普通股占总资本的比重 = 250 ÷ 500 × 100% = 50%

留存收益占总资本的比重 = 100 ÷ 500 × 100% = 20%

(2)计算加权平均资本成本

加权平均资本成本 = 9.17 × 10% + 6.7% × 20% + 11.26% × 50% + 11% × 20% = 10.09%

(三)边际资本成本

边际资本成本是指公司追加一个单位筹资所增加的资本成本,它是财务管理中的一个重要概念。公司在追加筹资的决策中,不能仅仅考虑目前所使用的资本成本,而应该进一步考虑新筹资本的成本,即边际资本成本。公司追加筹资有时可能只采用某一种筹资方式。在筹资数额较大时,或在目标结构既定的情况下,往往通过多种筹资方式的组合来实现。这时,边际资本成本需要按加权平均法来计算,其权数使用目标价值权数,不采用账面价值权数。

其计算过程如下：

第一步，确定公司目标资本结构。若该公司财务人员经分析研究，认为目前的资本结构即为目标资本结构，则在今后追加筹资时，继续保持此资本结构比例；否则，按照所确定的目标结构追加筹资；

第二步，确定各类资本的个别资本成本。随着筹资条件的变化，各类资本的个别资本成本也会随着公司筹资规模的增大而增加。财务人员应研究和分析资本市场状况和公司筹资能力，对各类资本的个别资本成本作出科学的测算；

第三步，计算筹资总额的资本成本分界点。公司的资本结构是由各类资本组合而成，筹资总额的资本成本分界点则是由各类资本的个别资本成本分界点所对应和决定的。因此，可以根据目标资本结构和各类资本的个别资本成本分界点来计算筹资总额的资本成本分界点。其计算公式为：

$$BP_i = \frac{TF_i}{W_i}$$

式中：BP_i 表示筹资总额分界点；TF_i 表示第 i 种筹资方式的成本分界点；W_i 表示目标资金结构中第 i 种筹资方式所占的比例。

第四步，计算边际资本成本。

第二节 杠杆原理

物理学中的杠杆效应，是指人们通过利用杠杆，可以用较小的力量移动较重物体的现象。财务管理中也在存在类似的杠杆效应，表现为：由于特定费用（固定财务费用或固定成本）的存在而导致的当某一财务变量以较小的幅度变动时，另一相关财务变量会以较大幅度变动。财务管理中的杠杆效应有三种：经营杠杆、财务杠杆、总杠杆。

资本成本通常由无风险利率和风险报酬率两部分组成。无风险利率受资本市场的供求关系和价格水平所制约，是企业无法控制和决定的。风险报酬率是对不能按时支付本息的风险的补偿。风险主要来自于企业的经营风险和财务风险。任何一种风险的增大，都会降低企业的支付能力，提高企业的资本成本。因而必须努力降低企业的经营风险和财务风险，最大限度地降低企业资本成本，提高企业的整体收益。

一、经营杠杆

（一）经营杠杆的概念

企业营业成本按其与营业总额的依存关系可以分为固定成本和变动成本两部分。其中，固定成本是指在一定规模的营业额内，不随营业总额的变化而保持相对固定不变的成本。固定成本不变时，企业通过扩大经营总额从而降低单位营业额的固定成本，达到增加企业的营业利润的目的,这样经营杠杆就形成了。

经营杠杆是指企业在某一固定成本比重的作用下,销售量变动对利润产生的影响,或在经营活动中对营业成本中的固定成本的利用。由于经营杠杆对营业风险的影响最为综合,因此,经营杠杆常被用来衡量经营风险的大小。

(二)经营风险

经营风险是指企业未使用债务时因经营状况和环境的变化而影响利润变动的风险。影响企业经营风险的因素很多,主要有:

1. 产品需求。市场中消费者对企业产品的需求越稳定,经营风险就越小;反之经营风险越大。

2. 产品售价。产品售价变动不大,经营风险则小;否则经营风险便大。

3. 产品成本。产品成本是收入的抵减,成本不稳定,会导致利润不稳定,因此产品成本变动大的经营风险就大;反之经营风险就越小。

4. 调整价格的能力。当产品成本变动时,若企业具有较强的调整价格的能力,经营风险就小;反之经营风险则大。

5. 固定成本的比重。在企业全部成本中,固定成本所占比重较大时,单位产品分摊的固定成本额便大,若产量发生变动,单位产品分摊的固定成本会随之变动,最后导致利润更大幅度的变动,经营风险就越大;反之,经营风险就小。

(三)经营杠杆系数

在影响企业经营风险的诸因素中,固定成本比重是重要的影响因素。在某一固定成本比重的作用下,销售量变动对利润产生的作用,被称为经营杠杆。由于经营杠杆对经营风险的影响最为综合,因此常用来衡量经营风险的大小。经营杠杆的大小一般用经营杠杆系数(Degree of Operating Leverage,DOL)表示,它是企业利息和所得税之前的盈余(简称息前税前盈余)变动率与销售量变动率之间的比率。计算公式为:

$$经营杠杆系数\ DOL = \frac{\frac{\triangle EBIT}{EBIT}}{\frac{\triangle Q}{Q}}$$

式中:DOL 表示经营杠杆系数;

△EBIT 表示息税前盈余变动额;

EBIT 表示变动前息前税前盈余;

△Q 表示销售变动量;

Q 表示变动前销售量。

上述公式可以通过 EBIT = Q(P - V) - F 得出其他两种表示方式,不过这种变形是以假设企业的成本 - 销量 - 利润是保持线性关系的。

公式一：

$$DOL_q = \frac{Q(P-V)}{Q(P-V)-F}$$

式中：DOL_q 表示销售量为 Q 时的经营杠杆系数；P 表示销售单价；V 表示单位变动成本；F 表示固定成本总额。

公式二：

$$DOL_s = \frac{S-VC}{S-VC-F}$$

式中：DOL_s 表示销售额为 S 时的经营杠杆系数；S 表示销售额；VC 表示变动成本总额；F 表示固定成本总额。

【例 4-10】ABC 公司生产甲产品，固定成本为 600 万元，变动成本率为 40%，当公司的销售额分别为 1000 万元、2000 万元、4000 万元时，经营杠杆系数分别为：

$$DOL_{(1)} = \frac{1000 - 1000 \times 40\%}{1000 - 1000 \times 40\% - 600} \rightarrow \infty$$

$$DOL_{(2)} = \frac{2000 - 2000 \times 40\%}{2000 - 2000 \times 40\% - 600} = 2$$

$$DOL_{(3)} = \frac{4000 - 4000 \times 40\%}{4000 - 4000 \times 40\% - 600} = 1.33$$

上述计算结果表明：

（1）在固定成本不变的情况下，销售额越小，经营杠杆系数越大，经营风险也就越大；反之，销售额越大，经营杠杆系数越小，经营风险也就越小。

（2）在固定成本不变的情况下，经营杠杆系数说明了销售额增长（减少）所引起利润增长（减少）的幅度。

二、财务杠杆

（一）财务杠杆概念

企业的全部长期资本是由股权资本和债务资本组成。在这两类资本中，债务资本成本通常是固定的，并在企业所得税前扣除，且不管企业的息税前利润为多少，首先都要扣除利息。财务杠杆，也称为筹资杠杆，是指企业在筹资活动中对资本成本固定的债务资金的利用。

（二）财务风险

企业负债经营不论利润多少，债务利息是固定的。当利润增大时，每一元利润所负担的利息就会相对地减少，从而使投资者收益有更大幅度的提高。这种债务对投资者收益的影响称作财务杠杆。

财务风险是指全部资本中债务资本比率的变化带来的风险。当债务资本比率较高时，投资者将负担较多的债务成本并经受较多的负债所引起的收益变动的冲击，从而加大财务风险;反之,当债务资本比率较低时,财务风险就小。

影响财务风险的因素主要有:资本供求的变化;利率水平的变动;获利能力的变化;资本结构的变化。其中,财务杠杆对财务风险的影响最为综合,企业的所有者欲获取财务杠杆利益,就需要承担由此引起的财务风险。因此,企业决策者必须在财务杠杆利益与财务风险之间作出权衡选择。

(三)财务杠杆系数

与经营杠杆作用相似,财务杠杆作用的大小通常用财务杠杆系数表示。财务杠杆系数与财务风险成正比例关系,财务杠杆系数越大,表明财务杠杆作用越大,财务风险也就越大;财务杠杆系数越小,表明财务杠杆作用越小,财务风险也就越小。财务杠杆系数的计算公式为:

$$DFL = \frac{\frac{\Delta EPS}{EPS}}{\frac{\Delta EBIT}{EBIT}}$$

式中,DFL 表示财务杠杆系数;ΔEPS 表示普通股每股收益变动额;EPS 表示变动前的普通股每股收益;ΔEBIT 表示息前税前盈余变动额;EBIT 表示变动前的息前税前盈余。

上述公式还可以通过 EPS = (EBIT – I)(1 – T)/N 推导出另一种形式:

$$DFL = \frac{EBIT}{EBIT - I}$$

式中,EBIT 表示变动前的息前税前盈余;I 表示债务利息;
T 表示所得税率;N 表示发行在外普通股股数。

【例 4-11】ABC 公司全部长期资本为 8 000 元,债务资本比例分别为 0.4 及 0.5,利率 8%,公司所得税率为 25%。在息税前利润为 800 元时,试计算财务杠杆系数。

$$DFL = \frac{800}{800 - 8000 \times 0.4 \times 8\%} = 3.13$$

$$DFL = \frac{800}{800 - 8000 \times 0.5 \times 8\%} = 1.67$$

上述计算结果表明:(1)在资本总额、息前税前盈余相同的情况下,负债比率越高,财务杠杆系数越高,财务风险越大,但预期每股收益也越高。负债比率是可以控制的。企业可以通过合理安排资本结构,适度负债,使财务杠杆利益抵消风险增大所带来的不利影响。

(2)财务杠杆系数是息税前盈余增长所引起的每股盈余的增长幅度。

三、总杠杆

通过经营杠杆和财务杠杆的论述可知,经营杠杆通过扩大销售影响息前税前盈余,而财务杠杆通过扩大息前税前盈余影响收益。如果两种杠杆共同起作用,那么销售额稍有变动就会使每股收益产生更大的变动。通常把这两种杠杆的连锁作用称为总杠杆作用。

总杠杆作用的程度,可用总杠杆系数(DTL)表示,它是经营杠杆系数和财务杠杆系数的乘积,反映每股盈余的变动率相对于销售额变动率的倍数。其计算公式为:

$$DTL = DOL \times DFL = \frac{Q(P-V)}{Q(P-V)-F-I} = \frac{S-VC}{S-VC-F-I}$$

【例4-12】甲企业的经营杠杆系数为3倍,同时财务杠杆系数为2倍,则总杠杆系数为:DTL = 2 × 3 = 6

总杠杆系数的意义:首先它使我们看到了经营杠杆与财务杠杆之间的相互关系,即:为了达到某一总杠杆系数,经营杠杆和财务杠杆可以有很多不同的组合。比如,经营杠杆程度较高的公司可以在较低的程度上使用财务杠杆,经营杠杆程度较低的公司可以在较高的程度上使用财务杠杆等。其次,能够估计出销售额变动对每股盈余造成的影响。这有待公司在考虑了各有关的具体因素后作出选择。

第三节 资本结构

一、资本结构的含义

(一)资本结构的含义

资本结构是指企业资本总额中各种资本的构成及其比例关系。广义的资本结构包括全部债务与股东权益的构成比率;狭义的资本结构则指长期负债与股东权益的构成比率。狭义资本结构下,短期债务作为营运资金来管理。本书所指的资本结构通常是狭义的资本结构,也就是债务资本在企业全部资本中所占的比重。

资本结构是企业筹资决策的核心问题。企业应综合考虑有关影响因素,运用适当的方法确定最佳资本结构,并在以后追加筹资中继续保持。如果企业现有资本结构不合理,则应该通过筹资活动进行调整,使之趋于合理。从理论上讲,最佳资本结构是存在的。所谓最佳资本结构,是指在一定条件下使企业平均资本成本率最低、企业价值最大的资本结构。但由于企业内部条件和外部环境的经常性变化,动态地保持最佳资本结构十分困难。因此在实践中,目标资本结构通常是企业结合自身实际进行适度负债经营所确立的资本结构,是根据满意化的原则确定的资本结构。

(二)资本结构中债务资本的作用

在资本结构决策中,合理利用债务筹资,安排债务资本的比例,对公司具有重大影响。首先,使用债务资本可以降低企业资本成本。由于债务利息在所得税前列支,可以给企业带来减税利益。因此,债务资本成本一般低于权益资本成本。在资本结构中,合理安排债务资本的比例,有利于降低公司的综合资本成本;其次,利用债务筹资可以使公司获取财务杠杆利益。由于债务利息通常是事先确定且固定不变的,当企业息税前利润增长时,每一元利润所负担的债务利息就相应减少,从而使可分配给企业所有者的税后利润相应增加。因此,利用债务筹资可以发挥财务杠杆的作用,给企业所有者带来财务杠杆利益。

当然,运用债务筹资给企业带来财务杠杆利益的同时,也给企业带来一定的财务风险。

二、影响资本结构的因素

在现实中,制约资本结构决策的因素,除了前已述及的资本成本、财务风险外,还有如下一些重要因素,公司在资本决策中应予以综合考虑。

(一)企业经营状况的稳定性和成长率

企业产销业务量的稳定程度对资本结构有重要影响:如果产销业务稳定,企业可较多地负担固定的财务费用;如果产销业务量和盈余有周期性,则要负担固定的财务费用将承担较大的财务风险。经营发展能力表现为未来产销业务量的增长率,如果产销业务量能够以较高的水平增长,企业可以采用高负债的资本结构,以提升权益资本的报酬。

(二)企业的财务状况和信用等级

企业财务状况良好,信用等级高,债权人愿意向企业提供信用,企业容易获得债务资金。相反,如果企业财务状况欠佳,信用等级不高,债权人投资风险大,这样会降低企业获得信用的能力,加大债务资金筹资的资本成本。

(三)企业的资产结构

资产结构是企业筹集资本后进行资源配置和使用后的资金占用结构,包括长短期资产构成和比例,以及长短期资产内部的构成和比例。资产结构对企业资本结构的影响主要包括:拥有大量固定资产的企业主要通过长期负债和发行股票融通资金;拥有较多流动资产的企业更多地依赖流动负债融通资金,资产适用于抵押贷款的企业负债较多,以技术研发为主的企业则负债较少。

(四)企业投资人和管理当局的态度

从企业所有者的角度看,如果企业股权分散,企业可能更多地采用权益资本筹资以分散企业风险。如果企业为少数股东控制,股东通常重视企业控股权问题,为防止控股权稀释,企业一般尽量避免普通股筹资,而是采用优先股或债务资金筹资。从企业管理当局的角度看,高负债资本结构的财务风险高,一旦经营失败或出现财务危机,管理当局将面临市场接管的威胁或者被董事会解聘。因此,稳健的管理当局偏好于选择低负债比例的资本结构。

(五)行业特征和企业发展周期

不同行业资本结构差异很大。产品市场稳定的成熟产业经营风险低,因此可提高债务资金比重,发挥财务杠杆作用。高新技术企业产品、技术、市场尚不成熟,经营风险高,因此可降低债务资金比重，控制财务杠杆风险。同一企业不同发展阶段上，资本结构安排不同。企业初创阶段，经营风险高，在资本结构安排上应控制负债比例；企业发展成熟阶段，产品产销业务量稳定和持续增长，经营风险低，可适度增加债务资金比重，发挥财务杠杆效应；企业收缩阶段上，产品市场占有率下降，经营风险逐步加大，应逐步降低债务资金比重，保证经营现金流量能够偿付到期债务，保持企业持续经营能力，减少破产风险。

（六）政府的税务政策和货币政策

当所得税税率较高时，债务资金的抵税作用大，企业充分利用这种作用以提高企业价值。货币金融政策影响资本供给，从而影响利率水平的变动，当国家执行了紧缩的货币政策时，市场利率较高，企业债务资金成本增大。

此外，在资本结构决策中，还必须认识其动态属性，即资本结构不会停留在一个固定的水准上，随着时间的推移、情况的变化，资本结构也会发生一定的变化。这就需要根据具体情况进行合理的调整。

三、资本结构理论

资本结构理论是财务管理的重要组成部分，也是当代财务理论的核心内容之一，主要研究资本结构的变动对企业价值的影响。从技术上讲，资本成本、财务风险与资本结构密切相关。综合资本成本最低，同时企业财务风险最小时的资本结构才能实现企业价值最大化，因而是最理想的资本结构。

资本结构理论经历了从早期资本结构理论到现代资本结构理论的发展过程。

（一）早期资本结构理论

早期资本结构理论包括净收益理论、营业收益理论和传统理论。

1. 净收益理论

净收益理论认为负债可以降低企业的资本成本，负债程度越高，企业的价值越大。它假设当资本结构中的负债比例提高时，债务资本成本和权益资本成本均不受财务杠杆的影响，无论负债程度多高，企业的债务资本成本和权益资本成本都不会变化。因此，只要债务成本低于权益成本，那么负债越多，企业的加权平均资本成本就越低，企业价值就越大。当负债比率为100%时，企业加权平均资本成本最低，企业价值获得最大值。净收益理论是资本结构理论中的一个极端理论，它夸大了财务杠杆效应，忽视了财务风险对资本成本和公司价值的影响。

2. 营业收益理论

营业收益理论认为，不论财务杠杆如何变化，企业加权平均资本成本都是固定不变的，企业价值不受负债比重变化的影响。因为企业利用财务杠杆时，随着负债比重的上升，即使负债成本本身不变，但由于加大了权益的风险，也会使权益成本上升，于是加权平均资本成本不会因为负债比率的提高而降低,而是维持不变,企业价值也保持不变。按照这种理论,不存在最佳资本结构,融资决策也就无关紧要。营业收益理论是资本结构理论中的另一个极端,它过分夸大了财务风险而忽视了资本结构与资本成本的内在联系。

3. 传统理论

传统理论是一种介于营业收益理论和净收益理论之间的理论。它认为,企业利用财务杠杆尽管会导致权益成本的上升,但在一定程度内却不会完全抵消负债的低成本所带来的好处,因此会使加权平均资本成本下降,企业价值上升。但是,负债增加引起的财务风险的增大往往有个"度"。超过一定程度地利用财务杠杆,权益成本的上升就不能再为负债的低成本所抵消,加权平均资本成本便会上升。以后,债务成本也会上升,它和权益成本的上升共同作用,使加权平均资本成本上升加快。加权平均资本成本从下降变为上升的转折点,是加权平均资本成本的最低点,这时的负债比率就是企业的最佳资本结构。

(二)现代资本结构理论

现代资本结构理论包括MM理论、权衡理论和不对称信息理论。其中MM理论是20世纪50年代由两位美国经济学家莫迪利安尼(Franco Modigliani)和米勒(Metro Miller)提出的。

1. MM理论

MM理论包括无公司所得税的MM理论和有公司所得税的MM理论。

(1)无公司所得税的MM理论

无公司所得税的MM理论基本假设是:①企业的经营风险是可衡量的,有相同经营风险的企业即处于同一风险等级;②现在和将来的投资者对企业未来的EBIT估计完全相同,即投资者对企业未来收益和取得这些收益所面临风险的预期是一致的;③证券市场是完善的,没有交易成本;④投资者可同公司一样以同等利率获得借款;⑤无论借债多少,公司及个人的负债均无风险,故负债利率为无风险利率;⑥投资者预期的EBIT不变,即假设企业的增长率为零,从而所有现金流量都是年金。该理论包括三个命题:

第一,总价值命题。只要息税前利润相等,那么,处于同一风险等级的公司,无论是负债还是无负债,它们的总价值相同。这时,公司的综合资本成本等于同一风险等级中无负债公司的权益资本成本,且资本成本与资本结构无关。

第二,风险补偿命题。负债越多,权益资本成本越高。负债公司权益资本成本与同一风险等级中无负债公司权益资本成本之间的差额,就是负债公司所要承担的风险,即风险补偿。

第三,补充命题。公司应投资于内含报酬率大于或等于无负债公司权益资本成本或综合资本成本的项目。

根据上述三个命题,无公司所得税的MM理论的结论是:在无公司所得税的条件下,资本结构不影响公司价值和资本成本。

(2)有公司所得税的MM理论。又称为修正的MM理论。1963年,莫迪利安尼和米勒两人在他们的研究中引入了公司所得税因素，提出了有公司所得税的 MM 理论，它也包括三个命题：

第一，赋税节余命题。负债公司的价值等于相同风险等级中无负债公司的价值加上赋税节余的价值。因此，公司负债越多，赋税节余越多，公司总价值就越大。

第二，风险报酬命题。负债公司权益资本成本等于相同风险等级中无负债公司权益资本成本加上风险报酬，风险报酬取决于公司的举债结构和所得税率。

第三，投资报酬率命题。公司投资项目应符合：内含报酬率≥新投资的临界率

有公司所得税的 MM 理论的结论是：负债会因赋税节余而增加公司价值，负债越多，权益资本所有者获得的收益就越大，公司价值就越大。

2. 权衡理论

早期 MM 理论的假设条件很多与现实经济生活不同，得出的结论也有不完善的地方，但它揭示了资本结构与公司价值之间的关系，可以作为资本结构理论的研究起点。米、莫两人及其后续支持者通过研究，使 MM 理论的假设得以放松，并引入现实因素，如：财务危机（拮据）成本和代理成本，进而发展了 MM 理论，提出了税负利益 - 破产成本的权衡理论。

权衡理论既考虑负债带来的利益，也考虑负债带来的破产成本，并对它们进行适当权衡来确定最佳资本结构。

权衡理论认为负债给公司带来的破产成本主要有：财务危机成本和代理成本。

财务危机是指公司没有足够的偿债能力，不能及时偿还到期的债务。当公司发生财务危机时，即使最终不破产，也会产生大量的额外费用或机会成本，这便是财务危机成本。财务危机成本越高，势必提高公司资本成本，降低公司价值。

代理成本是指公司发生监督管理活动的成本，以保证公司的管理活动符合管理人员、所有者和债权人之间达成的协议。代理成本的发生会提高负债成本，从而降低负债利益。代理成本几乎全由公司所有者负担。

权衡理论认为，负债公司的价值等于无负债公司的价值加上赋税节余，减去预期财务危机成本的现值和代理成本现值。其数学表达式为：

$V'_L = V_u + TB - FA = V_u + TB - FPV - TPV$

图 4-1 为权衡理论的图形表示。

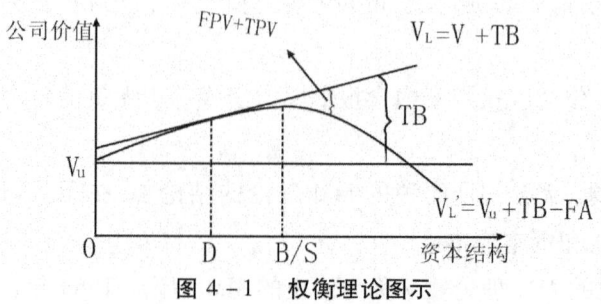

图 4-1 权衡理论图示

式中、图中，V'_L—表示同时存在负债税额庇护利益和破产成本的公司价值；V_u—表示无负债时的公司价值；TB—表示负债税额庇护利益（债务利息免税现值）；FA—表示破产成本现值；FPV—表示财务拮据成本现值；TPV—表示代理成本现值；V_L—表示只有负债税额庇护利益而没有破产成本的公司价值；D—破产成本变得明显时的负债水平；B/S—表示最佳资本结构

从图4-1可知：

(1)负债可以为企业带来税额庇护利益。

(2)最初的MM理论假设在现实中不存在，事实是各种负债比率的增大而上升，当负债比率达到某一程度时，息税前盈余会下降，同时企业负担的概率会增加。

(3)当负债比率未超过D点时，破产成本不明显；当负债比率达到D点时，破产成本开始变得重要；负债税额庇护利益开始被破产成本所抵消；当负债比率达到B/S点时，边际负债税额庇护利益恰好与边际破产成本相等，企业价值最大，达到最佳资本结构；负债比率超过B/S点后，破产成本大于负债税额庇护利益，导致企业价值下降。

权衡理论引入了财务拮据成本和代理成本，使资本结构理论更加符合实际，同时指出了公司存在最优资本结构。权衡理论的困难是很难准确计算财务拮据成本和代理成本的价值。

3. 不对称信息理论

从MM理论到权衡理论，有些假设都被松动了，但有一个假设始终未被触及，这就是充分信息假设。在现实经济生活中，投资者和公司管理者同时获得充分的信息几乎是不可能的，比较接近现实的假设是：公司管理者比投资者能更多、更快地了解公司内部的信息（即不对称信息环境）。基于这一假设，20世纪80年代罗斯（Ross）、迈尔斯（Myers）等将不对称信息理论引入资本结构分析，提出了不对称信息理论。

罗斯的不对称信息理论。该理论保留了MM理论的基本假设，仅放松了充分信息假设。罗斯假定公司管理者对公司的未来收益和投资风险有内部信息，而投资者没有这些信息。这样，投资者只能通过管理者输送出来的信息来判断公司的价值。选择资本结构是公司把内部信息传递给市场的一种手段。罗斯认为，当公司发展前景比较好时，一般会选择负债的方式筹资，以便在财务杠杆作用下，大幅度增加每股盈余，提高公司价值；反之，当公司发展前景暗淡或投资项目风险较大时，则选择发行股票来筹资。因此，资本结构中负债比例的上升，是向社会发布一个积极的信号，它表明管理者对公司未来收益有较高期望，有利于公司价值的提高。

迈尔斯的不对称信息理论。20世纪60年代初，哈佛大学的唐纳森教授对公司资本结构进行了实证研究，得出的结论是：当公司缺少资金时，首先要选择内部资金（如留存收益、折旧）；如需要外部资金，公司会先考虑负债，然后是可转换债券，最后是发行普通股股票。已有的MM理论和权衡理论都无法解释这一现象。迈尔斯认为这是信息的不对称造成的。为

此。迈尔斯和梅罗夫在罗斯理论的基础上进一步考察不对称信息对公司投资成本的影响。他们假设公司有一特定的投资项目,需要资金 N 元,项目净现值为 Y 元。公司管理者明确知道这一确切信息,但投资者对这一信息却并不完全清楚,因此,投资者只能根据公司选择的资本结构来判断项目对公司价值的影响。在这种情况下,如果公司通过发行股票筹集资金,会被市场误解,新发行的股票将会贬值。设 N 为新股票真实价值,N_1 为新股票市场价值,$N_0 = N - N_1$。根据罗斯理论,此时 $N_0 > 0$。这样公司投资的决策不再是 Y > 0,而必须是 Y > N_0。因此,不对称信息的存在使公司的投资成本增大了,因为在信息对称的情况下,只要净现值大于零,就可以投资,而现在只要在投资收益能弥补股票贬值的损失时,才会投资。

不对称信息理论鼓励少用股票筹资、多用负债筹资。但负债又会引起财务风险的增加,所以公司总是尽可能使用内部资金,其次是负债,最后是发行股票。这个结论与美国的经验统计数据想吻合。1965 年 – 1982 年,美国非金融公司筹资总量中,内部积累平均每年占 61%,债券占 23%,新发行股票只占 2.7%。

不对称信息理论的引入大大丰富了资本结构研究的内容,但是它仍然无法准确找到最佳资本结构点。

四、资本结构优化

资本结构优化,要求企业权衡负债的低资本成本与高财务风险的关系,确定合理的资本结构。资本结构优化的目标,是降低平均资本成本率或提高企业价值。

(一)每股收益分析法

判断资本结构合理与否的一种分析方法是分析每股收益的变化,为使最佳资本结构的决策过程具有可操作性,因此选择每股收益(EPS)作为企业价值的衡量指标。能使增加每股收益的资本结构是合理的,否则就不合理。

每股收益的大小,不但要受资结构的影响,还受到销售水平和流通在外的股份数的影响。处理以上关系,就需要运用融资的每股收益分析的方法。每股收益分析是利用每股收益的无差别点进行的。所谓每股收益无差别点,是指不同筹资方式下,每股收益都相等时的 EBIT 或销售水平(S)。根据每股收益无差别点,可以分析判断在什么样的销售水平下适于采用何种筹资方式。其计算公式为:

$$EPS = \frac{(S - VC - F - I)(1 - T)}{N} = \frac{(EBIT - I)(1 - T)}{N}$$

式中:S 表示销售额;VC 表示变动成本;F 表示固定成本;I 表示债务利息;

T 表示所得税率;N 表示流通在外的普通股股数;EBIT 表息税前盈余。

根据上述有关每股收益无差别点分析可知,在每股收益无差别点上,无论是采用债务筹资还是采用权益筹资,每股收益都是相等的。若 EPS 代表权益融资,EPS 代表负债融资,则有:$EPS_1 = EPS_2$

$$= \frac{(S_1 - VC_1 - F_1 - I_1)(1-T)}{N_1} = \frac{(S_2 - VC_2 - F_2 - I_2)(1-T)}{N_2}$$

【例 4-13】ABC 公司目前有资本 7 000 万元,其中债务资本 2 000 元(每年负担利息 240 万元),普通股资本为 5 000 万元,(发行普通股 100 万股,每股面值 50 元),现因生产发展需要准备再筹资 3 000 万元,这些资本可以利用发行股票来筹集,全部发行股票 60 万股,每股 50 元;也可以利用发行债券来筹集,债务利率仍为 12%,利息 360 万元。该公司的变动成本率为 60%,固定成本为 1 800 万元,公司所得税率为 25%。根据每股无差别公式计算如下:

$$= \frac{(S - 0.6 \times S - 1800 - 240) \times (1 - 25\%)}{100 + 60}$$

$$= \frac{(S - 0.6 \times S - 1800 - 240 - 360) \times (1 - 25\%)}{100}$$

S = 7 500 万元

此时每股收益额为:

$$\frac{(7500 - 0.6 \times 7500 - 1800 - 240) \times (1 - 25\%)}{100 + 60} = 4.50$$

每股收益无差别分析,可通过下图 4-2 来描述:

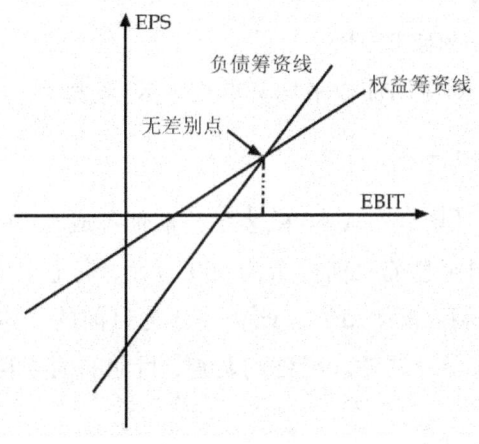

图 4-2

(二)比较公司价值法

从上面分析可知,每股收益分析法的缺陷性在于,它只考虑了资本结构对每股盈余的影响,并假定每股盈余最大,股价也就最高。但是,这种方法具有片面性,忽视了资本结构对风险的影响。因为随着负债的增加,投资者风险加大,股价和企业价值也会有下降的趋势,所以,单纯地用每股收益分析法,有时会作出错误的决策。从根本上讲,财务管理的目标在于追求企业价值最大化或股价最大化。然而只有在风险不变的情况下,每股收益的增长才会直接导致股价的上升,但实际上随着每股收益的增长风险也加大。如果每股收益的增长不足以补偿风险增加所需的报酬,尽管每股收益增加,股价仍然会下降。因此最佳资本结构应当是能使企业总价值最大,而不一定是每股收益最大的资本结构。同时,在企业总价值最大的资本结构下,企业的资本成本也是最低的。

假设企业只有债券和普通股两种资本,债券的市场价值等于它的面值,则企业总价值为:

$$V = B + S$$

式中:V 表示企业总价值;B 表示债券价值;S 表示股票价值。

根据企业持续经营假设,企业的经营利润是可以永续的,且股东和债权人的投入及要求不变,股票的市场价值则可表示为:

$$S = \frac{(EBIT - I)(1 - T)}{K}$$

式中:EBIT 表示息税前盈余;I 表示年利息;T 表企业所得税率;K 表示权益资本。

采用资本资产定价模型计算:

$$K = R_f + \beta(R_m - R_f)$$

式中:R_f 表示无风险报酬率;

β 表示股票的贝他系数;

R_m 表示股票市场平均风险报酬率。

而企业的资本成本,则应用加权平均资本成本 K_w 来表示,其公式为:

$$K_w = K_b \left(\frac{B}{V}\right)(1 - T) + K_s \left(\frac{S}{V}\right)$$

式中:K_w 来表示加权平均资本成本;K_b 表示税前债务成本;K_s 表示权益资本成本。

【例 4 - 14】ABC 公司年息前税前盈余为 500 万元,资金全部由普通股资本组成,股票账面价值为 2000 万元,所得税率为 25%。该企业认为目前的资本结构不够合理,准备用发行债券购回部分股票的办法予以调整。经咨询调查,目前的债务利率和权益资本的成本如下表 4 - 1:

表 4 - 1　不同债务规模的债务利率和股票资本成本测算表

债券的市场价值 B(百万元)	税前债务资本成本 K_b(%)	股票 β 值	无风险报酬率 R_f(%)	平均风险股票必要报酬率 R_m(%)	权益必要报酬率 K_s(%)
0	—	1.20	10	14	14.8
2	10	1.25	10	14	15.0
4	10	1.30	10	14	15.2
6	12	1.40	10	14	15.6
8	14	1.55	10	14	16.2
10	16	2.10	10	14	18.4

根据上表 4-1 资料,运用前面所述的原理即可计算出不同债务规模的公司的价值和加权平均资本成本,下表 4-2 所示。

表 4-2 不同债务规模的公司价值和加权平均资本成本测算表

债券的市场价值 B(百万元)	股票的市场价值 S(百万元)	企业的市场价值 V(百万元)	税前债务资本成本 K(%)	权益必要报酬率 K(%)	加权平均资本成本(%)
0	25.34	25.34	—	14.8	14.80
2	24.00	26.00	10	15.0	14.42
4	22.70	26.70	10	15.2	14.05
6	20.58	26.58	12	15.6	14.11
8	17.96	25.96	14	16.2	14.44
10	13.86	23.86	16	18.4	15.72

从上表 4-2 中可以看出,在没有债务的情况下,企业的总价值就是其原有股票的市场价值。当企业用债务资本部分地替换权益资本时,一开始企业总价值上升,加权平均资本成本下降;在债务达到 400 万时,企业总价值最高,加权平均资本最低;债务超过 400 万元后,企业总价值下降,加权平均资本成本上升。因此,债务为 400 万元时的资本结构为最佳资本结构。

【本章小结】

本章在介绍资本结构决策的两个基本原理——资本成本和杠杆效应的基础上,讨论了资本结构优化的方法。

资本成本是指公司为筹集和使用资本而付出的代价,包括筹资费用和资本使用费。资本成本一般用相对数——资本成本率表示。资本成本是财务管理的重要基础,是公司筹资决策、投资决策的重要依据。

资本成本的具体形式有个别资本成本、综合资本成本和边际资本成本。个别资本成本是某种资本种类(或筹资方式)的成本,它是选择各种筹资方式的依据;综合资本成本是公司全部长期资本的总成本,它的高低受个别资本成本和筹资比重两个因素的影响,综合资本成本是衡量资本结构合理的依据;边际资本成本是公司追加一个单位筹资所增加的资本成本,它是选择追加筹资方案的依据。

杠杆利益与风险是公司资本结构决策的另一个重要因素。经营杠杆利益是指由于固定生产经营成本的存在所产生的息税前利润变动率大于产销量变动率的现象。经营风险是与公司经营杠杆相对应的风险,即由于存在经营杠杆,当产量发生变动时,会引起息税前利润更大幅度变动的风险。财务杠杆利益是指公司运用财务费用固定型筹资方式时所产生的普通股每股利润变动率大于息税前利润变动率的现象。财务风险是与公司财务杠杆相对应的风险,即公司为取得财务杠杆利益而利用财务费用固定型的筹资方式,当息税前利润发生变动时,会引起普通股每股利润更大幅度变动的风险。总杠杆,是经营杠杆与财务杠杆的复合作用。与总杠杆相对应的风险是筹资总风险,它手经营风险和财务风险的双重影响。三种杠杆利益与风险的大小可以用三个杠杆系数来衡量。

资本结构是公司各种资本的构成及其比例关系,它是公司筹资决定的核心问题。最佳资本结构是使公司综合资本成本最低,同时公司价值最大的资本结构。现代资本结构的理论包括 MM 理论、权衡理论和不对称信息理论。公司应以现代资本结构理论为指导,综合考虑有关影响因素,运用适当的方法确定最佳资本结构。

【学习思考】
1. 什么是资本成本?有哪些具体形式?资本成本的作用何在?
2. 试分析资本成本中筹资费用和用资费用的不同特性是什么?
3. 如何理解测算综合成本率中三种权数的影响?
4. 如何理解经营杠杆与经营风险、财务杠杆与财务风险、总杠杆与筹资总风险?
5. 资本结构决策的影响因素有哪些?
6. 何谓最佳资本结构?最佳资本结构决策方法有哪些?

第五章 投资管理

【本章提要】

本章主要介绍投资管理的基础理论、项目投资财务评价指标的计算与分析、项目投资管理决策方法。主要内容有:企业项目投资的意义、特点、分类、原则及影响因素;项目投资财务评价指标(项目现金流量、净现值、投资回收期、内涵报酬率、年金净流量、现值指数);独立投资方案、互斥方案、固定资产更新决策。

【学习目标】
- 理解投资管理的主要内容
- 掌握投资项目评价指标的计算与分析
- 掌握项目投资管理的决策

第一节 投资管理概述

投资是指特定经济主体(包括国家、企业和个人)为了在未来可预见的时期内获得收益或使资金增值,在一定时期向一定领域的标的物投放足够数额的资金或实物等货币等价物的经济行为。从特定企业角度看,投资就是企业为获取收益而向一定对象投放资金的经济行为。例如,购建厂房设备、购买股票债券等经济行为,均属于投资行为。

一、企业投资的意义

投资是企业不可缺少的一种经营活动,筹资的目的是为了投资,而分配活动是对投资活动的结果进行分配,在财务决策中,投资决策处于核心地位。企业投资的意义主要表现在以下几个方面:

(一) 投资是企业取得利润的基本前提

企业投资的目的是要获取未来的经济利益,为此,就要通过投资形成一定的生产经营能力,开展经营活动,从而取得经营利润。

(二) 投资是企业生存与发展的基本前提

企业的生产经营就是企业资产的运用和资产形态的转换过程。实际上，不论是新建一个企业，还是购置或建造一条生产线，都是一种投资行为。通过投资，才能形成企业的综合生产经营能力。因此，投资决策的正确与否，直接关系到企业的兴衰成败。

(三) 投资是企业风险控制的重要手段

企业把资金投向生产经营的关键、薄弱环节，可以使各种生产能力配套、平衡，形成更大的综合能力。企业把资金投放于多个行业，实行多元化经营，能增加企业销售和盈余的稳定性。这些都是降低企业经营风险的重要手段。

二、企业投资管理的特点

企业的投资与经营活动是不相同的，企业投资涉及的时间长、资金多，对企业的财务状况和经营活动有较大影响。主要特点如下：

(一) 企业投资属于战略性决策

企业投资活动一般涉及企业未来的经营发展方向、生产能力规模等问题，如生产线的购置、厂房设备的更新、新产品的开发等。这些投资活动直接影响企业未来的发展方向，是企业简单再生产得以顺利进行并扩大再生产的前提条件，对企业未来经营活动产生重大影响。

(二) 企业投资属于非程序化管理

企业有些经营活动是日常重复性进行的，如购买原材料、生产产品、雇佣人工等，对这类活动进行的管理称为程序化管理。而投资活动涉及企业未来的经营发展方向和规模等重大问题，不会经常发生，具有一次性和独特性的特点，属于非程序化管理。每一次投资都可能对企业产生重大影响，且无规律可循，管理时需慎重。

(三) 企业投资价值的波动性大

投资项目的价值是由其投资资产日后的内在获利能力所决定的。这些资产大多是机器设备等变现能力较差的资产，这些资产持有的目的也不是为了变现。因此其未来收益受物价、市场利率、经营环境等诸多因素影响，所以投资项目的价值也是不易确定的。

三、企业投资的分类

将企业投资的类型进行科学的分类，有助于分清投资的性质，按不同的特点和要求进行投资决策，加强投资管理。

(一) 按投资期限可分为短期投资和长期投资

短期投资，是指企业购入的能随时变现并且持有时间不准备超过1年(含1年)的投资。主要包括现金、应收票据、应收账款、存货、短期有价证券等的投资。短期投资一般具有回收期短、资金少、变现能力强、周转快、波动性大等特点。

长期投资,是指企业投出的期限在1年以上(不含1年)的投资。主要包括企业为维持生产能力而购建的机器、设备、厂房等固定资产的投资,以及企业购入的、持有期限在一年、近期内不准备出售的各种有价证券投资和其他形式的实物投资。长期投资一般具有回收期长、所需资金多、变现能力差等特点。长期投资的投向是否合理,不仅影响到企业当期的财务状况,而且对以后各期损益及经营状况都能产生重要的影响。企业在进行此类投资时必须做好可行性研究,以便做出正确的决策。

无论是短期投资,还是长期投资,都会对企业的财务状况、损益状况和经营状况产生重要影响,但短期投资的影响时间短,而长期投资的影响时间长。因此,长期投资的风险通常大于短期投资的风险,与此相应,长期投资的收益也高于短期投资的收益。

(二)按投资的范围分类,可将投资分为内部投资和外部投资

内部投资又称对内投资,是指对企业内部生产经营所需要的各种资产的投资,投资对象主要是企业经营中所必需的各项流动资产和固定资产及无形资产,目的是为保证企业生产经营过程的连续和生产经营规模的扩大。在企业的投资活动中,内部投资是其主要内容,它不仅数额大,投资面广,而且对企业的稳定和发展、盈利能力、长期偿债能力都有着重大影响。

外部投资又称对外投资,是指企业将所拥有的资产直接投放于其他企业或购买各种证券形成的投资。目的是为企业闲置的资金寻找出路。

(三)按投资的形式可分为直接投资和间接投资

直接投资,是指由投资人直接介入投资行为即将资金直接投入投资项目的一种投资。其特点是:投资行为可以直接将投资者与投资项目联系在一起。

间接投资,是指投资者以其资本购买公债、公司债券、金融债券或公司股票等,以预期获取一定收益的投资,也称证券投资。

一般而言,直接投资风险较小,投资收益也相对较低,而间接投资风险相对较大,投资收益也可能相对较高。

(四)按各个投资项目之间的相互关联关系分为独立投资和互斥投资

独立投资,是指各个投资项目之间互不关联、互不影响,可以同时并存。例如,建造一个服装厂和建造一个文具厂,它们之间并不冲突,可以同时进行。因此,对于独立投资项目而言,其他投资项目是否被采纳或放弃,对本项目的决策并无显著影响。

互斥投资,是指各个投资项目之间相互关联、相互替代,不能同时并存。如对企业现有设备进行更新,购置新设备就必须处置旧设备,它们之间是互斥的。因此,对于互斥投资项目而言,其他投资项目是否被采纳或放弃,直接影响本项目的决策。

(五)按投资活动对企业未来生产经营前景的影响分为发展性投资和维持性投资

发展性投资,是指对企业未来的生产经营发展全局有较大影响的投资。如企业间合并兼

并的投资、转换新行业的投资、大幅度扩大生产规模的投资等。发展性投资实施后,对企业未来经营有较大影响。

维持性投资,是指为了维持企业现有的正常生产经营活动顺利进行所进行的投资。如更新替换旧设备的投资、配套流动资产的投资等。维持性投资项目所需的资金不多,对生产经营的前景也影响不大,投资风险相对较小。

四、投资管理的原则

为了作出合理的决策,实现投资管理的目标,需要制定投资管理的基本原则,以保证投资活动的顺利进行。

(一) 可行性分析原则

投资项目的可行性分析是投资管理的重要组成部分,其主要任务是对投资项目实施的可行性进行科学的论证。包括环境可行性、技术可行性、市场可行性和财务可行性等方面。

环境可行性,包括自然环境、社会环境和生态环境,要求投资项目对环境的不利影响最小,并能带来有利影响。技术可行性,要求投资项目具有技术上的适应性和先进性。市场可行性,要求投资项目形成的产品能被市场接受,具有市场占有率,进而才能带来财务上的可行性。财务可行性,是在环境、技术、市场可行性完成的前提下,着重围绕技术可行性和市场可行性而进行的经济性评价。

财务可行性是投资项目可行性分析的主要内容,包括收入、费用和利润等经营成果的分析;资产、负债、所有者权益等财务状况的分析;资金筹集和配置的分析;资金流转和回收的分析;项目现金流量、净现值、内含报酬率等项目经济性指标的分析;项目风险和收益关系的分析等。

(二) 结构平衡原则

由于竞争及企业自身发展的要求,企业的投资愿望是无止境的。但就某一企业而言,其用于投资的资金来源总是有限的。这就要求企业在进行投资时,首先必须在众多的投资项目中根据经济环境及企业自身条件做出合理选择。在确定投资项目以后就需要预测该投资项目的资金需要量及来源渠道,如投资项目是在若干年内完成的,企业就要根据投资项目的各年现金流量,组织资金供应。

处理好投资需求与资金供应两者的关系,既可以使所需投资得到保证,产生预期效益,又可避免因筹资过多而造成资金闲置。只有项目在资金投放时,遵循结构平衡原则,投资项目实施后才能正常顺利进行,才能避免资源的闲置和浪费,使有限的资金发挥最大的效用。

(三) 动态监控原则

对于一些工程量大、工期长的建造项目来说,有一个具体的投资过程,需要按工程预算实施有效的动态投资控制。建设性投资项目应当按工程进度,对工程完成情况进行逐步资金拨付和资金结算,控制工程的资金耗费和防止资金浪费。

第二节　投资项目财务评价指标

一、项目现金流量(Net Cash Flow，NCF)

(一)现金流量的含义

项目投资决策中的现金是指区别于观念货币的现实货币资金。现金流量是指投资项目在其计算期内因资本循环而可能或应该发生的各项现金流入量与现金流出量的统称，它是计算项目投资决策评价指标的主要依据。必须注意的是，本章介绍的现金流量，与财务会计中的现金流量相比，无论是具体内容还是计算口径可能都存在较大的差异，不应将它们混为一谈。

在理解这个概念时，应当注意以下三个方面：

(1)财务管理的项目投资现金流量，针对特定投资项目，不针对特定会计期间。

(2)其内容既包括现金流入量也包括现金流出量，是一个统称。

(3)它是一个广义的概念，不仅包括货币资金，而且包括非货币资源的变现价值。

(二)现金流量的内容

投资项目从整个经济寿命周期来看，大致可以分为三个阶段：建设期、营业期、终结期，现金流量的各个项目也可归属于各个阶段中。

1. 建设期

建设期发生的现金流量主要为现金流出量，即为该投资项目上的原始投资，包括在长期资产上的投资和垫支的营运资金。

(1)长期资产投资

它包括建设期内按一定生产经营规模和建设内容所进行的固定资产投资、无形资产投资和开办费投资等项投资所需的现金支出。

(2)营运资金垫支

指有关项目所发生的用于生产经营期周转使用的营运资金投资，又称为垫支流动资金。企业由于购置生产设备提高了生产能力，而增加了对流动资产的需求，这些应计入固定资产投资的相关现金流量中。只是在增加流动资产投资的资金来源中有些是依靠企业的流动负债解决的，因此增加流动资产投资引起的现金流出量，应是流动资产减去流动负债后的营运资金，它的特点是项目结束后会收回。

2. 经营期

经营期是投资项目的主要阶段，该阶段既有现金流入量也有现金流出量。现金流入量主要是营运各年的营业收入，现金流出量主要是营运各年的付现营运成本。

正常营运阶段,各年的营业收入和付现营运成本数额比较稳定,因此经营期各年现金净流量一般为:

现金净流量 = 现金流入量 – 现金流出量

即:营业现金流量 = 年营业收入 – 年付现成本 – 年所得税

其中:付现成本是指营业成本中需要支付现金的部分,如购买原材料、支付工资及支付各种费用;营业成本中不需要支付现金的部分主要是固定资产折旧(摊销)。因此在一般情况下有如下关系:

年付现成本 = 年营业成本 – 年折旧(摊销)

因此:营业现金流量 = 年营业收入 –(年营业成本 – 年折旧）– 年所得税

= 年利润 + 年折旧 – 年所得税

= 年税后净利 + 年折旧

营业现金流量 = 年税后净利 + 年折旧

=（营业收入 – 营业成本）×（1 – 所得税率）+ 折旧

=（营业收入 – 付现成本 – 折旧）×（1 – 所得税率）+ 折旧

= 营业收入 ×（1 – 所得税率）– 付现成本 ×（1 – 所得税率）– 折旧 ×（1 – 所得税率）+ 折旧

= 营业收入 ×（1 – 所得税率）– 付现成本 ×（1 – 所得税率）+ 折旧 × 所得税率

= 税后营业收入 – 税后付现成本 + 折旧抵税

3. 终结期

终结期主要是现金流入量,包括固定资产变价净收入和垫支的营运资金回收等。

（1）固定资产变价净收入

投资项目终结,原有固定资产将退出生产经营,企业对固定资产进行清理处置。固定资产出售或报废时的出售价款或残值收入扣除清理费用后的净额即为固定资产变价净收入。

（2）垫支的营运资金收回

投资项目终结,企业将与该项目的存货出售,应收账款收回,应付账款偿付,营运资金即回到原有水平,项目开始垫支的营运资金在项目结束时得到收回。

【例5 – 1】华运公司准备购入一台设备以扩充生产能力,现有甲、乙两个方案以供选择。甲方案需投资10 000元,使用寿命为5年,采用直线法提折旧,5年后设备无残值。5年中每年销售收入为6 000元,每年的付现成本为3 000元。乙方案需投资12 000元,采用直线法提折旧,使用寿命也为5年,5年后有残值收入2 000元。5年中每年的销售收入为8 000元,付现成本第一年为3 000元,以后随着设备陈旧,逐年将增加修理费400元,另需垫支营运资金3 000元。假设所得税率为40%,试计算两个方案的现金流量。

为计算现金流量,必须先计算两个方案每年的折旧额:

甲方案每年折旧额 = 10 000 ÷ 5 = 2 000(元)

乙方案每年折旧额 = (12 000 - 2 000) ÷ 5 = 2 000(元)

下面先用表计算两个方案的营业现金净流量，然后，再结合初始现金净流量和终结现金净流量编制两个方案的全部现金净流量计算表。

表 5-1 投资项目营业现金净流量计算表

项目	第1年	第2年	第3年	第4年	第5年
甲方案					
销售收入(1)	6000	6000	6000	6000	6000
付现成本(2)	3000	3000	3000	3000	3000
折旧(3)	2000	2000	2000	2000	2000
税前净利(4)					
(4) = (1) - (2) - (3)	1000	1000	1000	1000	1000
所得税(5)	400	400	400	400	400
(5) = (4) * 40%					
税后净利(6)					
(6) = (4) - (5)	600	600	600	600	600
现金净流量(7)	2600	2600	2600	2600	2600
(7) = (6) + (3)					
= (1) - (2) - (5)					
乙方案					
销售收入(1)	8000	8000	8000	8000	8000
付现成本(2)	3000	3400	3800	4200	4600
折旧(3)	2000	2000	2000	2000	2000
税前净利(4)					
(4) = (1) - (2) - (3)	3000	2600	2200	1800	1400
所得税(5)	1200	1040	880	720	560
(5) = (4) * 40%					
税后净利(6)					
(6) = (4) - (5)	1800	1560	1320	1080	840
现金净流量(7)	3800	3560	3320	3080	2840
(7) = (6) + (3)					

表 5-2 投资项目营业现金净流量计算表

项目	第0年	第1年	第2年	第3年	第4年	第5年
甲方案						
固定资产投资	-10000					
营业现金流量		2600	2600	2600	2600	2600
现金净流量合计	-10000	2600	2600	2600	2600	2600
乙方案						
固定资产投资	-12000					
营运资金垫支	-3000					
营业现金流量		3800	3560	3320	3080	2840
固定资产残值						2000
营运资金回收						3000
现金净流量合计	-15000	3800	3560	3320	3080	7840

二、净现值(Net Preset Value, NPV)

(一)基本原理

净现值是投资项目投入使用后产生的各年净现金流量,按资本成本或企业要求达到的报酬率折算的总现值,减去各期初始投资净现金流量的现值以后的余额。

净现值(NPV) = 未来现金净流量现值 - 原始投资额现值

如果初始投资是在建设起点一次投入,则公式为:

$$NPV = \sum_{t=1}^{n} NCF \times PVIF_{i,t} - C$$

式中:

NPV 表示净现值;NCF 表示各年现金净流量;i 表示折现率;n 表示投资有效期(预计使用年限);C 表示初始投资额。

净现值为正,说明方案的投资报酬率高于所要求的报酬率,方案可行;净现值为负,说明方案的投资报酬率低于所要求的报酬率,方案不可行。净现值为零时,说明方案的投资报酬率刚好达到所要求的报酬率,方案也可行。所以,净现值的经济含义是指投资方案报酬超过基本报酬后的剩余收益。

【例 5-2】根据【例 5-1】华运公司的资料,假设资本成本为10%,计算净现值如下:

甲方案的 NCF 相等,可用公式计算:

$$NPV_甲 = t \times PVIF_{i,t} - C$$

$$= 2600 \times PVIFA_{10\%,5} - 10000 = 2600 \times 3.79 - 10000 = -146(元)$$

乙方案的 NCF 不相等，列表计算如下：

表 5 - 3

年度	各年的 NCF(1)	现值系数(2)	现值(3) = (1) × (2)
1	3800	0.909	3454.2
2	3560	0.826	2940.56
3	3320	0.751	2493.32
4	3080	0.683	2103.64
5	7840	0.621	4868.64
未来报酬的总现值			15860.36
减：初始投资额			15000
净现值(NPV)			860.36

甲方案净现值 -146 元，说明方案的投资报酬率小于 10%，方案不可行。乙方案净现值 860.36 元，说明方案的投资报酬率大于 10%，方案可行。乙方案优于甲方案。

(二) 对净现值的评价

1. 决策标准

在独立备选方案的采纳与否决策中，净现值为正者则采纳；净现值为负者则不采纳。在有多个备选方案的互斥选择中，应采用净现值是正值中的最大者。

2. 优缺点

优点：考虑了资金的时间价值，能够反映各种投资方案的净收益，能灵活的考虑投资风险，因而是一种较好的方法。缺点：不能揭示各个投资方案本身可能达到的实际报酬率是多少；对投资额不同或寿命不同的项目难以进行优先排序。

三、年金净流量(Annual NCF, ANCF)

项目期间内全部现金净流量总额的总现值或总终值折算为等额年金的平均现金净流量，称为年金净流量。

年金净流量 = 现金净流量总现值/年金现值系数

= 现金净流量总终值/年金终值系数

年金净流量法是净现值法的辅助方法，适用于期限不同的投资方案决策。在两个以上寿命期不同的投资方案比较时，年金净流量越大，方案越好。但是它也有与净现值法一样的缺点，即不便于对原始投资额不同的独立投资方案进行决策。

【例 5 - 3】大卫公司要在两个投资项目中选取一个。半自动化的 A 项目需要 160 000 元的初始投资，每年产生 80 000 元的现金净流量，项目的使用寿命为 3 年，3 年后必须更新且无残值;全自动化的 B 项目需要初始投资 160 000 元,使用寿命为 6 年,每年产生 64 000 元的净现金流量,6 年后必须更新且无残值。企业的资本成本为 16%,那么,大卫公司该选用哪个项目呢?

两个项目的净现值计算如下:

$NPV_A = 80\ 000 \times PVIFA_{16\%,3} - 160\ 000$

$= 19\ 600(元)$

$NPV_B = 64\ 000 \times PVIFA_{16\%,6} - 160\ 000$

$= 75\ 776(元)$

计算结果表明:全自动化的 B 项目优于半自动化的 A 项目,因为它能给企业提供更大的净现值。但是,这种分析是不完整的,因为没有考虑两个投资方案的使用年限是不同的。所以上述方法是错误的。为了使指标的评价更加合理,我们用年金净流量法再作一下比较:

$ANCF_A = 179\ 600/2.245 = 80\ 000(元)$

$ANCF_B = 235\ 776/3.684 = 64\ 000(元)$

年金净流量的计算结果表明:半自动化的 A 项目优于全自动化的 B 项目。

四、现值指数(Profitability Index,PI)

现值指数又称获利指数或利润指数,是投资项目投产后未来现金流量的总现值与初始投资额的现值之比。它实际上是将净现值中相减的关系变成相除的关系。

现值指数 PI = 未来现金净流量现值/原始投资额现值

在对独立备选方案的采纳与否决策中,获利指数大于 1,则采纳;获利指数小于 1,就拒绝。在有多个方案的互斥选择决策中,应采用获利指数超过 1 最多的投资项目。

优点:考虑了资金的时间价值;能够真实地反映投资项目的盈亏程度;获利指数是用相对数表示的,所以有利于在初始投资额不同的投资方案之间进行优先排序。使不同的投资规模的项目之间具有可比性。缺点:现值指数这一概念不易理解,而且不能反映项目本身的真实报酬率。

【例 5-4】根据【例 5-1】华运公司的资料,计算现值指数。

甲方案的现值指数 $PI = 9854/10000 = 0.99$

乙方案的现值指数 $PI = 15860.36/15000 = 1.06$

选乙方案。

五、内含报酬率(Internal Rate of Return,RR)

(一)基本原理

内含报酬率又称内部报酬率,反映的是项目本身真实的报酬率,是指对投资方案未来的每年现金净流量进行贴现,使所得的现值恰好与原始投资额现值相等,从而使投资项目的净现值等于零时的贴现率。

内含报酬率的基本原理是:在计算投资方案的净现值时,以预期投资报酬率作为贴现率进行计算,往往结果是大于零或小于零,这就说明投资方案实际的报酬率大于或小于预期的报酬率;而当净现值正好为零时,说明投资方案实际的报酬率等于预期的报酬率。根据这个原理,只要计算出使净现值等于零时的贴现率,就可以得到投资方案的实际报酬率。

根据公式:

$$NPV = \sum_{t=1}^{n} NCF \times PVIF_{IRR,t} - C$$

式中:令 $NPV = 0$,计算出的 IRR 就是内部报酬率。

$NCFt$ 表示第 t 年的现金净流量;n 表示项目使用年限;C 表示初始投资额。

根据投资方案现金流量的特点不同,内含报酬率的求解方法不同:

如果投资方案各年的现金流量相等,用查表的方法求解;如果投资方案各年的现金流量不同,则用测试法求解。其测试过程是:先设一个贴现率,计算其净现值,如果净现值为零,结束测试过程,所设的贴现率就是项目的内部报酬率;如果净现值为正,则提高贴现率再测试;如果净现值为负,则降低贴现率再测试;经过反复测试,直到找到两个净现值接近于零的贴现率,再用插值法计算其精确的内部报酬率。

在独立备选方案的采纳与否决策中,如果计算出的内部报酬率大于企业的资本成本或必要报酬率就采纳;反之,如果计算出的内部报酬率小于企业的资本成本或必要报酬率则拒绝。在有多个方案的互斥选择决策中,应采用内部报酬率超过资本成本或必要报酬率最多的投资项目。

【例5-5】根据前面所举例子的资料,计算内含报酬率。由于甲方案的每年 NCF 相等,因而,可用如下方法计算内含报酬率。

$$NPV_{甲} = \sum_{t=1}^{n} NCF \times PVIF_{i,t} - C = 2600 \times PVIFA_{IRR,5} - 10000 = 0 \quad PVIFA_{IRR,5} = \frac{10000}{2600} = 3.846$$

查年金现值系数表,第五期与3.846相邻近的年金现值系数在9%~10%,用插值法计算如下:

贴现率年金现值系数

$$\frac{IRR - 9\%}{10\% - 9\%} = \frac{3.890 - 3.846}{3.890 - 3.791}$$

甲方案的内含报酬率 $IRR = 9.44\%$

由于乙方案每年的 NCF 不相等,必须逐次测算。

测算过程详见表5-4:

表 5-4

年度	NCF_t	测试 10%		测试 11%		测试 12%	
		$PVIF_{10\%,t}$	现值	$PVIF_{11\%,t}$	现值	$PVIF_{12\%,t}$	现值
0	-15000	1.000	-15000	1.000	-15000	1.000	-15000
1	3800	0.909	3454	0.901	3424	0.893	3393
2	3560	0.826	2941	0.812	2891	0.797	2837
3	3320	0.751	2493	0.731	2427	0.712	2364
4	3080	0.683	2104	0.659	2030	0.636	1959
5	7840	0.621	4869	0.593	4649	0.567	4445
NPV			861		421		-2

经测试，乙项目的内部报酬率在 11%~12%，用插值法计算：

贴现率	NPV
11%	421
IRR	0
12%	-2

$IRR = 11.995\%$

乙项目内含报酬率 11.995% 大于甲项目内含报酬率 9.44%，乙项目优于甲项目。

（二）对内含报酬率法的评价

内含报酬率不仅具备净现值法的一些优点，如考虑了货币时间价值，以及项目的全部现金流量等，而且在计算内含报酬率时不必事先知道所要求的最小收益率，从而避免了在采用净现值法和现值指数法时要确定折现率这一既困难而又容易引起争议的难题。另外，内含报酬率是一个用百分数表示的相对指数，反映了投资项目的真实收益率，从经济意义上讲，类似于利率，而一般决策者对利率较为敏感，因此内含报酬率更容易使人产生强烈的直观感觉，很多决策者都非常重视这个指标。

内含报酬率的缺点主要是：

（1）内含报酬率中包含一个不现实的假设，即假定投资每期收回的款项都可以再投资，且再投资收到的利率与内含报酬率一致，而这一假定具有较大主观性，与实际情况并不相符。

（2）由于内含报酬率只是一个相对值，它不能说明投资收益总额。对于投资者而言，其目的是获得最大利润而非最大利润率，如果只用内含报酬率来评价投资项目，可能会使决策者更加关注投资额少、利润率高的项目，而不愿意进行较大规模的投资，结果会使企业的整体利益受损。

（3）计算过程比较复杂，特别是每年 NCF 不相等的投资项目，一般要经过多次测算才能求得。

(4) 如果一个投资项目的现金流量呈不规则变化时,一个项目可能有多个内含报酬率,从而使决策者难以作出判断。比如,矿山开采、森林采伐、石油开发等项目,在其寿命期内净现金流量不只一次改变符号,而是改变多次,如 -, +, +, -, +, +。这样,在内含报酬率的求解过程中会由于公式的数学特性而具有多个内含报酬率,这种情况下,很难选择哪一个内含报酬率作为评价对象。

六、投资回收期(Payback Period, PP)

投资回收期是指收回初始投资所需要的时间。该方法是从收回投资所需要的时间长短角度评价项目的经济可行性。

投资者希望投入的资本以越快的时间收回越好,收回时间越长,投资者所承担的风险也就越大。因而,投资回收期是投资者十分关心的问题,也是投资者评价方案优劣的标准之一。

(一) 静态回收期

静态回收期是没有考虑货币时间价值,直接用未来现金净流量累计到原始投资数额时所经历的时间作为回收期。

在计算固定资产投资项目的静态回收期时,根据其现金流量的特点,有以下两种计算方式:

1. 项目各年的净现金流量相等时

$$静态回收期 PP = \frac{初始投资额}{年现金净流量}$$

2. 项目各年的净现金流量不等时

静态回收期是累计现金净流量等于初始投资时所需要的时间。

【例 5 - 6】华运公司的有关资料如下表,分别计算甲、乙两个方案的回收期。

表 5 - 5

项目	第0年	第1年	第2年	第3年	第4年	第5年
甲方案						
固定资产投资	-10000					
营业现金流量		2600	2600	2600	2600	2600
净现金流量	-10000	2600	2600	2600	2600	2600
乙方案						
固定资产投资	-12000					
营运资金垫支	-3000					
营业现金流量		3800	3560	3320	3080	2840
固定资产残值						2000
营运资金回收						3000
净现金流量	-15000	3800	3560	3320	3080	7840

甲方案每年净现金流量相等,故:

甲方案静态回收期 $PP = \dfrac{10000}{2600} = 3.85(年)$

乙方案每年净现金流量不等,所以应先计算其各年累计现金净流量和尚未回收的投资额(见表5-6),然后再计算投资回收期

表5-6 乙方案回收期计算表

年份	现金净流量	累计净流量	净流量现值	累计现值
1	3800	3800	3583.4	3583.4
2	3560	7360	3164.84	6748.24
3	3320	10680	2785.48	9533.72
4	3080	13760	2439.36	11973.08
5	7840	21600	5856.48	17829.56

乙方案静态回收期 $PP = 4 + \dfrac{1240}{7840} = 4.16(年)$

(二) 动态回收期

动态回收期需要将未来现金净流量进行贴现,以未来现金净流量的现值等于原始投资额现值时所经历的时间为回收期。

1. 未来每年现金净流量相等时

未来每年现金净流量相等即构成年金,在这种年金形式下,假定经历几年所取得的未来现金净流量的年金现值系数为 $(P/A,i,n)$,则:

$(P/A,i,n)$ = 原始投资额现值 / 每年现金净流量

2. 未来每年现金净流量不相等时

在这种情况下,应把每年的现金净流量逐一贴现并汇总,根据累计现金流量现值来计算回收期。

【例5-7】前述【例5-6】中,假定资本成本率为6%,查表得知当 $i=6\%$ 时,第4年年金现值系数为3.465,第5年年金现值系数为4.212。由于甲方案的年金现值系数为3.846,相应的回收期运用插值法计算,得知甲方案的动态回收期为4.51年。

【例5-8】前述【例5-6】中,假定资本成本率为6%,从表5-6的累计现金净流量栏中得知:

乙方案的动态回收期 = 4 + (15000 - 11973.08)/5856.48 = 4.52 年

对相互独立的备选方案决策时:投资回收期 ≤ 期望投资回收期,可行;投资回收期 > 期望投资回收期,不可行。

对相互排斥的备选方案决策时:在满足投资回收期 ≤ 期望投资回收期的备选方案中,选择投资回收期最短的备选方案。

投资回收期法的优点在于概念容易理解,计算简单。

投资回收期法中的静态回收期的不足之处在于没有考虑资金的时间价值;静态回收期和动态回收期有一个共同的局限性在于,只考虑了未来现金净流量小于或等于原始投资额的部分,没有考虑超过原始投资额的部分。显然,回收期长的项目,其超过原始投资额的现金流量并不一定比回收期短的项目少。

第三节　项目投资决策评价指标的运用

一、固定资产更新决策

固定资产更新是对技术上或经济上不宜使用的旧资产,用新的资产进行替换,或用先进技术对原有的设备进行改造。固定资产更新决策面临的问题是继续使用旧资产还是更换新资产。随着科学技术的发展,固定资产的更新周期在大大缩短,当社会上出现技术性能更先进的新设备,原来旧的设备即使还能使用,但由于消耗大,维修费用高,也必须考虑是否提前更新的问题。因此,固定资产更新的决策成为长期投资决策中的重要内容。

【例5-9】大方公司考虑用一台新的、效率更高的设备来代替旧设备,以减少成本,增加收益。旧设备原购置成本为50000元,已使用5年,估计还可使用5年,已提折旧25000元,假定使用期满后无残值,如果现在销售可得价款10000元,使用该设备每年可获收入50000元,每年的付现成本为30000元。该公司现准备用一台新设备来代替原有的旧设备,新设备的购置成本为60000元,估计可使用5年,期满有残值10000元,使用新设备后,每年收入可达80000元,每年付现成本为40000元。假设该公司的资本成本为10%,所得税率为40%,新、旧设备均用直线折旧法计提折旧。试作出该公司是继续使用旧设备还是对其进行更新的决策(本题假设会计折旧政策与税法保持一致)。

在本例中,有两个固定资产备选方案:一个方案是继续使用旧设备,另一个方案是出售旧设备而购置新设备。为此,我们可以采用差量分析法来计算一个方案比另一个方案增减的现金流量,所有增减额均用"Δ"表示。

下面,我们从新设备的角度计算两个方案的差量现金流量。

1. 分别计算初始投资与折旧的现金流量的差量

新设备投资额 = 60000(元)

旧设备变现损失抵减的所得税 = (50000 - 25000 - 10000) × 40% = 6000(元)

新设备净投资额 = 60000 - 6000 = 54000(元)

Δ初始投资 = 54000 - 10000 = 44000(元)

Δ年折旧额 = 10000 - 5000 = 5000(元)

2. 利用来计算各年营业现金流量的差量

表 5-7

项目	使用旧设备	使用新设备	差额
销售收入(1)	50000	80000	30000
付现成本(2)	30000	40000	10000
折旧(3)	5000	10000	5000
税前净利(4)＝(1)-(2)-(3)	15000	30000	15000
所得税(5)＝(4)×40%	6000	12000	6000
税后净利(6)＝(4)-(5)	9000	18000	9000
营业现金流量(7)＝(6)+(3)	14000	28000	14000

3. 利用来计算两个方案现金流量的差量

表 5-8

项目	第0年	第1年	第2年	第3年	第4年	第5年
Δ初始NCF	-44000					
Δ营业NCF		14000	14000	14000	14000	14000
Δ终结NCF						10000
Δ各年NCF	-44000	14000	14000	14000	14000	24000

4. 计算差量净现值

$\Delta NPV = 14000 \times PVIFA_{10\%,4} + 24000 \times PVIF_{10\%,5} - 44000$

$= 14000 \times 3.170 + 24000 \times 0.621 - 44000$

$= 15284(元)$

设备更新后,可以多获取净现值15284元,故应进行更新。当然也可以分别计算两个方案的净现值,然后依据净现值法则选择净现值最大的备选方案,其结果是一样的。

二、独立投资方案的决策

独立投资方案的决策在于如何确定各种可行方案的投资顺序,即各种方案的优先次序。排序分析时,以各独立方案的获利程度作为评价标准,一般采用内含报酬率法进行比较决策。

【例5-10】某企业有足够的资金准备投资于三个独立投资项目。具体资料如表5-9所示。问:如何安排投资顺序?

表 5-9

项目	A 项目	B 项目	C 项目
原始投资额	(10 000)	(18 000)	(18 000)
每年 NCF	4 000	6 500	5 000
期限	5 年	5 年	8 年
净现值(NPV)	5 164	6 642	8 675
现值指数(PI)	1.52	1.37	1.48
内含报酬率(IRR)	28.68%	23.61%	22.28%
年金净流量(ANCF)	1 362	1 752	1 626

解析:1. A 项目与 B 项目比较

两项目原始投资额不同但期限相同,尽管 B 项目的净现值大于 A 项目的净现值,但 B 项目的投资额大,获利程度低。因此,应以内含报酬率和现值指数作为评价标准,优先安排 A 项目。

2. B 项目与 C 项目比较

两项目期限不同但原始投资额相同,尽管 C 项目的净现值和现值指数大于 B 项目,但它需要 8 年时间获得。B 项目 5 年项目结束后,所收回的投资可以继续再投资获利。因此,应以内含报酬率和年金净流量作为评价标准,优先安排 B 项目。

3. A 项目与 C 项目比较

两项目原始投资额和期限都不同,A 项目内含报酬率较高,但净现值和年金净流量都较低,C 项目净现值高,但期限长;C 项目年金净流量较高,但它是依靠较大的投资取得的。因此,从获利程度来看,A 项目是优先方案。

综上所述,在独立投资方案的比较决策时,内含报酬率指标综合反映了各方案的获利程度,在各种情况下的决策结论都是正确的。在本例中,投资顺序应该是 A、B、C。

三、互斥投资方案的决策

互斥投资方案选择决策要解决的问题应该是淘汰哪个方案,即选择最优方案。从选定经济效益最大的要求出发,互斥方案以方案的获利数额作为评价标准。因此,一般采用净现值法和年金净流量法进行择优决策。但由于净现值指标受投资项目寿命期的影响,因而年金净流量法是互斥投资方案决策最恰当的方法。

【例 5-11】假设三个项目是互斥投资方案,具体资料如表 5-9 所示。问:如何进行投资决策?

解析:

1. 项目的寿命期相等时

A 项目与 B 项目比较,两项目原始投资额不等,但期限相同。尽管 A 项目的内含报酬率和现值指数都高于 B 项目，但互斥方案应考虑获利数额，因此净现值高的 B 项目是最优方案。由于两项目的寿命期是相同的，所以年金净流量指标的决策结论与净现值指标的决策结论一致。

在互斥方案的选优决策中，在项目的寿命期相等时，不论方案的原始投资额大小如何，能够获得更大的获利数额即为最优方案。所以，在互斥方案决策中，原始投资额的大小并不影响决策的结论。

2. 项目的寿命期不等时

B 项目与 C 项目比较，寿命期不等。尽管 C 项目净现值较大，但它是 8 年内取得的。按每年平均的获利数额来看，B 项目的年金净流量 1752 元高于 C 项目的 1626 元，如果 B 项目 5 年寿命期届满后，所收回的投资重新投入原有方案，达到与 C 项目同样的投资年限，取得的经济效益也高于 C 项目。

在两个寿命期不等的互斥方案项目比较时，需要将两项目转化成同样的投资期限，才具有可比性。针对各项目寿命期不等的情况，可以找出各项目寿命期的最小公倍数，作为共同的有效寿命期。

【例 5-12】大卫公司要在两个投资项目中选取一个。半自动化的 A 项目需要 160 000 元的初始投资，每年产生 80 000 元的净现金流量，项目的使用寿命为 3 年，3 年后必须更新且无残值；全自动化的 B 项目需要初始投资 210 000 元，使用寿命为 6 年，每年产生 64 000 元的净现金流量，6 年后必须更新且无残值。企业的资本成本为 16%。

上述两个项目的最小公倍寿命为 6 年。由于 B 项目的净现值原来就是按 6 年计算的，所以无须重新调整，对于 A 项目，必须计算一个新的。假设项目要在第 0 年和第 3 年进行相同投资，具体现金流量见表 5-10。

$NPV_B = 64\,000 \times PVIFA_{16\%,6} - 210\,000$

$= 64\,000 \times 3.685 - 210\,000 = 25840(元)$

表 5-10　A 项目的现金流量表

项目	第 0 年	第 1 年	第 2 年	第 3 年	第 4 年	第 5 年	第 6 年
第 0~3 年的现金流量	-160000	80000	80000	80000			
第 3~6 年的现金流量				-160000	80000	80000	80000
合并后的现金流量	-160000	80000	80000	-80000	80000	80000	80000

则 A 项目的净现值

$NPV_A = 第 0~3 年的净现值 + 第 3~6 年的净现值 \times PVIF_{16\%,3}$

$= (80\,000 \times PVIFA_{16\%,3} - 160\,000) + (80\,000 \times PVIFA_{16\%,3} - 160\,000) \times PVIF_{16\%,3}$

$= 32\,288(元)$

据此可知应选择 A 项目。

综上所述，互斥方案的选优决策中，年金净流量全面反映了各方案的获利数额，是最佳决策指标。净现值指标在寿命期不同时，需按各方案的最小公倍期限调整计算，在其余情况下的决策结论是正确的。

【本章小结】

本章主要介绍了项目投资管理的基本理论、项目决策分析方法及运用，主要包括：

项目投资的基本理论包括企业投资的意义、特点、分类和投资原则。

项目投资管理的决策指标主要有净现值法、内含报酬率法、年金净流量法、获利指数法和投资回收期法。

项目投资管理的运用介绍了固定资产更新决策、独立投资方案决策和互斥投资方案决策。

【学习思考】

1. 项目投资管理的特点是什么？
2. 简述净现值法的基本原理？
3. 简述内含报酬率法的基本原理？
4. 独立投资方案的决策要点是什么？
5. 互斥投资方案的决策要点是什么？

第六章 证券投资

【本章提要】

本章主要介绍证券投资的相关理论知识和方法,包括证券投资的特点、证券投资的目的、证券投资的程序、证券投资分析、证券的投资风险、债券投资、股票投资、基金投资等。通过本章的学习,能够初步掌握证券投资的理论和方法。

【学习目标】

- 应该掌握债券、股票的估价及收益率的计算
- 了解债券投资、股票投资、基金投资的概念、种类和程序
- 理解债券投资、股票投资、基金投资的优缺点

第一节 证券投资概述

一、证券投资的特点

证券是商品经济和社会化大生产发展的产物。从一般意义上说,证券是多种经济权益凭证的统称,是证明证券持有人有权依其所持有证券记载的内容而取得相应的利益。

证券具有以下基本特征:

1. 证券是财产性权利凭证

证券彰显的是具有财产价值的权利凭证。在现代社会,人们已经不满足于对财富形态的直接占有、使用、收益和处分,而是更重视对财富的终极支配和控制,证券这一新型财产形态应运而生。持有证券意味着持有人对该证券所代表的财产拥有控制权,但该控制权不是直接控制权,而是间接控制权。

例如,股东持有某公司的股票,则该股东依其所持股票数额占该公司发行的股票总额的比例而相应地享有对公司财产的控制权,但该股东不能主张对某一特定的公司财产直接享有占有、使用、收益和处分的权利,只能依比例享有所有者的资产收益、重大决策和选择管理者

等权利。从这个意义上讲,证券是借助于市场经济和社会信用的发达而进行资本聚集的产物,证券权利展现出财产权的性质。

2. 证券是流通性权利凭证

证券的活力就在于证券的流通性。传统的民事权利始终面临转让上的诸多障碍,就民事财产权利而言,由于并不涉及人格及身份,其转让在性质上并无不可,但其转让是个复杂的民事行为。

比如由于"债权权相对性"的民事规则,债权作为财产的表现形式是可转让的,但债权人转让债权须通知债务人,这种涉及三方利益的转让行为受制于法律规范的调整,并不方便快捷。但一旦民事权利证券化,财产权利分成品质相同的若干相等份额,造就出一种"规格一律的商品",那么这种财产转让不再局限于转让方和受让方之间按照协议转让,而是在更广的范围内,以更高的频率进行转让,甚至通过公开市场进行交易,从而形成了高度发达的财产转让制度。证券可多次转让构成了流通,通过变现为货币还可实现其规避风险的功能。证券的流通性是证券制度顺利发展的基础。

3. 证券是收益性权利凭证

证券持有人的最终目的是获得收益,这是证券持有人投资证券的直接动因。一方面,证券本身是一种财产性权利,反映了特定的财产权,证券持有人可通过行使该项财产权而获得收益,如取得股息收入(股票)或者取得利息收入(债券);另一方面,证券持有人可以通过转让证券获得收益,如二级市场上的低价买入、高价卖出,证券持有人可通过差价而获得收益,尤其是投机收益。

4. 证券是风险性权利凭证

证券的风险性,表现为由于证券市场的变化或发行人的原因,使投资者不能获得预期收入,甚至发生损失的可能性。证券投资的风险和收益是相联系的。在实际的市场中,任何证券投资活动都存在着风险,完全回避风险的投资是不存在的。

二、证券投资的目的

证券投资是指投资者(法人或自然人)将资金用于购买股票、债券、基金等有价证券以及这些有价证券的衍生品以获取红利、利息及资本利得的投资行为和投资过程。

与项目投资相比,证券投资具有流动性强、价格不稳定、交易成本低等特点。如果运用得当,可以起到扩大投资范围、分散投资风险、促进企业稳定发展的作用。但是,证券投资同时又是一种专业性很强、风险很高的投资活动,如果运用不当,也会给企业带来巨大的损失。企业进行证券投资,最重要的是要明确投资的目的,以正确的投资目的指导自己的投资行为。一般来讲,常见的企业证券投资的目的有以下几种:

1. 为保证未来的资金支付进行证券投资

为保证企业生产经营活动中未来的资金需要(如为了保证某些不可展期的债务的按时偿

还),企业可以事先将一部分资金投资于债券等收益稳定的证券,只要经过适当的投资组合,这种证券投资可以保证投资者在未来某一时期或某一期间内得到稳定的现金收入或到时出售证券,从而保证了届时企业的资金支付。

2. 进行多样化投资,分散投资风险

为减少投资风险,企业需要进行多样化投资。在某些情况下,直接进行实业方面的多样化投资有一定的困难,而利用证券市场,则可以较方便地达到投资于其他行业,使投资对象多样化的目的。

3. 为影响或控制某一企业而进行证券投资

企业为了扩大自己的经营范围、市场份额或影响力,需要控制某些特定的其他企业。如果企业的控制目标是上市公司,就可以通过在证券市场上购入目标公司的股票来达到自己的目的。例如,一家钢铁企业欲控制一家铁矿石公司以便获得稳定的原材料供给,此时便可以动用一部分资金来购买这家铁矿石公司的股票,直到其所拥有的股权能够控制这家铁矿石公司为止。

4. 暂时存放闲置资金,为盈利而进行证券投资

有时,企业会有一些资金处于闲置状态,为了充分利用这些资金,降低机会成本,企业也可以将其投资于证券市场,争取获得较高的收益。

5. 满足季节性生产对现金的需求

从事季节性生产的企业在生产期间的某些时间段有剩余现金,而在另外几个月份会出现现金短缺,这些企业通常在现金有剩余时购入证券,而在现金短缺时出售证券。

总体而言,证券投资在各项投资活动中是处于从属地位的,是为企业的整体经营目标服务的。

三、证券投资程序

企业进行证券投资,一般要经过以下 4 个步骤,如图 6.1 所示。

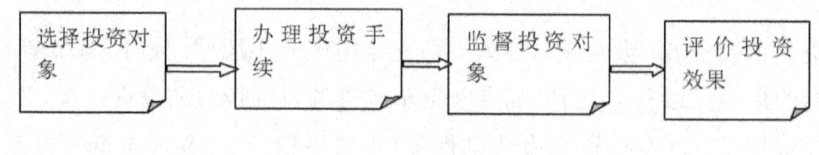

图 6-1　证券投资的步骤

1. 选择证券投资对象

企业进行证券投资行为,首先要进行的工作就是选择合适的证券投资对象,这是证券投资最关键的一步。在证券市场上,证券价格的变动是决定投资者利益的决定性因素。这就要求证券投资者对影响证券价格变动的短期与长期因素进行深入分析,发现那些价格偏离价值的

证券,并选择证券投资的时机。一旦确定了投资时机,投资者就要对投资对象及其组合进行具体分析并做出风险与收益的衡量,以便保持投资者可以承受的风险与收益权衡关系,以做出证券买卖的决策。

企业在选择证券投资对象时应该遵循以下原则:安全性原则、流动性原则和收益性原则。例如,短期投资应该重视投资的安全性和流动性原则,以便能够随时变现,安全地收回投资资金,因此,短期投资应该选择信用等级高、流动性强的债券进行投资;长期投资则应该重视投资的安全性和收益性,以期能够在较长的时期内获得足够多的投资回报,因此,长期投资大多为股票投资,以期得到更高的收益。

2. 办理投资手续

(1) 开户与委托

投资者在进行证券买卖之前,需委托证券经纪人代理证券买卖事项,首先到证券登记公司开立证券账户和资金账户。证券账户相当于投资者的证券存折,用于记录投资者所持有的证券种类和数量。符合法律规定的任何自然人和法人持有效证件,到证券登记机构填写证券账户申请表,经审核后就可领取证券账户卡。资金账户是投资者在证券商处开设的资金专用账户,用于存放投资人买入股票所需资金和卖出股票所得的价款。已开设证券账户的投资者可以持证券账户、银行存折和身份证到选定的券商处开设资金账户。

投资者在开户并选择好投资对象后,就可以选择合适证券经纪人,委托其买卖证券。办理委托也称之为下单,即委托人填写委托单,由证券公司的营业人员将委托单的内容传递到委托人进行交易的证券交易所中的驻场交易员手中,并由其按照客户的指令进行证券买卖。委托买卖证券的下单方式可以有不同,具体有:① 书面下单,即客户亲自填写交易单,填好后签字交由期货经纪公司交易部,再由期货经纪公司交易部通过电话报单至该期货经纪公司在期货交易所场内的出市代表,由出市代表输入指令进行交易所主机撮合成交。② 电话下单,即客户通过电话直接将指令下达到期货公司交易部,再由交易部通知出市代表下单。期货经纪公司需将客户指令录音,以备查证。事后,客户应在交易单上补签姓名。③ 网络下单,即客户通过期货经纪公司提供的交易软件进行下单,将交易指令下达至期货经纪公司服务器,在期货经纪公司核对客户账户、密码无误后将交易指令发送至期货交易所交易系统。

投资者委托证券经纪人进行证券买卖,应当明确告知经纪人代其买卖证券的种类、买卖价格和数量。

(2) 交割与清算

投资者在委托证券经纪人买卖证券之后,就要及时办理证券交割。证券交割是指结算过程中,投资者与证券商之间的资金结算,具体指买入证券方交付价款领取证券,卖出证券方交出证券收取价款的收交活动。

证券交易一般有下列交割方式:① 当日交割,指买卖双方以成交后的当日就办理完交割事宜。适用于买方急需股票或卖方急需现款的情况。上海证券交易所目前采用此种方式。② 次日交割,指成交后的下一个营业日正午前办理完成交割事宜,如逢法定假日,则顺延一天。③第二日交割,即自成交的次日起算,在第二个营业日正午前办理完成交割事宜。如逢休假日,则顺延一天。这种交割方式很少被采用。④例行交割,即自成交日起算,在第五个营业日内办完交割事宜。这是标准的交割方式。一般地,如果买卖双方在成交时未说明交割方式,即一律视为例行交割方式。⑤例行递延交割,指买卖双方约定在例行交割后选择某日作为交割时间的交割。买方约定在次日付款,卖方在次日将股票交给买方。⑥卖方选择交割,指卖方有权决定交割日期。其期限从成交后5天至60天不等,买卖双方必须订立书面契约。凡按同一价格买入"卖方选择交割"时,期限最长者应具有优先选择权。凡按同一价格卖出"卖方选择交割"时,期限量最短者应具有优先成交权。我国目前仍未采用此种交割方式。

投资者在证券交割过程中不是逐笔进行的,一般均进行清算制度。证券清算业务主要是指在每一营业日中每个证券经营机构成交的证券数量与价款分别予以轧抵,对证券和资金的应收或应付净额进行计算的处理过程。即将投资者证券买卖的数量、金额相互抵消,然后就其抵消后的净额进行交割。实施清算制度,可以减少实际交割的证券数量,以节省人力物力。

证券清算与证券交割的联系与区别:①清算与交割的联系:从时间发生及运作的次序来看,先清算后交割,清算是交割的基础和保证,交割是清算的后续与完成。从内容上看,清算与交割都分为证券与价款两项。从处理方式来看,证券经营机构都是以交易所或清算机构(如结算公司)办理清算与交割,即结算公司作为所有买方的卖方和所有卖方的买方,与之进行清算交割。②清算与交割的区别:两者最根本的区别在于清算是对应收应付证券及价款的轧抵计算,其结果是确定应收应付净额,而并不发生财产实际转移;交割是对应收应付净额(包括证券与价款)的交收,发生财产实际转移(虽然有时不是实物形式)。从处理单位来看,清算一般以同一清算期内证券经营机构的每一个交易席位作为一个清算单位,即每个营业日对证券经营机构的每一个交易席位作一次清算;如果该证券经营机构拥有多个席位,则由证券经营机构再将相应席位清算数据汇总后同结算公司集中办理交割事宜。

(3)过户

当经纪人接到投资者的买卖委托之后,会立即通知派驻交易所大厅的交易员,进行申报竞价交易。一旦成交,经纪人就会通知投资者。投资者要在规定期限内办理证券及价款的交割手续,从而完成证券投资过程。办理过户的目的是为了保障投资人的权益,只有及时办理过户手续,投资者才能成为新股东,享有应有的权利。只有在过户以后,证券交易的整个过程才算是最终结束。

3. 监督投资对象

企业选择合适的投资对象并实施证券投资之后,应该对投资对象的运行状况进行监督和控制,以便及时发现问题和解决问题。当发现投资对象的生产经营出现问题时,企业可以以股东的身份积极参与被投资企业的经营决策,帮助企业走出困境;或者采取抛售证券的方式,收回投资。

4. 评价投资对象

投资完成以后，需要对投资情况和投资结果进行客观的评价，及时反馈信息，发现问题，及时弥补。对投资对象的评价主要从流动性、安全性和收益性等方面展开，对比预期效果与实际效果，以便总结经验，为今后进行投资提供依据。

四、证券投资分析

证券投资分析是通过各种专业性的分析方法和分析手段对来自各个渠道的、能够对证券价格产生影响的各种信息进行综合分析，并判断其对证券价格发生作用的方向和力度。证券投资分析作为证券投资过程中必不可少的一个组成部分，是进行证券投资决策的依据，在证券投资过程中占有相当重要的地位。

证券投资分析有三个基本要素：信息、步骤和方法，其中证券投资分析的方法直接决定了证券投资分析的质量。目前，进行证券投资分析所采用的分析方法主要有两大类：基本分析与技术分析。

基本分析是指通过对各公司的经营管理状况、行业的动态及一般经济情况的分析，来研究证券的价值，即解决"应该购买何种证券"的问题。据此，基本分析试图预测这些现金流量的时间和数量，再利用适当的折现率把它们折算成现值。具体来说，不仅需要预测折现率，而且还必须预测这种证券未来的收益（股息、利息）流量（对于股票投资来说，这相当于预测企业的每股平均收益和派息率）。如果预测的证券真实价值低于其当前的市场价格，则该证券的价格被高估；反之，则该证券的价格被低估。真实价值和市场价值差异部分地影响着投资者对证券价格偏离的判断。基本分析人士相信，任何较大的价格偏差都会被市场纠正，即被低估的证券价格会有较大幅度的上升，被高估的证券价格会有较大幅度的下跌。基本分析主要适用于周期相对比较长的证券价格预测、相对成熟的证券市场以及预测精度要求不高的领域。

技术分析是指以证券的市场价格、成交量、价和量的变化以及完成这些变化所经历的时间等市场行为作为证券投资分析与投资决策的基础。通过预测证券价格涨跌的趋势，解决"何时买卖证券"的问题。技术分析偏重证券价格的分析，并认为证券价格是由供需关系决定的。不过，技术分析并不研究影响供需状况的各种因素，而只是就供需状况、证券市场行情上的变化加以分析。从理论上讲，技术分析既可以用于长期的行情预测，也可以用于短期的行情预测。就我国国内现实市场条件来说，技术分析更适用于短期的行情预测，要进行周期较长的分析必须结合其他的分析方法。这是应用技术分析最应该注意的问题。技术分析所得到的结论仅仅具有一种建议的性质，并且是以概率的形式出现的。

五、证券的投资风险

证券投资风险是指投资者在证券投资过程中遭受损失或达不到预期收益率的可能性。一般来说，投资者进入市场，可能会遇到以下几类风险：

1. 系统性风险

股市是"国民经济的晴雨表"。宏观经济形势的好坏，财政政策和货币政策的调整，政局的变化，汇率的波动，资金供求关系的变动等，都会引起股票市场的波动。对于证券投资者来说，这种风险是无法消除的，投资者无法通过多样化的投资组合进行证券保值。这就是系统性风险的原因所在。系统性风险的来源主要由政治、经济及社会环境等宏观因素造成。其构成主要包括以下四类：

（1）政策风险

政府的经济政策和管理措施可能会造成证券收益的损失，这在新兴股市表现得尤为突出。经济政策的变化，可以影响到公司利润、债券收益的变化；证券交易政策的变化，可以直接影响到证券的价格。而一些看似无关的政策变化，比如对于私人购房的政策，也可能影响证券市场的资金供求关系。因此，每一项经济政策、法规出台或调整，对证券市场都会有一定的影响，有的甚至会产生很大的影响，从而引起市场整体的较大波动。

（2）利率风险

不同的金融工具，存在着不同的风险和收益。即使是像国债这样几乎没有信用风险的债券，也不是什么投资风险也没有。假如，十年前你购买了一种面值1000元，年息10%利率的债券，到现在，如果其他债券都支付12%的年利息，你就不可能再以1000元的面值将这种债券卖给别人。你的售价肯定会低于面值，使得其实际收益率达到12%的水平。这种由于未来利率变化的不确定性，而导致债券贬值的风险，便是债券的利率风险。

在证券交易市场上，证券的交易价格是按市场价格进行，而不是按其票面价值进行交易的。市场价格的变化也随时受市场利率水平的影响。一般来说，市场利率提高时，证券市场价格就会下降，而市场利率下调时，证券市场价格就会上升，这种反向变动的趋势在债券市场上尤为突出。

（3）购买力风险

在现实生活中，每个人都会遇到这样的问题，由于物价的上涨，同样金额的资金，未必能买到过去同样的商品。这种物价的变化导致了资金实际购买力的不确定性，称为购买力风险，或通货膨胀风险。

同样在证券市场上，由于投资证券的回报是以货币的形式来支付的，在通货膨胀时期，货币的购买力下降，也就是投资的实际收益下降，将给投资者带来损失的可能。

（4）市场风险

市场风险是证券投资活动中最普遍、最常见的风险，是由证券价格的涨落直接引起的。尤其在新兴市场上，造成股市波动的因素更为复杂，价格波动大，市场风险也大。因此，盲目的股票买卖是要不得的。

2. 非系统性风险

单只股票价格同上市公司的经营业绩和重大事件密切相关。公司的经营管理、财务状况、市场销售、重大投资等因素的变化都会影响公司的股价走势。这种风险主要影响某一种证券，与市场的其他证券没有直接联系，投资者可以通过分散投资的方法，来抵消该种风险。这就是非系统性风险。非系统性风险因此也可称为可分散风险，主要包括以下四类：

(1) 经营风险

经营风险主要指公司经营不景气甚至失败、倒闭而给投资者带来损失。公司经营、生产和投资活动的变化导致公司盈利的变动，从而造成投资者收益本金的减少或损失。例如，经济周期或商业营业周期的变化对公司收益的影响，竞争对手的变化对公司经营的影响，公司自身的管理和决策水平等都可能会导致经营风险。

影响公司经营业绩的因素很多，投资者在分析公司的经营风险时，既要把握宏观经济大环境的影响，又要把握不同行业、不同所有制类型、不同经营规模、不同管理风格、不同产品特点等对公司经营业绩的影响。

(2) 财务风险

财务风险是指公司因筹措资金而产生的风险，即公司可能丧失偿债能力的风险。公司财务结构的不合理，往往会给公司造成财务风险。公司的财务风险主要表现为：无力偿还到期的债务，利率变动风险（即公司在负债期间，由于通货膨胀等的影响，贷款利率发生增长变化，利率的增长必然增加公司的资金成本，从而抵减了预期收益），再筹资风险（即由于公司的负债经营导致公司负债比率的加大，相应降低了公司对债权人的债权保证程度，从而限制了公司从其他渠道增加负债筹资的能力）。

形成财务风险的因素主要有资本负债比率、资产与负债的期限、债务结构等因素。一般来说，公司的资本负债比率越高，债务结构越不合理，其财务风险越大。投资者在投资时应特别注重公司财务风险的分析。

(3) 信用风险

信用风险也称违约风险，指不能按时向证券持有人支付本息而使投资者造成损失的可能性。主要针对债券投资品种，对于股票只有在公司破产的情况下才会出现。造成违约风险的直接原因是公司财务状况不好，最严重的是公司破产。因此不管对于债券还是股票的投资，投资者必须对发行债券的信用等级和发行股票的上市公司进行详细的了解。"知彼知己，方能百战不殆"。

(4) 道德风险

道德风险主要指上市公司管理者的道德风险。上市公司的股东和管理者是一种委托代理关系。由于管理者和股东追求的目标不同，尤其在双方信息不对称的情况下，管理者的行为可能会造成对股东利益的损害。

3. 交易过程风险

如果说，上述两类风险使投资者每天都要面对股价的涨跌变化，那么，股票投资运作的复杂性则使投资者面临另一种风险，即投资者由于自己不慎或券商失责而遭致股票被盗卖、资金被冒提、保证金被挪用等风险。

对于前两类风险,投资者应多学习证券市场投资知识、多了解、分析和研究宏观经济形势及上市公司经营状况,增强风险防范意识,掌握风险防范技巧,提高抵御风险的能力。针对第三类风险,企业应该学会自我保护,尽可能地降低交易过程风险。

第二节 债券投资

一、债券的定义和特征

债券是发行人(政府、金融机构、工商企业等)按照法定程序发行,并约定在一定期限内还本付息的有价证券。具体包括以下几个方面的含义:发行人是借入资金的经济主体;投资者是出借资金的经济主体;发行人需要在一定时期还本付息;反映了投资者和发行者之间的债权债务关系,而且是这一关系的法律凭证。债券投资决策实质上是通过债券投资到期收益率和目标投资收益比率的比较,或者通过债券内在价值和市场价格之间的权衡确定债券的投资价值,最终决定债券投资的可行性。债券的基本性质如表6-1所示。

表6-1 债券的基本性质

性质	内容
属于有价证券	首先,债券反映和代表了一定的价值;其次,债券与其他代表的权利联系在一起,拥有债券就拥有的债券所代表的权利,转让债券也就将债券代表的权利一并转移。
是一种虚拟的资本	债券尽管有面值,代表了一定的财产价值,但它也只是一种虚拟资本,而非真实资本。债券的流动并不意味着它所代表的实际资本也同样流动,债券独立于实际资本之外。
是债权的表现	债券代表投资者的权利,这种权利不是直接支配财产权,也不以资产所有权表现,而是一种债权。

债券具有以下特征:

(1)偿还性。债券有规定的偿还期限,债务人必须按期向债权人支付利息和偿还本金,债务人不能无限期占用债券购买者的资金,有规定的偿还期限。

(2)安全性。债券购买者的收益相对固定,不随发行者经营收益的变动而变动,可按期收回本金;与股票相比,债券的投资风险较小。债券不能收回投资的风险有两种情况:债务人不履行债务,即债务人不能按时足额按照预定的利息支付或偿还本金。一般政府债券不履行债务的风险最低。流通市场风险,即债券在市场上转让时因价格下跌而承受损失。许多因素会影响债券的转让价格,其中较重要的是市场利率水平。

(3) 收益性。收益性表现在债券能为投资人带来一定的收入。这种收入主要表现为:利息收入,即债券投资的报酬;资本损益,即通过债券市场投资人可能获得超过购入时债券价格的价差收入;再投资收益,即投资债券所获得的现金流量再投资的利息收入,受市场收益率变化的影响。

(4) 流动性。债券持有人可以按自己的需要和市场的实际状况,转让债券收回本息。流动性取决于市场转让所提供的便利程度和债券在迅速转变为货币时,是否在以货币计算的价值上蒙受损失。市场对转让所提供的条件越便利,债券流动性越强。

二、债券的分类

债券的种类很多,各种不同种类的债券共同构成了一个完整的债券体系。按照不同的标准,债券可以分为以下类型:

(一) 根据发行主体的不同,债券可分为政府债券、金融债券和公司债券

(1) 政府债券。政府债券是由政府作为主体发行的,其主要目的是解决由政府投资的公共设施或重点建设项目的资金需要和弥补国家财政赤字。中央政府发行的债券可以称为国债。自1949年新中国成立以后,我国国债发行基本上分为两个阶段:二十世纪五十年代是第一阶段,八十年代以来是第二阶段。五十年代我国发行过人民币折实公债和国家经济建设公债;进入八十年代以后,改革开放不断深入,我国国民收入分配格局发生很大变化,政府财政收入占国民收入的比重不断下降,为了缓解国家投资的资金缺口和弥补国家财政赤字,我国发行国债的力度加强,品种也更多,方式也更灵活。主要品种有国库券、国家重点建设债券、财政债券、特种债券、保值债券、基本建设债券等。政府债券由政府作为发行主体,具有安全性高、流通性强、收益稳定,并享受利息收入免税等特征,是一种风险很小,可近似认为一种无风险的投资方式。

(2) 金融债券。金融债券的发行主体是银行或非银行金融机构。金融机构一般有雄厚的资金实力,信用度较高,因此金融债券往往也具有良好的信誉。对于金融机构而言,吸收存款和发行债券都是它资金的来源,都构成它的负债。但存款主动性在存款户,金融机构只能通过提供优质服务吸引存款,而不能完全控制存款。发行债券是金融机构的主动负债,金融机构有较大主动性和灵活性,但发行金融债券筹集的资金一般是专款专用,用于定向的特别贷款;而吸收的存款则无特定的用途,可用于一般性贷款。

(3) 公司债券。公司债券是公司依照法定程序发行,约定在一定期限还本付息的有价证券。由于公司的情况千差万别,有些经营有方、资金雄厚、信用好,有些经营无方甚至可能破产清算,因而公司债券比政府债券和金融债券的风险要大得多,投资者要求的回报率也大一

些。我国为了保护投资者的权益，制定了《企业债券管理条例》，规定企业进行有偿筹集资金活动，必须通过公开发行企业债券的形式进行。发行债券必须符合一定的条件，并通过审批，未经批准不得擅自发行和变相发行。另外，公司发行债券必须通过证券经营机构承销，不得自行销售。

（二）根据计息方式的差异，有单利债券、复利债券、贴现债券和累进利率债券

（1）单利债券。单利债券是指在计算利息时仅按本金计息，所生利息不再加入本金计算下期利息的债券。

（2）复利债券。复利债券是指计算利息时，按一定期限将所生利息加入本金，再计算利息的逐期滚动计算的债券。当名义利率相同时，复利债券比单利债券收益大。

（3）贴现债券。贴现债券是一种以折价方式发行的债券，是指在票面上不规定利率，发行时按某一折扣率，以低于票面金额的价格发行，到期按面额偿还本息的债券，其发行价格与票面金额之间的差额，构成了实际的利息。

（4）累进利率债券。累进利率债券是指以利率逐年累进方法计息的债券，随着时间的推移，后期的利率将比前期利率更高，呈累进状态，而且这种债券的期限往往也是浮动的，但应明确最短持有期和最长持有期。

（三）按照偿还期限的不同，债券可分为到期偿还债券、期中偿还债券和展期偿还债券

（1）到期偿还债券。到期偿还又叫满期偿还，是指按发行债券时规定的还本时间，在债券到期时一次全部偿还本金的偿债方式。由于这种方式计算简单，手续简便，大多数债券都是到期偿还债券。

（2）期中偿还债券。期中偿还债券是指在债券最终到期日之前，偿还部分或全部本金，这种债券事先要确定债券的宽限期和偿还率。债券的宽限期是指债券发行后不允许提前偿还、转换的时间，一般根据债券偿还期的长短来确定。偿还率是指每次偿还的债券金额占发行额的比例。如我国1981年发行的十年期国债，其个人购买的部分宽限期为5年，偿还率为20%。意思就是从发行后第六年开始分5年作5次偿还，每次偿还发行额的20%，这种国债即为期中偿还债券。

（3）展期偿还债券。展期偿还债券是指债券期满后又延长规定的还本付息日期的一种债券，又叫延期偿还债券。

此外按照利率是否固定可分为浮动利率债券和固定利率债券；按券面形态的差异，可分为实物债券、凭证式债券和记账式债券等；按照募集方式不同，可以分为公募债券、私募债券。

三、债券的票面要素

债券是债权的表现形式之一，一般都具有一定的票面要素：

（1）票面价值。票面价值是指债券票面标明的货币价值，它代表发行人借入并且承诺于

未来某一特定日期偿付给债券持有人的金额。在确定票面价值时包含两种含义：一是以何种货币表现，二是所记载的货币金额。

（2）偿还期限。偿还期限是指债券从发行之日起至偿清本息之日止的时间，各种债券偿还期限有所不同。一般认为期限在1年以内的债券为短期债券；期限在1年以上、10年以下的债券为中期债券；期限在10年以上的债券为长期债券。总的来说，期限越长，债券的流动性越差，所承受的通货膨胀风险越大，所要求的利息率较高。一般而言，长期债券利率会高于短期债券利率，但有时也会出现短期债券利率高于长期债券利率的情况。这种情况一般是由于市场利率呈下降趋势，购买短期债券的投资者在债券到期时找不到获得更高的投资机会，还不如当期投资于长期债券，因而人们都热衷寻求长期投资机会，从而导致短期利率高于长期利率。

（3）票面利率。也称名义利率，是一年内产生的债券利息占债券票面价值的比率。债券利率是债权人让渡资金使用权而取得的投资收益，利率越高债权人获利越丰厚，债务人筹资负担越重。票面利率不同于实际利率，实际利率通常是指按复利计算的一年期的利率。债券的计息方式有很多种，可能是单利或复利计算；可能半年计息一次，或一年计息一次，或到期一次计算利息，这都会使得票面利率与实际利率不等。

（4）债券发行者名称。债券一般都要求标明该债券的债务主体，也为债权人到期追索本金和利息提供依据。

四、债券的投资价值评价

债券价值是指进行债券投资时投资者预期可获得的现金流入的现值。债券的现金流入主要包括利息和到期收回的本金或出售时获得的现金两部分。当债券的购买价格低于债券价值时，才值得购买。投资人决定是否购买某种债券，必须对它进行投资价值评价，包括收益评价和风险评价。

（一）影响债券投资价值的因素

（1）偿还期限的长短。一般而言，债券的期限越长，其市场价格变动的可能性就越大。

（2）票面利率。债券的票面利率越低，债券价格的易变性也就越大，在市场利率提高时，票面利率较低的债券的价格下降较快，但在市场利率下降时，它们的升值潜力也较大。

（3）流通性。流通性反映债券的变现能力，流通性好的债券与流通性较差的债券相比，具有较高的内在价值。

（4）债券发行主体的信用。债券发行主体的信用不佳时，可能给投资者带来违约风险，因而信用越低的债券，投资者要求的收益率越高，债券的内在价值也就越低。

（5）税收待遇。一般而言，免税债券的到期收益率比类似的应纳税债券的到期收益率要低；另外，能延迟税收缴纳的债券比不能延迟纳税的债券具有更大的内在价值。

（6）无风险债券利率。无风险债券利率是一个影响债券价格的重要因素，又称为基础利率。政府债券因其风险最小可以看作现实中的无风险债券，金融债券的信用也很高，因此常常使用银行利率代替基础利率。

（7）市场利率。市场利率风险是所有债券都面临的风险，在市场利率总体下降时，债券的收益率水平下降，从而使债券的内在价值增加；而在市场利率总体上升时，债券的收益率水平随之上升，从而使债券的内在价值下降。

（8）其他因素。通货膨胀、外汇汇率变动以及债券是否具有其他附属条件，如可转换为普通股或附新股认股权等，都会影响债券的内在价值。

（二）债券价值计算

债券投资必然有一定量的现金流出和相应的现金流入，债券未来现金流入的现值就称为债券的价值或债券内在价值，只有当债券的价值大于债券购入价格即现金流出时，才值得购买。通过计算债券价值可以据此进行债券投资决策。

1. 一般情况下的债券估价模型

一般情况下的债券估价模型是指按照复利方式计算的，每年计算并支付一次利息，到期归还本金。按照这种模式，债券价值计算的基本模型是：

$$V = \frac{I_1}{(1+i)^1} + \frac{I_2}{(1+i)^2} + \cdots + \frac{I_n}{(1+i)^n} + \frac{M}{(1+i)^n}$$

$$= \sum_{t=1}^{n} \frac{I_t}{(1+i)^t} + \frac{M}{(1+i)^n}$$

式中：V 表示债券的内在价值；I_n 表示第 n 年的利息；M 表示到期的本金，即票面金额；i 表示贴现率，一般采用当时的市场利率或投资者要求的最低报酬率；n 表示债券到期前的年数。

在固定利率下，$I_1 = I_2 = \cdots = I_n$ 为年金形式，因此公式写成：

$$V = I \times PVIFA_{i,n} + M \times PVIF_{i,n}$$

【例 6-1】 2016 年 1 月 1 日某投资者拟购买一张面值为 10 000 元，票面利率为 9% 的公司债券，每年 1 月 1 日计算并支付一次利息，并于 5 年后的 12 月 31 日到期，当时市场利率为 10%，债券的市价为 9 400 元，请问是否应该购买？

$$V = 10000 \times 9\% \times PVIFA_{10\%,5} + 10000 \times PVIF_{10\%,5}$$

$$= 3411.72 + 6209 = 9620.72(元)$$

9 620.72 > 9 400，因而债券的内在价值大于债券价格，应该购买，可获得大于 10% 的收益率。

2. 一次还本付息且不计复利的债券估价模型

我国很多债券属于一次还本付息且不计复利的债券，其估价公式为：$V = \dfrac{M + M \times i \times n}{(1+i)^n}$

或 $V = (M + M \times i \times n) \times PVIF_{i,n}$

【例 6-2】 某企业拟购买一家公司发行的利随本清的公司债券，该债券面值为 1000 元，期限 5 年,票面利率 10%,不计复利,当前市场利率为 8%,该债券的发行价格为多少时,企业才能购买?

$$\frac{1000 + 1000 \times 10\% \times 5}{(1+8\%)^5}$$

可知:$V = 1020(元)$

即债券价格必须低于 1020 元时,才能购买。

3. 半年付息一次债券的估价

$$V = \sum_{t=1}^{n} \frac{I/2}{(1+i/2)^t} + \frac{M}{(1+i/2)^n}$$

相对典型债券而言,半年付息一次的债券同样是固定利率,但每半年计算并付息一次,到期偿还本金,因而估价公式有所变动

式中:$I/2$ 表示半年的利息;t 表示期数;n 表示到期年数乘以 2;i 表贴现率;M 表示债券面值;V 表示债券价值。

【例 6 - 3】某公司拟发行一种债券,票面利率为 10%,面值 1 000 元,每半年付息一次,5 年后到期偿还本金,该公司若想顺利发行此债券,当市场利率为 8% 时,债券价格最高限价为多少时,投资者才会有兴趣购买?

$$V = \sum_{t=1}^{10} \frac{1000 \times 8\%/2}{(1+8\%/2)^t} + \frac{1000}{(1+8\%/2)^{10}}$$

$$= 405.55 + 675.6 = 1081.15(元)$$

债券价格一旦超过 1081.15 元,投资者无法获得 8% 的收益率,就不会去购买该债券。要想顺利发行,价格必须小于或等于 1 081.15 元。

4. 零息债券的估价

零息债券就是前面讲到的贴现债券。债券无票面利息,无须偿还利息,但发行时以低于票面金额的价格发行,到期时按面额偿还本金。此时零息债券的价值为:$V = \frac{M}{(1+i)^n}$

式中:M 表示债券面值;i 表示贴现率;V 表示债券价值。

【例 6 - 4】某债券面值 1000 元,期限 5 年,以贴现方式发行,到期按面值偿还,当时市场利率为 8%,其价格为多少时,企业才能购买?

$$V = \frac{M}{(1+i)^n} = \frac{1000}{(1+8\%)^5} = 1000 \times PVIF_{8\%,5} = 1000 \times 0.681 = 681(元)$$

该债券的价格只有低于 681 元时,企业才能购买。

(三) 债券收益率的计算

投资债券的目的是到期收回本金的同时得到固定的利息。债券的投资收益包含两个方面的内容:一是债券的利息收入;二是资本损益,指债券买入价与卖出价或偿还额之间的差额。

衡量债券收益水平的尺度为债券收益率,即在一定时期内所得收益与投入本金的比率。

为便于比较，债券收益率一般以年率为计算单位。

债券收益率有票面收益率、直接收益率、持有期收益率和到期收益率等。这些收益率分别反映投资者在不同买卖价格和持有年限下的不同收益水平。

1. 票面收益率

票面收益率又称名义收益率或息票率，是印制在债券票面上的固定利率，即年利息收入与票面面额的比率。票面收益率只适用于投资者按票面金额买入债券直至期满按票面面额收回本金的情况。没有反映债券发行价格与票面金额不一致的可能，也没有考虑投资者有中途卖出债券的可能。其计算公式为

$$K = \frac{I}{V} \times 100\%$$

式中，K 为票面收益率；I 为债券票面利息；V 为债券买入价。

【例6-5】某企业投资购买A企业发行的债券，债券面值为1000元，年利率为10%，按照面值购入，计算该债券的投资收益率。

$$K = \frac{1000 \times 10\%}{1000} \times 100\% = 10\%$$

2. 直接收益率

直接收益率又称本期收益率、当前收益率，指债券的年利息收入与买入债券的实际价格的比率。计算公式为：

$$K_b = I/B$$

式中：K_b 表示债券直接收益率；I 表示债券年利息；B 表示债券购入价格。

直接收益率反映了投资者的投资成本带来的收益。它对那些每年从债券投资中获得一定利息收入的投资者很有意义。但它和票面收益率一样，不能全面地反映投资者的实际收益。因为它忽略了资本损益，既没有计算投资者买入价格与持有债券到期按面额偿还本金之间的差额，也没有反映买入价格与到期前出售或赎回价格之间的差额。

【例6-6】某企业投资于A企业发行的债券，债券面值为1000元，年利率为10%，按溢价购入，其购买价格为1100元，计算该债券的投资收益率。

$$K_b = \frac{I}{B} = \frac{1000 \times 10\%}{1100} = 9.09\%$$

3. 持有期收益率

持有期收益率是指买入债券后持有一段时间，又在债券到期前将其出售而得到的收益率。它包括持有期间的利息收入和转让差价的资本损益。基本公式为：

$$K_b = \frac{(B_n - B_0) \div n + I}{B_0}$$

式中：K_b 表示债券直接收益率；I 表示债券年利息；B_n 表示债券售出价格；B_0 表示债券购入价格；n 表示债券持有年限。

特别地,有些债券转让时利息尚未收取,因此转让价格中已含有利息,计算时不需再考虑利息。如一次还本付息债券、贴现债券等。

【例6-7】甲公司于2009年1月1日以120元的价格购买了乙公司2008年发行的面值100元、利率10%、每年1月1日支付利息的10年期公司债券,持有到2014年1月1日,以140元的价格出售。则持有期收益率为:

$$K_b = \frac{100 \times 10\% + (140 - 120) \div 5}{120} \times 10\% = 11.67\%$$

4. 到期收益率

债券到期收益率又称最终收益率,是指购进债券后,一直持有该债券至到期日可获取的收益率。

(1) 到期一次还本付息债券

$$V = (M + M \times n \times i) \times (1 + K)^{-n} = (M + M \times n \times i) \times PVIF_{K,n}$$

式中:K表示贴现率即到期收益率;n表示到期的年数;M表示债券面值;V表示债券价值或购入价格。利用上述方程利用"试误法",可求出K。

(2) 分期付息债券。

计算债券到期收益率的方法是求解含有贴现率的方程:

$$V = I \times PVIFA_{K,n} + M \times PVIF_{K,n}$$

式中:I表示每年利息;K表示贴现率即到期收益率;n表示到期的年数;M表示债券面值;V表示债券价值或购入价格。

【例6-8】某投资者于2010年1月1日平价购买了一家公司2010年1月1日发行的债券,面值为1 000元,票面利率为9%,偿还期限为5年,每年计算付息一次,请问该投资者持有此债券至到期日时可获得的到期收益率。

$$1000 = 1000 \times 9\% \times PVIFA_{K,5} + 1000 \times PVIF_{K,5}$$

用"试误法"求解,先用$K = 9\%$,试算:

$$90 \times PVIFA_{9\%,5} + 1000 \times PVIF_{9\%,5} = 350.1 + 649.9 = 1000(元)$$

可见,平价发行每年付息一次的债券,其到期收益率等于票面利率。

那么当债券的价格低于面值折价发行时情况又会怎样呢?

【例6-9】中买价改为960元,其他条件不变,则:

$$960 = 1000 \times 9\% \times PVIFA_{i,5} + 1000 \times PVIF_{i,5}$$

还是用"试误法"求解,先用$K = 10\%$,试算:

$$90 \times PVIFA_{10\%,5} + 1000 \times PVIF_{10\%,5} = 341.17 + 620.9 = 962.07(元)$$

再用$i = 12\%$,试算:

$$90 \times PVIFA_{12\%,5} + 1000 \times PVIF_{12\%,5} = 324.45 + 567.4 = 891.85(元)$$

891.85 < 960,用插值法计算近似值。

$$\frac{K-10\%}{12\%-10\%} = \frac{960-962.07}{891.85-962.07}$$

$$K = 10.06\%$$

可见,购买折价出售、每年付息一次的债券时,到期收益率大于票面利率。用同样的方法可求得在溢价发行、每年付息一次的债券时,到期收益率小于票面利率。

五、债券投资的优缺点

(一)债券投资的优点

(1)本金安全性高。与股票相比,债券投资风险比较小。政府发行的债券有国家财力作后盾,其本金的安全性高,通常视为无风险证券。企业债券的持有者拥有优先求偿权,即当企业破产时,优先于股东分得企业资产,因此,其本金损失的可能性小。

(2)收入稳定性强。债券票面一般都标有固定利息率,债券的发行人有按时支付利息的法定义务。因此,在正常情况下,投资债券都能获得比较稳定的收入。

(3)市场流动性好。许多债券都具有较好的流动性。政府及大企业发行的债券一般都可在金融市场上迅速出售,流动性很好。债券的变现能力好于股票。

(二)债券投资的缺点

(1)购买力风险较大。债券的面值和利息率在发行时就已确定,如果投资期间的通货膨胀率比较高,则本金和利息的购买力将不同程度地受到侵蚀,在通货膨胀率非常高时,投资者虽然名义上有收益,但实际上却有损失。

(2)没有经营管理权。债券持有人是债权人,投资于债券只是获得收益的一种手段,无权对债券发行单位施以影响和控制、没有管理权和控制权。

第三节 股票投资

一、股票的含义与性质

1. 股票的定义

股票是一种有价证券,它是股份有限公司签发的证明股东所持有股份的凭证,实质上代表了股东对股份有限公司净资产的所有权,股东凭借股票可以获得公司的股息和红利,参加股东大会并行使自己的权利,同时也承担相应的责任和风险。

股票作为一种所有权凭证,有一定的格式。我国《公司法》规定,股票采用纸面形式或者国务院证券监督管理机构规定的其他形式。并应当载明下列主要事项:公司名称、公司成立日期、股票种类、票面金额及代表的股份数、股票的编号。

2. 股票的性质

股票的性质包括股票是有价证券、股票是要式证券、股票是证权证券、股票是资本证券、股票是综合权利证券。具体内容如表6-2所示。

表6-2 股票的性质

性质	内容
股票是有价证券	有价证券是财产价值和财产权利的统一表现形式。持有有价证券，一方面表示拥有一定价值量的财产，另一方面也表明有价证券持有人可以行使该证券所代表的权利。股票具有有价证券的特征：虽然本身没有价值，但是一种代表财产权的有价证券，它包含着股东具有以其持有的股票要求股份有限公司按规定分配股息和红利的请求权；股票与它所代表的财产权有不可分离的关系，二者合为一体
股票是证权证券	股票应具备《公司法》规定的有关内容，如果缺少规定的要件，股票就无法律效力。股票是证权证券，可以分为设权证券和证权证券。设权证券是指证券代表的权利本身就不存在，而是随着证券的制作而产生的，即权利的发生是以证券的制作和存在为条件的。证权证券是指证券是权利的一种物化的外在形式，它是权利的载体，权利是已经存在的。而股票代表的是股东的权利，它的发行是以股份的存在为条件的，股票只是把已经存在的股东权利表现为证券的形式，它的作用不是创造股东的权利，而是证明股东的权利，所以说股票是证权证券
股票是资本证券	发行股票是股份有限公司筹措资本的手段。因此，股票是投入股份有限公司资本份额的证券化，属于资本证券。但是股票又不是一种现实的资本，而是独立于真实资本之外的一种虚拟资本
股票是综合权利证券	股票不属于物权证券，也不属于债券证券，而是一种综合权利证券。物权证券是指证券持有者对公司的财产有直接支配处理权的证券；债券证券是指证券持有者为公司债权人的证券。股东虽然是公司财产的所有人，享有种种权利，但对公司的财产不能直接处理，而对财产直接处理是物权证券的特征，所以股票不是物权证券。另外，一旦投资者购买了公司的股票，即成为公司部分财产的所有人，但该所有人在性质上是公司内部构成分子，而不是与公司对立的债权人，所以股票也不是债券证券

二、股票投资的特点

股票是有价证券的一种主要形式，是股份有限公司签发的证明股东所持股份的凭证，股票代表着股东对股份公司的所有权，股东凭借股票可以获得公司的股息和红利，参加股东大

会并行使自己的权力,同时也承担相应的责任与风险。与债券投资相比,股票投资具有以下特点:

(1) 收益性。收益性是股票最基本的特征,它是指股票可以为持有人带来收入的特征。股票的收益来源可以分为:一是来自股份公司;二是来自股票流通。

(2) 无期性。企业的股票投资没有明确的投资期限。其原因在于:股票是发行企业发行的永久性证券,依据法律规定,企业作为投资者一旦买进某一企业发行的股票,就不可能通过退股的办法收回投资。但是,只要存在二级市场,企业就可以通过转让股票的办法收回投资。无期性是股票投资相对于债券投资的最为明显的特点。

(3) 权责性。企业的股票投资能够使企业作为股东依法享有相应的权利并承担相应的责任。企业所享有的权利及承担责任的大小,取决于企业所掌握的股票在发行企业总股本中所占的比例。在股票投资中,企业作为股东的权利,主要是经营管理参与权;企业作为股东的责任,主要是分担发行企业的经营风险。

(4) 风险性。企业的股票投资在获得投资收益方面有很大的不确定性。这是因为,股票投资使企业所具有的发行企业所有者的身份,决定了企业至少要面临两个方面的风险:一是股票发行企业经营亏损,甚至破产倒闭的风险;二是股票市场价格变动所形成的价差损失风险。风险是一个中性的概念,风险不等于损失。

(5) 流通性。企业的股票投资所形成的金融资产可以随时在二级市场上售出变现。股票是一种流动性很强的有价证券,股票持有者虽然不能直接向股份公司退股,但可以自由的在股票交易市场上转让,迅速兑现。

三、股票的分类

根据不同的分类标准,股票可以进行以下几种方法的分类:

(一) 按照股东享有权利不同,可以分为普通股股票和优先股股票

(1) 普通股,指的是在公司的经营管理和盈利及财产的分配上享有普通权利的股份,代表满足所有债权偿付要求及优先股东的收益权与求偿权要求后对企业盈利和剩余财产的索取权。它构成公司资本的基础,是股票的一种基本形式,也是发行量最大,最为重要的股票。目前在上海和深圳证券交易所中交易的股票都是普通股。

普通股的特征有以下四点:

① 持有普通股的股东有权获得股利,但必须是在公司支付了债息和优先股的股息之后才能分得。普通股的股利是不固定的,一般视公司净利润的多少而定。当公司经营有方,利润不断递增时普通股能够比优先股多分得股利,股利率甚至可以超过50%;但赶上公司经营不善的年头,也可能连一分钱都得不到,甚至可能连本也赔掉。

② 当公司因破产或结业而进行清算时,普通股东有权分得公司剩余资产,但普通股东必须在公司的债权人、优先股股东之后才能分得财产,财产多时多分,少时少分,没有则只能作

罢。由此可见，普通股东与公司的命运更加息息相关，荣辱与共。当公司获得暴利时，普通股东是主要的受益者；而当公司亏损时，他们又是主要的受损者。

③普通股东一般都拥有发言权和表决权，即有权就公司重大问题进行发言和投票表决。普通股东持有一股便有一股的投票权，持有两股者便有两股的投票权。任何普通股东都有资格参加公司最高级会议即每年一次的股东大会，但如果不愿参加，也可以委托代理人来行使其投票权。

④普通股东一般具有优先认股权，即当公司增发新普通股时，现有股东有权优先（可能还以低价）购买新发行的股票，以保持其对企业所有权的原百分比不变，从而维持其在公司中的权益。比如某公司原有1万股普通股，而持有人拥有100股，占1%，而公司决定增发10%的普通股，即增发1000股，那么该持有人就有权以低于市场的价格购买其中1%即10股，以便保持持有人持有股票的比例不变。

综上所述，由普通股的前两个特点不难看出，普通股的股利和剩余资产分配可能大起大落，因此，普通股东所担的风险最大。

（2）优先股是"普通股"的对称。是股份公司发行的在分配红利和剩余财产时比普通股具有优先权的股份。优先股也是一种没有期限的有权凭证，优先股股东一般不能在中途向公司要求退股（少数可赎回的优先股例外）。

优先股的主要特征有以下四点：

①优先股通常预先定明股息收益率。由于优先股股息率事先固定，所以优先股的股息一般不会根据公司经营情况而增减，而且一般也不能参与公司的分红，但优先股可以先于普通股获得股息，对公司来说，由于股息固定，它不影响公司的利润分配。

②优先股的权利范围小。优先股股东一般没有选举权和被选举权，对股份公司的重大经营无投票权，但在某些情况下可以享有投票权。

③股息领取优先权。股份公司分派股息的顺序是优先股在前，普通股在后。股份公司不论其盈利多少，只要股东大会决定分派股息，优先股就可按照事先确定的股息率领取股息，即使普遍减少或没有股息，优先股亦应照常分派股息。

④剩余资产分配优先权。股份公司在解散、破产清算时，优先股具有公司剩余资产的分配优先权，不过，优先股的优先分配权在债权人之后，而在普通股之前。只有还清公司债权人债务之后，有剩余资产时，优先股才具有剩余资产的分配权。只有在优先股索偿之后，普通股才参与分配。

（二）按股票是否记载股东姓名，可分为记名股和不记名股

（1）记名股是在股票票面上记载股东姓名或名称的股票。这种股票除了股票上所记载的股东外，其他人不得行使其股权，且股份的转让有严格的法律程序与手续，需办理过户。中国《公司法》规定，像发起人、国家授权投资的机构、法人发行的股票，应为记名股。

（2）不记名股是票面上不记载股东姓名或名称的股票。这类股票的持有人即股份的所有

人,具有股东资格,股票的转让也比较自由、方便无须办理过户手续。

(三)按股票是否标明金额,可分为面值股票和无面值股票

(1)面值股票是在票面上标有一定金额的股票。持有这种股票的股东,对公司享有的权利和承担的义务大小,依其所持有的股票票面金额占公司发行在外股票总面值的比例而定。

(2)无面值股票是不在票面上标出金额,只载明所占公司股本总额的比例或股份数的股票。无面值股票的价值随公司财产的增减而变动,而股东对公司享有的权利和承担义务的大小,直接依股票标明的比例而定。2012年,中国《公司法》不承认无面值股票,规定股票应记载股票的面额,并且其发行价格不得低于票面金额。

(四)按投资主体的不同,可分为国家股、法人股、个人股等

(1)国家股是有权代表国家投资的部门或机构以国有资产向公司投资而形成的股份。

(2)法人股是企业法人依法以其可支配的财产向公司投资而形成的股份,或具有法人资格的事业单位和社会团体以国家允许用于经营的资产向公司投资而形成的股份。

(3)个人股是社会个人或公司内部职工以个人合法财产投入公司而形成的股份。

(五)按发行对象和上市地区的不同,又可将股票分为A股、B股、H股和N股等

(1)A股是供中国大陆地区个人或法人买卖的,以人民币标明票面金额并以人民币认购和交易的股票。

(2)B股、H股和N股是专供国外和中国港、澳、台地区投资者买卖的,以人民币标明票面金额但以外币认购和交易的股票。其中,B股在上海、深圳上市;H股在香港上市;N股在纽约上市。

以上第(四)、(五)种分类,是中国实务中为便于对公司股份来源的认识和股票发行而进行的分类。在其他一些国家,还有的按是否拥有完全的表决权和获利权,将普通股分为若干级别。比如:A级普通股卖给社会公众,支付股利,但一段时期内无表决权;B级普通股由公司创办人保留,有表决权,但一段时期内不支付股利;E级普通股拥有部分表决权,等等。

四、股票价值的几个基本概念

(1)票面价值。票面价值是指在股票票面上标明的金额,是初次发行时的参考价格,一般发行价不得低于面值。随着时间的推移,股票的市场价格会逐渐背离票面价值,使其逐渐失去原有的意义。

(2)内在价值。内在价值又称理论价值,是指股票预期的未来收益的现值,取决于股息收入和市场收益率。股票的内在价值决定股票的市场价格,但市场价格又受供求关系、投资心理等因素影响,不完全等于其内在价值。

(3)清算价值。清算价值是指公司清算时每一股份所代表的实际价值,大多数情况下股票的清算价值小于其账面价值。

（4）股票价格。股票价格是股票内在价值的外在体现，内在价值决定股票价格，股票价格围绕内在价值上下波动，一般用收盘价来评价股票的价格。

（5）股利。股利是公司从税后利润中分配给股东的报酬。

五、股票内在价值的计算

判断一种股票是否值得投资，就是要判断股票内在价值与股票市价孰高孰低。内在价值高于市价时买入股票，低于市价时抛出股票或不购买该股票，等于市价时继续持有该股票或持观望态度暂不买入。

1. 股票内在价值计算的一般模型

股票的内在价值由股票预期的未来现金流入和出售时售价的现值两部分构成，对于股票而言，未来的现金流入就是预期收到的股利。因此，股票内在价值的计算一般模型为：

$$V = \frac{D_1}{(1+i)^1} + \frac{D_2}{(1+i)^2} + \cdots + \frac{D_n}{(1+i)^n} + \frac{V_n}{(1+i)^n} = \sum_{t=1}^{n} \frac{D_t}{(1+i)^t} + \frac{V_n}{(1+i)^n}$$

式中：D_t 表示 t 年的股利；i 表示贴现率，即必要的收益率；t 表示年份；V_n 表示转让价格。

贴现率的确定以投资者所要求收益率为准。收益率可以采用多种办法确认：根据股票历史上长期的平均收益率来确认；参照债券的收益率再加上一定的风险报酬率确认；直接使用市场利率，市场利率是投资于股票的机会成本，可以作为贴现率看待。

2. 长期持有，股利不稳定模型

如果股东永久持有股票，他将只获得股利收入，是一个永续的现金流入。这个永续的现金流入的现值就是股票的价值。计算模型为：

$$V = \frac{D_1}{(1+i)^1} + \frac{D_2}{(1+i)^2} + \cdots + \frac{D_n}{(1+i)^n} = \sum_{t=1}^{n} \frac{D_t}{(1+i)^t}$$

式中：D_t 表示 t 年的股利；i 表示贴现率，即必要的收益率；t 表示年份。

3. 股利按固定比率增长模型

一般而言，股利的增长率应与公司盈余的增长率幅度保持一致。如果公司盈余增长按固定比率递增，此时股利也将按固定比率增长，在这种情况下，假设某公司今年的股利为 D_0，g 表示股利的增长率。则 t 年的股利应为：

$$D_t = D_0 \times (1+g)^t，则$$

$$V = \frac{D_1}{(1+i)^1} + \frac{D_2}{(1+i)^2} + \cdots + \frac{D_n}{(1+i)^n}$$

$$= \cdots + \frac{D_0 \times (1+g)^n}{(1+i)^n} \quad\quad (1)$$

假设 $i > g$，把（1）式两边同时乘以 $\dfrac{1+i}{1+g}$ 减（1）式得：

$$\frac{V \times (1+i)}{(1+g)} - V = D_0 - \frac{D_0 \times (1+g)^n}{(1+i)^n}$$

由于 $i > g$，当 $n \to \infty$ 时，$D_0 - \frac{D_0 \times (1+g)^n}{(1+i)^n} \to 0$

则 $V = D_0 - \frac{D_0 \times (1+g)}{i-g} = \frac{D_1}{i-g}$

式中：D_1 为第 1 年的股利。

【例 6-9】假设某公司去年支付每股股利为 2 元，预计在未来日子里该公司股票股利将按每年 5% 的速度增长，假设必要报酬率为 12%，请问该公司股票的内在价值；如果目前每股价格为 40 元，则已持有该股票的投资者该做何打算？

$$V = D_0 - \frac{D_0 \times (1+g)}{i-g} = \frac{D_1}{i-g} = \frac{2 \times (1+5\%)}{12\% - 15\%} = 30(元)$$

该股目前的内在价值为 30 元，股票被高估 10 元，已持有该股票的投资者应果断抛售股票。

4. 股利阶段性增长模型

股利阶段性增长是指股利一段时间内高速增长，接着在另一段时间里正常固定增长，或固定不变。在这种情况下，就要分阶段来讨论，最后确定股票的内在价值。

【例 6-10】某投资者持有 X 公司的股票，他的投资必要回报率为 10%。预计 X 公司未来 5 年股利将高速增长，年增长率为 8%，在此以后转为正常增长，增长率为 4%，公司最近支付的股利是 2 元。请计算该公司股票的内在价值。

首先计算前半部分，即高速增长时期的股利现值：

年份	股利(D_t)	贴现系数(10%)	现值
1	$2 \times 1.08 = 2.16$	0.909	1.96
2	$2.16 \times 1.08 = 2.33$	0.826	1.92
3	$2.33 \times 1.08 = 2.52$	0.751	1.89
4	$2.52 \times 1.08 = 2.72$	0.683	1.86
5	$2.72 \times 1.08 = 2.94$	0.621	1.83 合计

其次，计算后半部分，即第 5 年底的股票内在价值：

$$V = \frac{D_5 \times (1+g)}{i-g} = \frac{D_6}{i-g} = \frac{2.94 \times 1.04}{10\% - 4\%} = 50.96(元)$$

计算其现值：

$50.96 \times PVIF_{10\%,5} = 31.64(元)$

最后，计算股票目前的内在价值：

$V = 9.46 + 31.64 = 41.1(元)$

此时,该公司股票的内在价值为每股41.1元。

5. 零增长模型

零增长模型是假设未来股利固定不变,其支付过程是一个永续年金。这种模型对普通股而言受到很多限制,但在决定优先股价值时十分有用,因为大多数优先股的股利是固定的,因而这种零增长模型又称为优先股定价模型。此时股票的内在价值为:

$$V = \frac{D}{i}$$

式中:D 表示未来无限期每年每股股利;i 表示必要报酬率。

【例 6-11】某投资者拟购买 X 公司发行的优先股,预期每股股利为 2 元,必要报酬率为 10%,现时该优先股市价为 12 元。问该投资者是否该购买?

$$V = \frac{D}{i} = \frac{2}{10\%} = 20(元)$$

此优先股的内在价值为 20 元,高于市价,该投资者应该购买,因为可获得超过 10% 的报酬率,那么此时实际收益率究竟为多少呢?下面讨论股票预期收益率的计算。

六、股票预期收益率的计算

评价股票价值使用的收益率是预期的未来的报酬率,而不是过去的或现实的报酬率。股票的预期报酬率包括两个部分:预期股利收益率和预期资本利得收益率。

(一) 永久持有时的股票预期报酬率

打算永久持有某公司股票意味着放弃股票的资本利得,只获取股利。现金流入就是股利收入,现金流出就是购买成本。现金流入的现值等于现金流出时的贴现率即为股票的预期报酬率,其计算公式为:

$$P = \frac{D_1}{(1+R)^1} + \frac{D_2}{(1+R)^2} + \cdots + \frac{D_n}{(1+R)^n} = \sum_{t=1}^{n} \frac{D_t}{(1+R)^t}$$

式中:P 表示股票的购入价格;D_t 表示第 t 年的每股股利;R 表示股票预期报酬率;通过公式可以计算出 R。

1. 股利按固定比率增长时的投资报酬率

股利按固定比率增长时的股票内在价值为:

$$V = \frac{D_1}{i - g}$$

令 $V = P$, $i = R$, 则 $R = \frac{D_1}{P} + g$

股票的内在价值正是股票未来现金流入的现值。

【例6-12】已知某公司股利年增长率为5%，D_0为2元，必要报酬率为12%，请问若以30元每股的价格购入，该股票投资报酬率是多少？若以40元购入，报酬率又是多少？20元呢？

以30元、40元、20元每股的价格购入该股票的投资收益率分别为：

$$R_{30} = \frac{2 \times (1 + 5\%)}{30} + 5\% = 12\%$$

$$R_{40} = \frac{2 \times (1 + 5\%)}{40} + 5\% = 10.25\%$$

$$R_{20} = \frac{2 \times (1 + 5\%)}{20} + 5\% = 15.5\%$$

由此可见，当购买价格等于股票内在价值时，可获得与必要报酬率相等的报酬率；当购买价格小于股票内在价值时，实际报酬率高于必要报酬率，投资有厚利可图；当购买价格大于内在价值时，只能取得小于必要报酬率的实际报酬率，不应投资。

2. 股利呈阶段性增长时的投资报酬率

计算非固定成长股票的投资报酬率，计算相对比较复杂，但原理与其他形式相同，即运用"内在价值 = 购买价格"方程式求解贴现率，用"试误法"求解即可，在此不再赘述。

3. 零成长股票的报酬率

求解零成长股票的报酬率相对比较简单，由 $V = \frac{D}{i}$ 推算出：$R = \frac{D}{P}$

如【例6-11】中，该投资者投资的实际报酬率为：

$$R = \frac{2}{12} \times 100\% = 16.67\%$$

R大于必要报酬率10%，显然这次投资是明智的。

(二) 中途转让时的股票投资收益率

股票对于发行人而言具有永久性，但对于投资者来说，具有流动性，即投资者能够通过证券交易市场进行转让。一旦投资者并不打算永久持有某种股票而进行中途转让时，股票的预期收益率就等于预期股利收益率加上预期资本利得收益率，用公式表示为：

$$R = \frac{\sum D}{P_0} + \frac{P_1 - P_0}{P_0}$$

式中：$\sum D$ 表示持有期间获得的股利之和；P_0 表示购买价；P_1 表示转让价。

【例6-13】某投资者以30元每股的价格购入A公司股票1万股，持有两年，每股累计获取股利3元。两年后以每股40元的价格转让。则投资者投资A股票的报酬率为：

$$R = \frac{3}{30} + \frac{40 - 30}{30} = 43.33\%$$

七、股票投资的优缺点

（一）股票投资的优点。股票投资是一种最具有挑战性的投资，其收益和风险都比较高。股票投资的优点主要有：

（1）投资收益高。普通股票的价格虽然变动频繁，但从长期看，优质股票的价格总是上涨的居多，只要选择得当，都能取得优厚的投资收益。

（2）购买力风险低。普通股的股利不固定，在通货膨胀率比较高时，由于物价普遍上涨，股份公司盈利增加，股利的支付也随之增加，因此，与固定收益证券相比，普通股能有效地降低购买力风险。

（3）拥有经营控制权。普通股股东属股份公司的所有者，有权监督和控制企业的生产经营情况，因此，欲控制一家企业，最好是收购这家企业的股票。

（二）股票投资的缺点。股票的缺点主要是风险大，这是因为：

（1）求偿权居后。普通股对企业资产和盈利的求偿权均居于最后。企业破产时，股东原来的投资可能得不到全额补偿，甚至一无所有。

（2）价格不稳定。普通股的价格受众多因素的影响，很不稳定。政治因素、经济因素、投资人心理因素、企业的盈利情况、风险情况，都会影响股票价格，这也使股票投资具有较高的风险。

（3）收入不稳定。普通股股利的多少，视企业经营状况和财务状况而定，其有无、多寡均无法律上的保证，其收入的风险也远远大于固定收益证券。

第四节　　基金投资

一、证券投资基金的概念

证券投资基金（以下简称基金）是一种利益共享、风险共担的集中证券投资方式，即通过发行基金单位，集中投资者的资金，由基金托管人托管，由基金管理人管理和运用资金，从事股票、债券等金融工具投资，并把投资收益按基金投资者的投资比例进行分配的一种间接投资方式。基金是一种积少成多的整合投资方式，即投资者把资金委托给基金管理人管理，基金管理人根据法律、法规、基金契约规定的投资原则和投资组合的原理，进行分散投资，以达到分散投资风险，并兼顾资金的流动性、安全性和盈利性的目的。基金与股票、债券存在明显的差异，表现在以下三个方面：

（1）反映的关系不同。股票反映的是所有权关系，债券体现债权债务关系，而基金反映的是基金持有人与管理人之间的委托代理关系。

（2）筹集的投向不同。股票和债券所筹集的资金大部分流向实业，而基金的主要投向是包括股票、债券在内的各种有价证券。

（3）风险水平不同。债券的直接收益取决于事先确定的债券利率，投资风险较小；股票的直接收益取决于公司的经营效益，不确定性大，投资风险也较大；而基金主要投资于有价证券，具有规模优势，投资方式灵活多样，因而使得基金的收益可能高于债券而投资风险又可能小于股票。对那些资金不多，或没有时间精力或缺乏证券投资专门知识的投资者而言，是很好的投资选择。

二、基金的分类

（一）按基金的组织形式不同，可分为契约型基金和公司型基金

（1）契约型基金。契约型基金又称为单位信托基金，把投资者、管理人、基金托管人作为基金的当事人，通过签订基金契约的形式发行收益凭证而设立的一种基金。契约型基金是基于契约原理而组织起来的代理投资行为，没有基金章程，也没有公司董事会，而是通过基金契约来规范三方当事人的行为。

（2）公司型基金。公司型基金是以公司形态组建的，以发行股份的方式筹集资金，一般投资者为认购基金而购买该公司的股份也就成为该公司的股东，享有股东的基本权利和义务。

（二）按基金可否自由赎回，可分为封闭式基金和开放式基金。

（1）封闭式基金。封闭式基金是指基金发起人在设立基金时，限制了基金的发行总额，筹集到这个总额后，基金即宣告成立，并进行封闭，不再接受新的投资，投资者日后买卖基金单位，都必须通过证券交易所在二级市场上竞价交易。另外，封闭式基金一般在成立之初就设定了存续期，存续期满即为基金终止。

（2）开放式基金。开放式基金是指基金发起人在设立基金时，不固定基金单位总数，可视投资者需求追加发行。投资者可以根据市场状况和各自的投资决策，或要求发行机构赎回基金单位或增持基金单位份额。与封闭式基金相比，开放式基金没有固定的存续期，发行规模不受限制，可要求发行机构赎回等特点。将来的基金市场将以开放式基金为主导，封闭式基金为辅。

开放式基金和封闭式基金共同构成了基金的两种基本运作方式，它们之间区别主要有以下几个方面：

① 基金规模的可变性不同。封闭式基金均有明确的存续期限(我国为:不得少于5年),在此期限内已发行的基金单位不能被赎回。虽然特殊情况下此类基金可进行扩募,但扩募应具备严格的法定条件。因此,在正常情况下,基金规模是固定不变的。而开放式基金所发行的基金单位是可赎回的,而且投资者在基金的存续期内也可随意申购基金单位,导致基金的资金总额每日均不断地变化。换言之,它始终处于"开放"的状态。这是封闭式基金与开放式基金的根本差别。

② 基金单位的买卖方式不同。封闭式基金发起设立时,投资者可以向基金管理公司或销售机构认购;当封闭式基金上市交易时,投资者又可委托券商在证券交易所按市价买卖。而投资者投资于开放式基金时,他们则可以随时向基金管理公司或销售机构申购或赎回。

③ 基金单位的买卖价格形成方式不同。封闭式基金因在交易所上市,其买卖价格受市场供求关系影响较大。当市场供小于求时,基金单位买卖价格可能高于每份基金单位资产净值,这时投资者拥有的基金资产就会增加;当市场供大于求时,基金价格则可能低于每份基金单位资产净值。而开放式基金的买卖价格是以基金单位的资产净值为基础计算的,可直接反映基金单位资产净值的高低。在基金的买卖费用方面,投资者在买卖封闭式基金时与买卖上市股票一样,也要在价格之外付出一定比例的证券交易税和手续费;而开放式基金的投资者需缴纳的相关费用(如首次认购费、赎回费)则包含于基金价格之中。一般而言,买卖封闭式基金的费用要高于开放式基金。

④ 基金的投资策略不同。由于封闭式基金不能随时被赎回,其募集得到的资金可全部用于投资,这样基金管理公司便可据以制定长期的投资策略,取得长期经营绩效。而开放式基金则必须保留一部分现金,以便投资者随时赎回,而不能尽数地用于长期投资,且一般投资于变现能力强的资产。

(三) 根据投资标的不同,基金可分为股票基金、债券基金、货币基金、期货基金、期权基金、认股权证基金和专门基金等

(1) 股票基金是以股票为投资对象的投资基金,是投资基金的主要种类。股票基金的主要功能是将大众投资者的小额投资集中为大额资金。投资于不同的股票组合,是股票市场的主要机构投资者。

(2) 债券型基金顾名思义是以债券为主要投资标的的共同基金,除了债券之外,尚可投资于金融债券、债券附买回、定存、短期票券等,绝大多数以开放式基金型态发行,并采取不分配收益方式,合法节税。国内大部分债券型基金属性偏向于收益型债券基金,以获取稳定的利息为主,因此,收益普遍呈现稳定成长。

(3) 货币市场基金是指投资于货币市场上短期有价证券的一种基金。该基金资产主要投

资于短期货币工具如国库券、商业票据、银行定期存单、政府短期债券、企业债券等短期有价证券。

（4）期货基金是一种以期货为主要投资对象的投资基金。期货是一种合约，只需一定的保证金（一般为5%～10%）即可买进合约。期货可以用来套期保值，也可以以小博大，如果预测准确，短期能够获得很高的投资回报；如果预测不准，遭受的损失也很大，具有高风险、高收益的特点。因此，期货基金也是一种高风险的基金。

（5）期权基金是以期权为主要投资对象的投资基金。期权也是一种合约，是指在一定时期内按约定的价格买入或卖出一定数量的某种投资标的的权利。如果市场价格变动对他履约有利，他就会行使这种买入和卖出的权利，即行使期权；反之，他亦可放弃期权而听任合同过期作废。作为对这种权利占有的代价，期权购买者需要向期权出售者支付一笔期权费（期权的价格）。期权基金的风险较小，适合于收入稳定的投资者。其投资目的是为了获取最大的当期收入。

（6）认股权证基金就是指以认股权证为主要投资对象的基金。认股权证是指由股份有限公司发行的、能够按照特定的价格，在特定的时间内购买一定数量该公司股票的选择权凭证。由于认股权证的价格是由公司的股份决定的，一般来说，认股权证的投资风险较通常的股票要大得多。因此，认股权证基金也属于高风险基金。

（7）专门基金指专门投资于某个特定行业或经济部门的基金。另外，在西方发达国家，银行或信托公司受个人、家庭和公司的委托可为其建立专门基金，该基金只属于委托人所有，只有委托人有权进出买卖，委托人姓名在法律上可以是对外保密的，是个人、家庭和公司理财管理的现代化国际化形式。专门基金有各种类型，例如：①股市基金，目前包括欧美股市基金，发展中国家股市基金，高科技股市基金，行业股市基金，风险投资基金等；②国债债券基金，包括欧美国债基金，发展中国家国债基金，各种债券基金；③保本保息基金，包括保本保息国债基金，保本保息股市和国债综合基金等；④房地产基金；⑤养老基金；⑥活期债券基金。

三、基金的价值分析

（一）基金的价值

基金的价值取决于目前能给投资者带来的现金流量，这种目前的现金流量用基金的净产价值来表达。而衡量基金的净产价值通常用基金单位净值这个指标，基金单位净值是指每份基金单位实际代表的价值，是基金单位价格的内在价值。基金资产净值是衡量一个基金经营好坏的主要指标，也是基金交易价格的计算依据。一般情况下基金单位价格与资产净值趋于一致，即随着资产净值的增长，基金价格也将随之提高。

基金资产净值的计算包括基金资产净值的计算和基金单位资产净值的计算。

基金资产净值 = 基金资产总值 − 基金负债总值

基金资产总值包括基金投资资产组合的所有内容，具体如下：

（1）基金拥有的已上市的股票、认股权证和债券，以计算日或最近集中交易市场的收盘价为准。

（2）所拥有的未上市的股票、认股权证，以有资格的会计师事务所或资产评估机构测算为准。

（3）所拥有的未上市债券，以债券面值加上至计算日时的应收利息为准，所拥有的短期票据以买进成本加上自买进日起至计算日止的应收利息。

（4）现金与相当于现金的资产，包括存放在其他金融机构的存款。

（5）有可能无法收回的资产及或有负债所提留的准备金。

（6）已订立契约但尚未履行的资产。

基金负债总额包括：

（1）依基金契约规定的至计算日止，托管人或管理人应付未付的报酬。

（2）其他应付款等。

基金单位资产净值 = 已售出基金单位总 − 数基金资产净值

（二）封闭式基金和开放式基金的价值分析

1. 封闭式基金的价值分析

封闭式基金的价格与股票价格一样，可以分为发行价格和交易价格。发行价格由基金面值和发行费用组成，但对二级市场的投资者而言意义不大。交易价格又称为市场价格，一般用收盘价表示。通过衡量交易价格和基金单位资产净值的大小，可以做出较科学的投资决策。

封闭式基金的交易价格由基金单位资产净值决定，并受如市场供求关系、宏观经济状况、证券市场状况、基金管理人的管理水平等因素的影响，因而交易价格与基金单位净值并不保持完全的一致。

2. 开放式基金的价值分析

开放式基金一般不进入证券交易所流通买卖，而主要在场外交易，其价格一般有两种，即申购价格和赎回价格。开放式基金的价格与基金单位资产净值成正比例关系，基金资产净值越高，其基金单位价格越高；基金资产净值越低，基金单位价格越低，两者之间关系十分密切。

开放式基金的申购价格包括基金资产净值和一定的销售附加费用。对于一般投资者来说，该附加费是一笔不小的成本,增加投资者的风险。

开放式基金承诺可以在任一赎回日根据投资者的个人意愿赎回其所持基金单位,一般情况下赎回时不收取任何费用,此时赎回价格等于基金资产净值。显然,开放式基金投资者更应关注基金的内在价值,即基金资产净值。

四、基金投资的优缺点

(一)基金投资的优点

将资金投向投资基金的最大优点是能够在不承担太大风险的情况下获得较高收益。这是因为:

(1)投资基金具有专家理财优势。投资基金的管理人都是投资方面的专家,他们在投资前均进行多种研究,这能够降低风险,提高收益。

(2)投资基金具有资金规模优势。我国的投资基金一般拥有资金20亿元以上,西方大型投资基金一般都拥有资金百亿美元以上,这种资金优势可以进行充分的投资组合,能够降低风险,提高收益。

(二)基金投资的缺点

(1)无法获得很高的投资收益。投资基金在投资组合进程中,在降低风险的同时,也丧失了获得巨大收益的机会。

(2)在大盘整体大幅下跌的情况下,进行基金投资也可能会损失较多,投资人承担较大风险。

【本章小结】

本章主要介绍了证券投资的基本理论和方法,主要包括:

证券是商品经济和社会化大生产发展的产物。从一般意义上说,证券是多种经济权益凭证的统称,是证明证券持有人有权依其所持有证券记载的内容而取得相应的利益。证券是财产性权利凭证、流通性权利凭证、收益性权利凭证、风险性权利凭证。

证券投资是指投资者(法人或自然人)将资金用于购买股票、债券、基金等有价证券以及这些有价证券的衍生品以获取红利、利息及资本利得的投资行为和投资过程。常见的企业证券投资的目的有以下几种:为保证未来的资金支付进行证券投资;进行多样化投资、分散投资风险;为影响或控制某一企业而进行证券投资;暂时存放闲置资金,为盈利而进行证券投资、满足季节性生产对现金的需求等。

企业进行证券投资,一般要经过:选择证券投资对象、办理投资手续、监督投资对象、评价投资对象等环节和步骤。在对证券进行收益评价时,主要有两个指标,即证券的价值和收益率。债券的价值是指进行债券投资时投资者预期可以获得的现金流入现值，只有债券的内在价值大于其市场价值时才值得投资。股票的内在价值由一系列的股利和将来出售股票是售价的现值所构成，通常当股票的市场价格低于股票内在价值时才值得投资。证券收益率是指证券投资收益与证券投资本金的比率，具体包括票面收益率、持有期收益率和到期收益率。

风险性是证券投资的基本特征之一。证券投资风险是指投资者在证券投资过程中遭受损失或达不到预期收益率的可能性。一般来说，投资者进入市场，可能会遇到的风险有：系统性风险、非系统性风险、交易过程风险。对于前两类风险，投资者应多学习证券市场投资知识，多了解、分析和研究宏观经济形势及上市公司经营状况，增强风险防范意识，掌握风险防范技巧，提高抵御风险的能力。针对第三类风险，企业应该学会自我保护，尽可能地降低交易过程风险。

【学习思考】

1. 证券投资的目的及分类有哪些？
2. 简述债券投资与股票投资的优缺点。
3. 如何确定债券的到期收益？
4. 如何确定债券和股票的价值？
5. 简述基金投资的含义和分类。

第七章 营运资金管理

【本章提要】

本章主要讲述营运资金的构成及各种营运资金的管理,包括:营运资金的概述、现金管理、应收账款管理、存货管理和流动负债管理的基本理论和方法。

【学习要求】

● 了解营运资金的概念及特征、营运资金的管理原则和营运资金管理策略
● 掌握现金管理的目标、持有动机、目标现金余额的计算及现金集中管理模式及日常管理方法
● 掌握应收账款的功能与成本、信用政策及其决策方法、应收账款日常管理及收账政策
● 掌握存货的功能、成本和目标、最佳存货量的决策方法、存货控制系统
● 掌握流动负债管理,包括:短期借款、短期融资券、商业信用、流动负债的利弊等内容

营运资本管理又称营运资金管理,它是企业财务管理的重要内容之一,其管理的成效不仅对企业资产的流动性和企业的收益产生直接影响,而且还直接影响到企业的兴衰。因此,良好的营运资本管理对企业的生存和发展至关重要。

第一节 营运资金的概述

一、营运资金的含义

营运资金,又称营运资本、循环资本,是指一个企业维持日常经营所需的资金,通常指流动资产减去流动负债后的差额,所以也称净营运资本。用公式表示为:

营运资金 = 流动资产 − 流动负债

使用"营运资金"这一概念,是因为在企业的流动资产中,来源于流动负债的部分由于面临债权人的短期索求权,而无法供企业在较长期限内自由运用。只有扣除短期负债之后的剩余流动资产,即营运资金,才能为企业提供一个宽裕的自由使用期间。

营运资金因其较强的流动性而成为企业日常生产经营活动的润滑剂和基础,在客观存在现金流入量与流出量不同步和不确定的现实情况下,企业持有一定量的营运资金十分重要。企业应控制营运资金持有量的高低,既要防止营运资金不足,也要避免营运资金过多。

二、营运资金的特点

营运资金的特点需从流动资产和流动负债两个方面予以说明。

(一) 流动资产的特点

流动资产是指可以在1年以内或超过1年的一个营业周期内变现或运用的资产。企业拥有较多的流动资产,可在一定程度上降低财务风险。流动资产投资与固定资产投资相比,有如下特点:

(1) 投资回收期短。投资于流动资产的资金一般在一年或一个营业周期内收回,对企业影响的时间比较短。因此流动资产投资所需要的资金一般可通过商业信用、短期银行借款等加以解决。

(2) 流动性强。流动资产相对固定资产等长期投资来说比较容易变现,这对于财务上满足临时性资金需求具有重要意义。

(3) 占有形态的并存性。流动资产在循环周转过程中,各种不同形态的流动资产在空间上同时并存,在时间上依次继起。因此,合理地配置流动资产各项目的比例,是保证流动资产得以顺利周转的必要条件。

(4) 具有波动性。流动资产易受到企业内外环境的影响,其资金占用量的波动往往很大,财务人员应有效地预测和控制这种波动,以防止其影响企业正常的生产经营活动。

(二) 流动负债的特点

流动负债,又称为短期负债,指需要在1年或者超过1年的一个营业周期内偿还的债务。与长期负债筹资相比,流动负债筹资具有如下特点:

(1) 速度快。申请短期借款往往比申请长期借款更容易、更便捷,通常在较短时间内便可获得。

(2) 弹性大。与长期债务相比,短期贷款给债务人更大的灵活性。

(3) 成本低。在正常情况下,短期负债筹资所发生的利息支出低于长期负债筹资的利息支出。

(4) 风险大。尽管短期债务的成本低于长期债务,但其风险却高于长期债务。

三、营运资金的管理原则

企业的营运资金在全部资金中占有相当大的比重,而且周转期短,形态易变,是企业财务管理工作的一项重要内容。实证研究也表明,财务经理的大量时间都用于营运资金的管理。

企业进行营运资金管理,应遵循以下原则:

(一) 保证合理的资金需求

企业应认真分析生产经营状况,合理确定营运资金的需要数量。企业营运资金的需求数量与企业生产经营活动有直接关系。一般情况下,当企业产销两旺时,流动资产会不断增加,流动负债也会相应增加;而当企业产销量不断减少时,流动资产和流动负债也会相应减少。营运资金的管理必须把满足正常合理的资金需求作为首要任务。

(二) 提高资金使用效率

加速资金周转是提高资金使用效率的主要手段之一。提高营运资金使用效率的关键就是采取得力措施,缩短营业周期,加速变现过程,加快营运资金周转。因此,企业要千方百计地加速存货、应收账款等流动资产的周转,以便用有限的资金,服务于更大的产业规模,为企业取得更好的经济效益提供条件。

(三) 节约资金使用成本

在营运资金管理中,必须正确处理保证生产经营需要和节约资金使用成本二者之间的关系。要在保证生产经营需要的前提下,遵守勤俭节约的原则,尽力降低资金使用成本。一方面,要挖掘资金潜力,盘活全部资金,精打细算地使用资金;另一方面,积极拓展融资渠道,合理配置资源,筹措低成本资金,服务于生产经营。

(四) 保持足够的短期偿债能力

偿债能力的高低是企业财务风险高低的标志之一。合理安排流动资产与流动负债的比例关系,保持流动资产结构与流动负债结构的适配性,保证企业有足够的短期偿债能力是营运资金管理的重要原则之一。流动资产、流动负债以及二者之间的关系能较好地反映企业的短期偿债能力。流动负债是在短期内需要偿还的债务,而流动资产则是在短期内可以转化为现金的资产。因此,如果一个企业的流动资产比较多,流动负债比较少,说明企业的短期偿债能力较强;反之,则说明短期偿债能力较弱。但如果企业的流动资产太多,流动负债太少,也不是正常现象,这可能是因流动资产闲置或流动负债利用不足所致。

四、营运资金管理策略

营运资金管理也是流动资产的管理,营运资金管理策略分为营运资金的投资策略和营运资金的融资策略两部分。

(一) 营运资金投资策略

营运资金的投资管理也是流动资产投资管理,分为流动资产投资策略和流动资产投资日常管理两部分。

1. 流动资产投资策略

流动资产投资策略是指当企业的产销规模一定时，流动资产投资规模的选择。流动资产是企业生产经营活动的必要条件，其投资的核心不在于流动资产本身的多寡，而在于流动资产能否在生产经营中有效发挥地作用，即流动资金的周转与企业的经济效益能否一致。

流动资产÷销售收入＝1元销售占用流动资产

紧缩的流动资产投资策略维持较低的流动资产与销售收入比率（高收益、高风险），可能伴随着更高的风险。例如，紧缩的信用政策可能减少企业销售收入，而紧缩的产品存货政策则不利于顾客进行商品选择，从而影响企业销售。只要不可预见事件没有损坏企业的流动性而导致严重的问题发生，紧缩的流动资产投资战略就会提高企业效益。

宽松的流动资产投资策略维持高水平的流动资产与销售收入比率（低收益、低风险），对流动资产的高投资可能导致较低的投资收益率，但由于较高的流动性，企业的运营风险较小。

2. 流动资产投资的日常管理

流动资产投资的日常管理是流动资产投资政策的执行过程。流动资产投资日常管理的主要内容包括现金管理、应收账款管理和存货管理。这些内容将分别在本章第二节、第三节、第四节中进行介绍。

3. 影响流动资产投资需求的因素

流动资产投资的需求取决于流动资产周转水平、销售额和成本水平三个因素。

总流动资产投资＝流动资产周转天数×每日成本流转额
　　　　　　　＝流动资产周转天数×每日销售额×销售成本率

（1）流动资产周转天数。流动资产的周转天数越长，需要的流动资产投资越多。

（2）每日销售额。如果一个特定企业的管理效率不变，销售额越大，需要的流动资产越多。销售额增长时，需要更多的现金、存货和应收账款支持，会引起流动资产投资需求的增加。

（3）销售成本率。销售成本率可以反映成本水平，一个特定企业管理效率和销售额不变，成本水平上升则需要更多的流动资产投资。

4. 流动资产投资策略的类型

企业流动资产投资策略有以下三种：配合型投资策略、稳健型投资策略和激进型投资策略。

（1）配合型投资策略是指在保证流动资产正常需要量的情况下，适当保留一定的保险储备量以防不测的投资组合策略。

（2）稳健型投资策略从稳健经营的角度出发，在安排流动资产时，除保证正常需要量和必要的保险储备量外，还安排一部分额外的储备量，以最大限度地降低企业可能面临的流动性风险。

（3）激进型投资策略是指企业对流动资产的投资只保证流动资产的正常需要量，不保留或只保留较少的保险储备量,以便最大限度地减少流动资产占用水平,提高企业的运营效率。

同时,根据流动资产与销售收入这一比率的高低,可将流动资产投资战略分为两类:

(1) 紧缩的流动资产投资策略

在紧缩的流动资产投资策略下,企业维持低水平的流动资产与销售收入比率。需要说明的是,这里的流动资产通常只包括生产经营过程中产生的存货、应收款项以及现金等生产性流动资产,而不包括股票、债券等金融性流动资产。

紧缩的流动资产投资策略可以节约流动资产的持有成本,如节约持有资金的机会成本。但与此同时可能伴随着更高风险,这些风险表现为更紧的应收账款信用政策和较低的存货占用水平,以及缺乏现金用于偿还应付账款,等等。但是,只要不可预见的事件没有损坏企业的流动性而导致严重的问题发生,紧缩的流动资产投资策略就会提高企业效益。

采用紧缩的流动资产投资策略,无疑对企业的管理水平有较高的要求。因为一旦失控,由于流动资产的短缺,会对企业的经营活动产生重大影响。根据最近几年的研究,美国、日本等一些发达国家的流动资产比率呈现越来越小的趋势。这并不意味着企业对流动性的要求越来越低,而主要是因为在流动资产管理方面,尤其是应收账款与存货管理方面,取得了一些重大进展。存货控制的 JIT(Just In Time)系统,又称为适时管理系统,便是其中一个突出代表。

(2) 宽松的流动资产投资策略

在宽松的流动资产投资策略下,企业通常会维持高水平的流动资产与销售收入比率。也就是说,企业将保持高水平的现金和有价证券、高水平的应收账款(通常给予客户宽松的付款条件)和高水平的存货(通常源于补给原材料或不愿意因为产成品存货不足而失去销售)。在这种策略下,由于较高的流动性,企业的财务与经营风险较小。但是,过多的流动资产投资,无疑会承担较大的流动资产持有成本,提高企业的资金成本,降低企业的收益水平。

(二) 营运资金融资策略

流动资产融资策略是指在总体上如何为流动资产融资,是采用短期资金来源还是长期资金来源,或者兼而有之。制定流动资产融资策略就是确定流动资产所需资金中短期来源和长期来源的比例。其中,长期来源是长期资金来源购买固定资产后的剩余部分。流动资产的融资结构可以用易变现率来衡量,它是指经营性流动资产中长期融资来源的比重。

易变现率 = [(股东权益 + 长期债务 + 经营性流动负债) - 长期资产] / 经营性流动资产

其中,"经营性流动负债"也称为自发性流动负债;"所有者权益 + 长期债务 + 经营性流动负债"本章也将其称为长期资金来源,则:

易变现率 = (长期资金来源 - 长期资产) / 经营性流动资产

资金来源的持续性适中,偿债压力适中,称为期限配合型融资策略。易变现率高,资金来源的持续性强,偿债压力小,管理起来比较容易,称为保守型筹资政策。易变现率低,资金来源的持续性弱,偿债压力大,称为激进型筹资政策。

1. 期限匹配融资策略

期限匹配融资策略是指尽可能贯彻融资的匹配原则。即长期投资由长期资金支持,短期投资由短期资金支持。在期限匹配融资战略中,永久性流动资产和固定资产以长期融资方式(负债或权益)来融通,波动性流动资产用短期来源融通。这意味着,在给定的时间内,企业的融资数量反映了当时的波动性流动资产的数量。当波动性资产扩张时,信贷额度也会增加,以便支持企业的扩张;当资产收缩时,就会释放出资金,以偿付短期借款。

现实生活中,一个企业对流动资产的需求数量,一般会随着产品销售的变化而变化。例如,产品销售季节性很强的企业,当销售处于旺季时,流动资产的需求一般会更旺盛,可能是平时的几倍;当销售处于淡季时,流动资产需求一般会减弱,可能是平时的几分之一;即使当销售处于最低水平时,也存在对流动资产最基本的需求。在企业经营状况不发生大的变化的情况下,流动资产的最基本的需求具有一定的刚性和相对稳定性,我们可以将其界定为流动资产的永久性水平。当销售发生季节性变化时,流动资产将会在永久性水平的基础上增加。因此,流动资产可以被分解为两部分:永久性部分和波动性部分(也称长期性流动资产和波动性流动资产)。

永久性流动资产(长期性流动资产)是指满足企业长期最低需求的流动资产,也就是任何时候企业都需要保留的、用于满足企业长期、稳定运行的流动资产,其占有量通常相对稳定。波动性流动资产或称临时性流动资产,是指那些由于季节性或临时性的原因而形成的流动资产,其占用量随当时的需求而波动,如季节性存货、销售旺季的应收账款等。

与流动资产的分类相对应,流动负债也可以分为临时性负债和自发性负债。一般来说,临时性负债,又称为筹资性流动负债,是指为了满足临时性流动资金需要所发生的负债,如商业零售企业春节前为满足节日销售需要,超量购入货物而举借的短期银行借款。临时性负债一般只能供企业短期使用。自发性负债,又称为经营性流动负债,是指直接产生于企业持续经营中的负债,如商业信用筹资和日常运营中产生的其他应付款,以及应付职工薪酬、应付利息、应交税费等,自发性负债可供企业长期使用。

配合型融资策略的特点:临时性流动资产用临时性负债进行融资,也就是利用短期银行借款等短期负债工具取得资金;长期性流动资产需求和长期资产用权益资本和长期负债进行融资。该策略可以用以下公式表示:

临时性流动资产 = 短期金融负债资金

长期性流动资产 + 长期资产 = 权益 + 长期负债固定资产 + 经营性流动负债(自发性流动负债)

上述公式也可以表示为:

波动性流动资产 = 短期资金

永久性流动资产 + 固定资产 = 长期资金

【例 7-1】某企业是季节性生产企业,在生产经营的淡季,需占用 40 万元的流动资产和 60 万元的固定资产;在生产的旺季,会额外增加 20 万元的季节性存货需求;如果企业的长期负债、自发性负债和股东权益资本可提供的资金为 100 万元(等于正常经营期的流动资产占用和固定资产占用之和),那么就有 20 万元的临时性流动资产(在经营高峰期内)由短期金融负债筹资解决,这种情况表明,企业实行的是配合型融资策略。那么企业经营的高峰期和低谷期的易变现率分别为多少?

易变现率 = [(股东权益 + 长期债务 + 经营性流动负债) − 长期资产]/经营性流动资产
= (长期资金来源 − 长期资产)/经营性流动资产

企业在营业高峰的易变现率 = (100 − 60)/(40 + 20) = 66.7%

企业在营业低谷的易变现率 = (100 − 60)/40 = 100%

配合型融资策略要求企业的短期金融负债融资计划严密,实现现金流动与预期安排一致。企业应根据临时性流动资产需求的时间和数量与之配备合适的短期金融负债。

2. 保守型融资策略

保守型融资策略是指短期金融负债融通部分临时性流动资产的资金需求,另一部分的临时性流动资产和长期性资产,则由长期资金来源支持。极端的保守型融资策略完全不使用短期借款,全部资金来自于长期资金来源。这种战略通常最小限度地使用短期融资。因为这种战略在需要时将会使用成本更高的长期负债,所以往往比其他途径具有较高的融资成本。对短期融资的相对较低的依赖导致了较高的流动性比率,但由于总利息费用更高,这种战略也会导致利润更低。然而,如果长期负债以固定利率为基础,而短期融资方式以浮动或可变利率为基础,则利率风险可能降低。

保守型融资策略的特点:长期融资支持固定资产、永久性流动资产和部分波动性流动资产。公司通常以长期融资来源为波动性流动资产的平均水平融资,短期融资仅用于融通剩余的波动性流动资产(风险与收益较低)。该策略可以用以下公式表示:

波动性流动资产 > 短期资金

长期资金 > 永久性流动资产 + 固定资产

【例 7-2】沿用【例 7-1】的资料,某企业是季节性生产企业,在生产经营的淡季,需占用 40 万元的流动资产和 60 万元的固定资产;在生产的旺季,会额外增加 20 万元的季节性存货需求;如果企业的长期负债、自发性负债和股东权益资本可提供的资金为 110 万元(高于正常经营期的流动资产占用和固定资产占用之和 100 万元),那么旺季季节性存货的资金需要只有一部分(20 − 10 = 10 万元)靠当时的短期借款解决,其余部分的季节性存货(20 − 10 = 10 万元)和全部长期性资金需要则由长期负债、自发性负债和权益资本提供。而在生产淡季,企业则可以将闲置的资金(10 万元)投资于短期有价证券。这种情况表明,企业实行的是保守型融资策略。那么企业经营的高峰期和低谷期的易变现率分别为多少?

易变现率 = [(股东权益 + 长期债务 + 经营性流动负债) − 长期资产]/经营性流动资产

= (长期资金来源 - 长期资产)/经营性流动资产

  企业在营业高峰的易变现率 = (110 - 60)/(40 + 20) = 83.3%

  企业在营业低谷的易变现率 = (110 - 60)/40 = 125%

【例7-3】C企业在生产经营淡季,需占用1250万元的流动资产和1875万元的固定资产;在生产经营高峰期,会额外增加650万元的季节性存货需求。企业的营运资本筹资方案为:权益资本、长期债务和自发性负债始终保持在3400万元,其余靠短期借款提供资金来源。那么企业经营高峰和低谷期的易变现率分别为多少?

  易变现率 = [(股东权益 + 长期债务 + 经营性流动负债) - 长期资产]/经营性流动资产
  = (长期资金来源 - 长期资产)/经营性流动资产

  C企业在营业高峰的易变现率 = (3400 - 1875)/(1250 + 650) = 80%

  C企业在营业低谷的易变现率 = (3400 - 1875)/1250 = 122%

【例7-4】A公司在生产经营的淡季流动资产为800万元,长期资产为1200万元,在生产经营的旺季会额外增加300万元的季节性存货需求。公司的长期负债、自发性负债和股东权益资本可提供的资金为2200万元。

  生产经营旺季(营业峰值)的易变现率 = (2200 - 1200)/(800 + 300) = 90.91%

  生产经营淡季(营业低谷)的易变现率 = (2200 - 1200)/800 = 125%

该公司长期性资产为2000(800 + 1200)万元,长期负债、自发性负债和股东权益资本可提供的资金为2200万元,说明有200万元的长期资金来源可以满足部分波动性流动资产的需求,所以该公司采取的是保守型筹资策略。

3. 激进型融资策略

激进型融资策略是指在短期负债不但融通临时性流动资产的资金需要,还解决部分长期性资产的资金需要。极端激进的融资策略是全部临时性资产都采用短期借款,甚至部分固定资产也采用短期借款。

激进型融资策略的特点:长期负债和权益为所有的固定资产融资,还对部分永久性流动资产使用长期融资方式融资。短期融资方式支持剩下的永久性流动资产和所有的临时性流动资产(风险与收益较高)。该策略可以用以下公式表示:

波动性流动资产 < 短期资金

长期资金 < 永久性流动资产 + 固定资产

【例7-5】沿用【例7-1】的资料,某企业是季节性生产企业,在生产经营的淡季,需占用40万元的流动资产和60万元的固定资产;在生产的旺季,会额外增加20万元的季节性存货需求;如果企业的长期负债、自发性负债和股东权益资本可提供的资金为90万元(低于正常经营期的流动资产占用和固定资产占用之和100万元),那么就会有10万元(40 + 60 - 90 = 10万元)的长期性资产和20万元的临时性流动资产(在经营高峰期内)由短期金融负债筹资解决。这种情况表明,企业实行的是激进型融资策略。那么企业经营的高峰期和低谷期的易变现率分别为多少?

易变现率 = [(股东权益 + 长期债务 + 经营性流动负债) - 长期资产]/经营性流动资产
= (长期资金来源 - 长期资产)/经营性流动资产

企业在营业高峰的易变现率 = (90 - 60)/(40 + 20) = 50%

企业在营业低谷的易变现率 = (90 - 60)/40 = 75%

流动资产融资的稳健程度,可以用易变现率的高低来识别。在营业低谷的易变现率等于1,是匹配型的融资策略,大于1是保守型融资策略(比较稳健),小于1是激进型融资策略。营业高峰的易变现率可以反映随营业额增加而不断增加的流动性风险,数值越小风险越大。

第二节　现金管理

现金有广义、狭义之分。广义的现金是指在生产经营过程中以货币形态存在的资金,包括库存现金、银行存款和其他货币资金等。狭义的现金仅指库存现金。这里所讲的现金是指广义的现金。

现金是变现能力最强的资产,可以用来满足生产经营开支的各种需要,也是还本付息和履行纳税义务的保证。拥有足够的现金对于降低企业的风险,增强企业资产的流动性和债务的可清偿性有着重要的意义。但库存现金是唯一的不创造价值的资产,对其持有量不是越多越好。即使是银行存款,其利率也非常低。因此,现金存量过多,它所提供的流动性边际效益会随之下降,从而使企业的收益水平下降。现金管理的过程就是在现金的流动性与收益性之间进行权衡选择的过程,其目的是在保证企业经营活动现金需要的同时,降低企业闲置的现金数量,提高资金收益率。

一、现金管理的动机

企业持有现金是出于三种动机:交易性动机、预防性动机和投机性动机。

(一) 交易动机

交易动机,即企业在正常生产经营秩序下应保持一定的现金支付能力。企业为了组织日常生产经营活动,必须保持一定数额的现金余额。一般来说,企业为满足交易动机所持有的现金余额主要取决于企业的销售水平。企业销售扩大,销售额增加,所需现金余额也随之增加。

(二) 预防动机

预防动机,即企业为应付紧急情况而需要保持的现金支付能力。由于市场行情的瞬息万变和其他各种不测因素的存在,企业通常难以对未来现金流入量和流出量做出准确的估计和预期。因此,在正常业务活动现金需要量的基础上,追加一定数量的现金余额以应付未来现金流入和流出的随机波动,是企业在确定现在现金持有量时应当考虑的因素。企业为应付紧急情况所持有的现金余额主要取决于以下三个方面:一是企业愿意承担风险的程度;二是企业临时举债能力的强弱;三是企业对现金流量预测的可靠程度。

(三)投机动机

投机动机,即企业为了抓住各种瞬息即逝的市场机会,获取较大的利益而准备的现金余额。投机动机只是企业确定现金余额时所需考虑的次要因素之一,其持有量的大小往往与企业在金融市场的投资机会及企业对待风险的态度有关。

现金是变现能力最强的非盈利性资产。现金管理的过程就是在现金的流动性与收益性之间进行权衡选择的过程。通过现金管理,使现金收支不但在数量上,而且在时间上相互衔接,对于保证企业经营活动的现金需要,降低企业闲置的现金数量,提高资金收益率具有重要意义。

二、现金的成本

企业持有现金的成本通常由以下三个部分组成:

(一)持有成本

现金持有成本,是指企业因保留一定现金余额而增加的管理费及丧失的再投资收益。企业保留现金,对现金进行管理,会发生一定的管理费用,如管理人员工资及必要的安全措施费等。这部分费用具有固定成本的性质,它在一定范围内与现金持有量的多少关系不大,是决策无关成本。再投资收益是企业不能同时用该现金进行有价证券投资所产生的机会成本,这种成本在数额上等同于资金成本。放弃的再投资收益即机会成本属于变动成本,它与现金持有量成正比例关系。

(二)转换成本

现金转换成本,是企业用现金购入有价证券以及转让有价证券换取现金时付出的交易费用,即现金同有价证券之间相互转换的成本,如委托买卖佣金、委托手续费、证券过户费、实物交割手续费等。

(三)短缺成本

现金短缺成本,是指因现金持有量不足而又无法及时通过有价证券变现加以补充而给企业造成的损失,包括直接损失与间接损失。现金的短缺成本与现金持有量呈反方向变动关系。

三、目标现金余额的确定

目标现金余额的确定,也称为现金持有量的确定,确定最佳现金持有量的模式主要有现金周转模式、成本分析模式、存货模式和随机模式四种。

(一) 现金周转模式

现金周转模式作为一种确定最佳现金持有量的计算方式,全面地描述了存货资金周转的过程,为准确地计算存货资金周转期提供了有效的依据。

现金周转模式是以现金周转期来确定最佳现金持有量的模式。它是现金从投入生产经营到最终再转化为现金的一个全过程。

影响现金周转模式的因素主要有三点:

(1) 存货周转期。存货周转期是指原材料转化为产成品并出售所需要的时间。

(2) 应收账款周转期。应收账款周转期是指将应收账款转化为现金所需要的时间,即从产品销售到收回现金的时间。

(3) 应付账款周转期。应付账款周转期是指收到尚未付款的原材料到支付欠款的时间。

现金周转模式可以用来计算最佳现金持有量,主要步骤有:

① 确定现金周转期。

现金周转期 = 存货周转期 + 应收账款周转期 − 应付账款周转期

② 确定现金周转率。

现金周转率 = 360/现金周转期

③ 确定最佳现金持有量。

最佳现金持有量 = 年现金总需求量/现金周转率

【例7-6】某企业预计存货周转天数为130天,应收账款周转天数为40天,应付账款周转天数为50天,预计全年需要现金1080万元,求最佳现金余额。

现金周转期 = 130 + 40 − 50 = 120(天)

最佳现金余额 = 1080 ÷ 360 × 120 = 360(万元)

现金周转模式操作比较简单,但该模式要求具备一定的条件:首先,未来年度的现金总需求量应该能够准确地预计出来;其次,必须能够根据以往年度的历史资料测算出未来年度的现金周转期。

(二) 成本分析模式

成本分析模式是根据现金有关成本,分析预测其总成本最低时现金持有量的一种方法。运用成本分析模式确定现金最佳持有量,只考虑因持有一定量的现金而产生的机会成本及短缺成本,而不予考虑管理费用和转换成本。机会成本即因持有现金而丧失的再投资收益,与现金持有量成正比例变动关系,用公式表示即:

机会成本 = 平均现金持有量 × 有价证券利息率 = $(C/2) \times K$

短缺成本与现金持有量呈反方向变动关系。现金的成本同现金持有量之间的关系如图7-1所示。

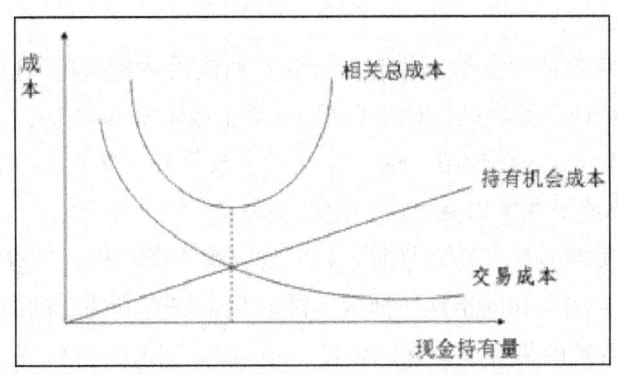

图 7-1　成本分析模式示意图

从图 7-1 可以看出，由于各项成本同现金持有量的变动关系不同，使得总成本曲线呈抛物线型，抛物线的最低点，即为成本最低点，该点所对应的现金持有量便是最佳现金持有量，此时总成本最低。

运用成本分析模式确定最佳现金持有量的步骤是：(1) 根据不同现金持有量测算并确定有关成本数值；(2) 按照不同现金持有量及其有关成本资料编制最佳现金持有量测算表；(3) 在测算表中找出总成本最低时的现金持有量，即最佳现金持有量。在这种模式下，最佳现金持有量，就是持有现金而产生的机会成本与短缺成本之和最小时的现金持有量。

【例 7-7】某企业现有 A、B、C、D 四种现金持有方案，有关成本资料如表 7-1 所示。

表 7-1　现金持有量备选方案表　　　　　　　　　　　　金额单位：元

项目	A	B	C	D
现金持有量	100 000	200 000	300 000	400 000
机会成本率	10%	10%	10%	10%
短缺成本	48 000	25 000	10 000	5 000

根据表 7-1，可采用成本分析模式编制该企业最佳现金持有量测算表，如表 7-2 所示。

表 7-2　最佳现金持有量测算表　　　　　　　　　　　　金额单位：元

方案及现金持有量	机会成本	短缺成本	相关总成本
A(100 000)	10 000	48 000	58 000
B(200 000)	20 000	25 000	45 000
C(300 000)	30 000	10 000	40 000
D(400 000)	40 000	5 000	45 000

通过分析比较上表中各方案的总成本可知，C 方案的相关总成本最低，因此企业持有 300 000 元的现金时，相关总成本最低，300 000 元为现金最佳持有量。

(三) 存货模式

存货模式，是将存货经济订货批量模型原理用于确定目标现金持有量，其着眼点也是现金相关成本之和最低。

运用存货模式确定最佳现金持有量时,是以下列假设为前提的:①企业所需要的现金可通过证券变现取得,且证券变现的不确定性很小;②企业预算期内现金需要总量可以预测;③现金的支出过程比较稳定、波动较小,而且每当现金余额降至零时,均通过部分证券变现得以补足;④证券的利率或报酬率以及每次固定性交易费用可以获悉。

利用存货模式计算现金最佳持有量时,对短缺成本不予考虑,只对机会成本和固定性转换成本予以考虑。机会成本和固定性转换成本随着现金持有量的变动而呈现出相反的变动趋向,因而能够使现金管理的机会成本和固定性转换成本之和保持最低的现金持有量,即为最佳现金持有量。

设 T 为一个周期内现金总需求量;F 为每次转换有价证券的固定成本;Q 为最佳现金持有量(每次证券变现的数量);K 为有价证券利息率(机会成本);TC 为现金管理相关总成本。则:

现金管理相关总成本 = 持有机会成本 + 固定性转换成本

即:$TC = (Q/2) \times K + (T/Q) \times F$

现金管理相关总成本与持有现金机会成本、固定性转换成本的关系,如图 7-2 所示。

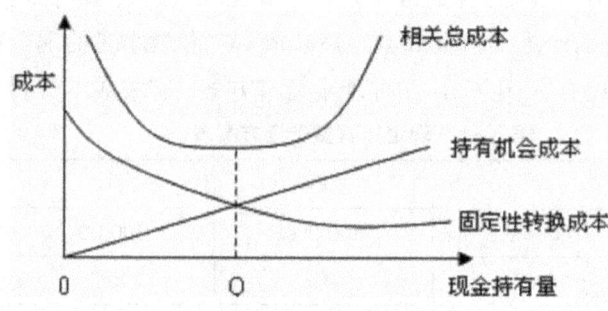

图 7-2 存货模式示意图

从图 7-2 可以看出,现金管理的相关总成本与现金持有量呈凹形曲线关系。持有现金的机会成本与证券变现的交易成本相等时,现金管理的相关总成本最低,此时的现金持有量为最佳现金持有量,即:

$$Q = \sqrt{\frac{2TF}{K}}$$

将上式代入总成本计算公式得:

最低现金管理相关总成本为:$TC = \sqrt{2TFK}$

【例 7-8】某企业现金收支状况比较稳定,预计全年(按 360 天计算)需要现金 400 万元,现金与有价证券的转换成本为每次 400 元,有价证券的年利率为 8%,则:

最佳现金持有量(Q) = $\sqrt{\dfrac{2 \times 4000000 \times 400}{8\%}}$ = 200000(元)

最低现金管理相关总成本(TC) = $\sqrt{2 \times 4000000 \times 400 \times 8\%}$ = 16000(元)

其中:转换成本 = (4000000÷200000)×400 = 8000(元)

持有机会成本 = (200000÷2)×8% = 8000(元)

有价证券交易次数 = 4000000/200000 = 20(次)

有价证券交易间隔期 = 360÷20 = 18(天)

(四)随机模式

随机模式是在现金需求难以预知的情况下进行的现金持有量确定的方法。企业可以根据历史经验和需求,预算出一个现金持有量的控制范围,制定出现金持有量的上限和下限。争取将企业现金持有量控制在这个范围之内,如图7-3所示。

随机模式的原理:制定一个现金控制区域,定出上限与下限,即现金持有量的最高点与最低点。当余额达到上限时将现金转换为有价证券,降至下限时将有价证券换成现金。

随机模式的范围:企业未来现金流量呈不规则波动、无法准确预测的情况。

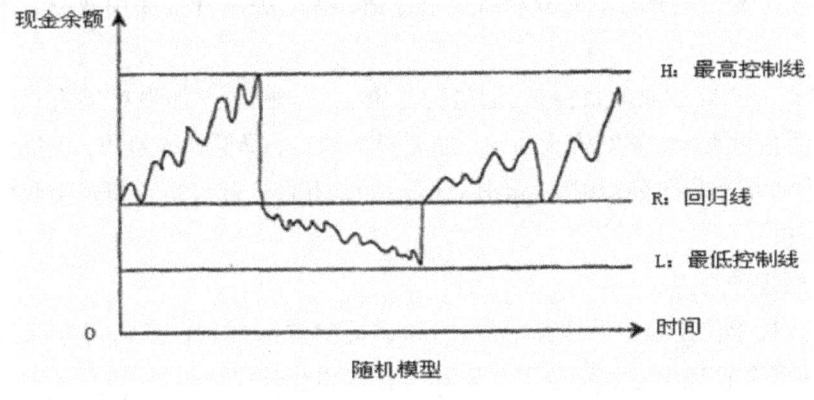

图7-3

(1)最低控制线L的确定

最低控制线L取决于模型之外的因素,其数额是由现金管理部经理在综合考虑短缺现金的风险程度、公司借款能力、公司日常周转所需资金、银行要求的补偿性余额等因素的基础上确定的。

(2)回归线的确定

$$R = \left(\frac{3b \times \delta^2}{4i}\right)^{1/3} + L$$

式中:b表示证券转换为现金或现金转换为证券的成本;δ表示delta,公司每日现金流变动的标准差;i表示以日为基础计算的现金机会成本。

(3)最高控制线的确定。

H = 3R - 2L

【例7-9】某企业每次转换有价证券的固定成本为100元,有价证券的年利率为9%,日现金净流量的标准差为 900 元,现金余额下限为 2000 元。若一年以 360 天计算,求该企业的现金最佳持有量和上限值。

$$R = (\frac{3b \times \delta^2}{4i})^{1/3} + L = (\frac{3 \times 100 \times 900^2}{4 \times \frac{0.09}{360}})^{1/3} + 2000 = 8240(元)$$

$$H = 3 \times 8240 - 2 \times 2000 = 20720(元)$$

由上例可见,该企业现金最佳持有量为 8240 元,当现金余额升到 20720 元时,则可购进 12480 元的有价证券(20720 - 8240 = 12480);而当现金余额下降到 2000 元时,则可售出 6240 元的有价证券(8240 - 2000 = 6240)。

四、资金集中管理模式

资金集中管理是指将整个集团的资金归集到集团总部,在集团总部设立专职部门代表集团公司实施对资金的统一调度、管理、运用和监控。通过资金的集中管理,企业集团能够实现集团范围内资金的整合与调控,充分盘活资金存量,有效提高资金使用效率,降低财务成本和资金风险。

资金集中管理所要达成的目标是:通过建立资金管理中心,加强对集团所属企业资金的宏观调控,盘活存量资金,调剂资金余缺,加速资金周转,降低财务费用,促进资源的优化配置。资金管理中心是在集团公司财务部门内部设立的、办理内部成员单位现金收付和往来结算业务的专门机构。

资金集中管理的特点:

(1)内部成员单位是独立的核算单位。内部成员单位都具有自己的财务部门和各自的银行账户。集中在资金管理中心的资金不改变其所有权和经营权。

(2)收支两条线的运作流程。先集中内部成员单位的现金收入,再由资金管理中心根据成员单位上报的现金预算,向各成员单位拨付各自所需的货币资金,同时监控资金的流向和使用情况。

(3)对于成员单位之间的内部往来结算不再通过银行。成员单位之间的内部往来结算由资金管理中心通过"走账不走钱"的方式进行内部结算,大大降低了整个集团公司的资金需求量。这样以富余的银行存款来偿还银行贷款,将会大大降低银行贷款的数额,降低财务费用。

(4)统贷统还和内部借款。内部成员单位不单独从银行贷款,由资金管理中心实行统贷统还,保证整个集团的资金需求量。

(5)成员单位与资金管理中心之间形成存贷关系。各成员单位可以向资金管理中心进行内部存款、内部借款和还款,实行有偿存贷制度。

(一)统收统支模式

统收统支模式是指企业的一切现金收付活动都集中在总部或母公司的财务部门,各地区营销组织不再单独设立账户,一切现金支出都通过财务部门付出,现金收支的批准权高度集中在总部经理或其授权的代表手中;或者虽设置独立账户,但通过实行"收支两条线"及现金合并、账户集中等手段,将现金收付活动的控制权收归总部或母公司所有。信息化水平较低的企业一般采取前一种模式,而信息化应用水平较高的企业则采取后一种模式。

1. 统收统支模式的优点

在该模式下,经营者或者经营者授权代表高度集中资金管理权限,所以企业经营者能掌握企业资金的收支平衡,全面了解和控制企业的经营状况及企业资金的运作情况,提高资金的周转效率,减少企业资金沉淀,控制企业资金流出,提高决策的效率。

2. 统收统支模式的缺点

(1) 由于权利的高度集中,不利于调动下属公司和分支机构各层次开源节流的积极性,降低下属公司和分支机构的应变能力,降低集团公司整体经营活动效率和财务的灵活性。

(2) 在完全的统收统支方式下,资金的收付转都需要委托集团结算中心进行,结算中心因此聚集了大量的工作,形成支付瓶颈,尽管通过使用计算机系统会在一定程度上提高工作效率,但事物的本质没有变化。

(3) 在许多实际情况下,集团下属的具有独立法人资格的成员单位必须对外保持独立的形象。如对外支付增值税时就必须填写自己在税务申报登记时所填写的自己的独立账号。

(4) 所有经营活动都通过一个集中账户来进行,对资金主账户也增大了许多连带风险。

(二) 拨付备用金模式

拨付备用金是指集团总部按一定期限拨给成员企业一定金额的现金,备其使用。在这种情况下,成员企业的所有现金收入必须集中到集团财务部门,发生的现金支出必须持有关凭证到总部的财务部门报销以补足备用金。成员企业在总部规定的现金支出范围和支出标准内,可以对拨付的备用金的使用行使决策权。

与统收统支方式比较,其特点是:① 集团所属各分支机构有了一定的现金经营权。② 集团所属分支机构或子公司在集团规定的现金支出范围和支出标准之内,可以对拨付的备用金的使用行使决策权。但是集团所属各分支机构或子公司仍不独立设置财务部门,其支出的报销仍要通过集团财务部门的审核,现金收入必须集中到集团财务部门,超范围和超标准的开发必须经过经营者或其授权的代表批准。

(三) 结算中心模式

结算中心是由企业集团或控股公司内部设立的,统一办理企业内部各成员或下属分、子公司资金收付及往来结算,它是企业的一个独立运行的职能机构,办理各成员之间的资金往来结算、资金调度、运筹以降低资金成本、提高资金使用效率的内部资金管理机构,其业务涵盖资金管理、融资、结算、风险控制、运作和计划等。

结算中心模式的主要优势是:① 结算中心可以帮助企业集团加强对所属企业资金运作的

监督管理,督促所属企业按照国家法规和企业集团的相关规定运用资金,避免所属企业出现乱投资、乱借款、乱担保等情况,从而保障企业集团资金的安全。②结算中心可以调剂企业集团内部各企业间的资金余缺,减少企业集团的银行借款,通过节省财务费用从而提高企业集团的经济效益。

(四) 内部银行模式

企业内部银行,是引进商业银行的信贷与结算职能和方式于企业内部,来充实和完善企业内部经济核算的办法。在运用和发展责任会计基本功能上,将"企业(基础)管理"、"金融信贷(银行机制)"、"财务管理(会计核算)"三者融为一体。一般是将企业的自有资金和商业银行的信贷资金统筹运作,在内部银行统一调剂、融通运用,通过吸纳企业下属各单位闲散资金,调剂余缺,减少资金占用,活化与加速资金周转速度,提高资金使用效率、效益,与目标成本管理、企业内部经济责任制有机结合,并监督、考核、控制和管理的办法。

从中国现有企业的内部银行实践出发,总结出三种运行模式:

1. "双轨制"企业内部银行

这种模式是指现行财务会计核算体系与内部银行责任会计核算体系相互独立,各自平行地开展核算。前者侧重于企业实际经营效果的真实反映和对外报告财务信息,后者侧重于对责任单位内部经济责任业绩的反映、核算。

其特点有:① 内部银行核算的财会信息属商业秘密,没有义务向社会公开;② 双轨制有利于保护企业的商业秘密;③ 设立两套核算体系、甚至两套机构人员,加大日常处理工作量,造成许多重复劳动,增加企业管理成本;④ 对现行财务信息和制度的硬约束和对内部银行的软约束,可能造成对内部银行缺乏应有的重视,内部银行运行效果不甚理想;⑤ 双轨制中,内部银行运行对原有财务体制不构成影响。

2. "单轨制"企业内部银行

这种模式是指内部银行账务组织与原有财务会计核算账务组织融为一体,一般是在国家规定的企业财务通则、会计准则的会计科目基础上,增设部分责任会计核算科目,将内部银行会计核算纳于现行会计核算体系,形成统一的一本账核算制度。

其特点有:① 单轨制会计制度同时具有对外、对内报告的双重职能;② 简化会计账务处理业务工作量,避免重复劳动。

3. "银企联合"内部银行

这种模式是指企业与在其开设基本账户的商业银行,联合开办内部银行。内部银行的对外业务:为企业财务部和下属单位开立账户、发放贷款、办理结算和票据承兑贴现,代理发放债券、股票等。对内业务:对企业下属责任单位开设内部结算账户,进行内部经济往来结算。

其特点有:① 具有对内结算和对外结算的双重结算功能;② 能发挥金融机构的积极性,营造良好的银企关系;③ 需要当地人民银行和其他上级机关的批准;④ 需要银企双方确定内部银行运行的规章制度。

(五) 财务公司模式

财务公司由于属于非银行金融机构,其独立法人地位的特性决定其除了能担任集团结算中心的角色之外,还可以对外提供多元化的金融服务。我国财务公司设立标准极高,大多是在集团公司发展到一定水平后由人民银行批准,作为集团公司的子公司而设立。与其他资金管理模式相比,财务公司不仅能实现最经济、自发的资金整合管控,还能承担集团的理财职责,其主要作用表现为以下几个方面:

(1) 在资金管理和使用上,促使企业从粗放型向集约型转变。财务公司成立前,集团公司成员企业之间不直接发生信贷关系,经常会出现一些企业资金十分紧张,而另一些企业资金闲置的状况。财务公司成立后,成员企业成为了财务公司的股东,在一定程度上集中了各成员企业的资本来进行一体化经营,同时财务公司可以运用金融手段将集团公司内部企业的闲散资金集中起来,统筹安排使用,这样能加快集团公司成员企业之间资金结算的速度,避免"三角债"发生,从而从整体上降低集团公司的财务费用,提高集团公司资金的使用效率,加速集团公司资产一体化经营的进程。

(2) 财务公司以资金为纽带,以服务为手段,增强了集团公司的凝聚力。一方面,财务公司将集团公司一些成员企业吸收为自己的股东,用股本金的纽带将大家联结在一起;另一方面,财务公司吸纳的资金又成了集团公司成员企业信贷资金的一个重要来源,从而将集团公司成员企业进一步紧密地联结起来,形成一种相互支持、相互促进、共同发展的局面。

(3) 及时解决企业集团急需的资金,保证企业生产经营的正常进行。由于各种原因,企业经常出现因资金紧缺而影响生产经营正常进行的情况,财务公司成立后,它比银行更了解企业的生产特点,能及时为企业提供救急资金,保证生产经营活动的正常进行。

(4) 增强了企业集团的融资功能,促进了集团公司的发展壮大。财务公司不仅办理一般的存款、贷款、结算业务,而且根据企业集团的发展战略和生产经营特点,积极开展票据、买方信贷等新业务,为企业扩大销售、减少库存等发挥了很好的作用。

(5) 有利于打破现有银行体制资金规模按行政区域分割的局面,促进大集团公司跨地区、跨行业发展。我国的金融机构存在纵向设置、条块分割等问题,资金管理体制是以行政区域为单位进行分级管理的,资金的跨地区流动比较困难。中央企业在地方往往得不到应有的支持,而财务公司可以突破地区的限制,向不与集团公司总部在同一地区的成员企业筹集、融通资金,向资金不能及时到位的项目提供资金支持,以保证生产的正常进行和建设项目的按期开工。

(6) 促进了金融业的竞争,有利于金融机构提高服务质量和效益,有利于金融体制改革的深化。在所有金融机构中,财务公司还是相当弱小的,远不能与其他金融机构特别是银行竞争,但为了生存,财务公司必须通过提高服务质量来争取客户,这在客观上起到了促进其他金融机构深化改革、提高服务质量的作用。

五、现金收支日常管理

现金日常管理的内容很多,从财务的角度讲,主要是如何管理现金以提高企业收益的问题。

其主要关注的是现金的回收和现金的支付管理两个方面。

(一) 现金回收的管理

现金回收管理的目的是尽快收回现金,加速现金的周转。为此,企业应根据成本与收益比较原则选用适当的方法加速账款的收回。

现金回收主要采用的方法有邮政信箱法和银行业务集中法两种。

(1) 邮政信箱法又称锁箱法,是西方企业加速现金流转的一种常用方法。企业可以在各主要城市租用专门的邮政信箱,并开立分行存款户,授权当地银行每日开启信箱,在取得客户支票后立即予以结算,并通过电汇将货款拨给企业所在地银行。该方法缩短了支票邮寄及在企业的停留时间,但成本较高。

(2) 银行业务集中法。这是一种通过建立多个收款中心来加速现金流转的方法。在这种方法下,企业指定一个主要开户行(通常是总部所在地)为集中银行,并在收款额较集中的若干个收款中心;客户收到账单后直接汇款到当地收款中心,中心收款后立即存入当地银行;当地银行在进行票据交换后立即转给企业总部所在地银行。该方法缩短了现金从客户到企业的中间周转时间,但在多处设立收账中心,增加了相应的费用支出。为此,企业应在权衡利弊得失的基础上,做出是否采用银行业务集中法的决策,这需要计算分散收账收益净额。

分散收账收益净额 = (分散收账前应收账款投资额 - 分散收账后应收账款投资额) × 企业综合资金成本率 - 因增设收账中心每年增加费用额

(二) 现金支出的管理

现金管理的另一个方面就是决定如何使用现金。企业应根据风险与收益权衡原则选用适当方法延期支付账款。

与现金收入的管理相反,现金支出管理的主要任务是尽可能延缓现金的支出时间。延期支付账款的方法一般有以下几种:

(1) 合理利用"浮游量"。所谓现金的"浮游量",是指企业账户上现金余额与银行账户上所示的存款余额之间的差额。

(2) 推迟支付应付款。企业可在不影响信誉的情况下,尽可能推迟应付款的支付期。

(3) 采用汇票付款。在使用支票付款时,只要持票人将支票存入银行,付款人就要无条件地付款。但汇票不是"见票即付"的付款方式,这样就有可能合法地延期付款。

第三节　应收账款的管理

应收账款是指因对外销售产品、材料、供应劳务及其他原因,应向购货单位或接受劳务的单位及其他单位收取的款项,包括应收销售款、其他应收款、应收票据等。应收账款作为企业为扩大销售和盈利的一项投资,也会发生一定成本。所以企业需要在应收账款所增加的盈利和所增加的成本之间做出权衡。应收账款管理就是分析赊销的条件,使赊销带来的盈利增加大于应收账款投资产生的成本增加,最终使企业收入增加,企业价值上升。

一、应收账款的功能

1. 增加销售

商业竞争是应收账款产生的直接原因。市场竞争激烈时,信用销售是促进销售的一种重要方式。信用销售实际是向顾客提供了两项交易:销售产品和在一定时期内提供资金。在卖方市场条件下,产品供不应求,企业没有必要采用信用销售而持有应收账款。只有当市场经济发展到一定程度并且市场转变为买方市场时,各行各业才会为了扩大市场占有率和增加销售收入而采用信用销售的方式。信用销售方式能够吸引客户的原因主要有以下两点:首先,在银根紧缩、市场疲软和资金匮乏的情况下,客户总是希望通过赊欠方式得到需要的材料物资和劳务。其次,许多客户希望保留一段时间的支付期以检验商品和复核单据。因此,在市场竞争激烈的情况下,如果某家企业不采用商业信用销售方式,那么市场就会萎缩,销售收入和利润就会减少,最终可能导致企业亏损甚至倒闭。

2. 减少存货

在大部分情况下,企业持有应收账款比持有存货更有优势。这是因为:① 从财务角度看,应收账款和存货都属于流动资产,但两者的性质是不同的。正常情况下,应收账款是一种可以确认为收入的债权,而存货除占用一部分资金外,其持有成本相对较高,诸如储存费用、保险费用、管理费用等。② 从生产的目的来看,产品售出并因此获得利润是生产的目的,将生产出来的产品放在仓库里而未实现销售有违企业建立的目的。③ 从资信评级的角度看,存货的流动性要比应收账款差得多,虽然财务人员在计算流动比率时将存货和应收账款一视同仁,但在计算速动比率时将存货予以扣除。只有存货不是过时产品,而且与应收账款相比更易于抵押或典当来换取现金时,持有存货才比持有应收账款更具有优势。

二、应收账款的成本

应收账款的成本主要有:

(一) 机会成本

应收账款会占用企业一定量的资金,而企业若不把这部分资金投放于应收账款,便可以用于其他投资并可能获得收益,如投资债券获得利息收入。这种因投入于应收账款而放弃其他投资所带来的收益,即为应收账款的机会成本。这一成本的大小通常与企业维持赊销业务所需要的资金数量(即应收账款投资额)、资金成本率有关。其计算公式为:

应收账款机会成本 = 维持赊销业务所需要的资金 × 资金成本率

式中资金成本率一般可按有价证券利息率计算;维持赊销业务所需要的资金数量可按下列步骤计算:

1. 计算应收账款平均余额

$$应收账款平均余额 = \frac{年赊销额}{360} \times 平均收账天数 = 平均每日赊销数 \times 平均收账天数$$

式中平均收账天数一般按客户各自赊销额占总赊销额比重为权数的所有客户收账天数的加权平均数计算。

2. 计算维持赊销业务所需要的资金

维持销赊业务所需要的资金 = 应收账款平均余额 × 变动成本销售收入应收账款平均余额 × 变动成本率

上式假设企业的成本水平保持不变(即单位变动成本不变,固定成本总额不变),因此随着赊销业务的扩大,只有变动成本随之上升。

【例7-10】假设某企业预测的年度赊销额为6000000元,应收账款平均收账天数为60天,变动成本率为60%,资金成本率为10%,则应收账款机会成本可计算如下:

$$应收账款平均余额 = \frac{6000000}{360} \times 60 = 1000000(元)$$

维持销赊业务所需要的资金 = 1000000 × 60% = 600000(元)

应收账款机会成本 = 600000 × 10% = 60000(元)

上述计算表明,企业投放600000元的资金可维持6000000元的赊销业务,相当于垫支资金的10倍之多。这一较高的倍数在很大程度上取决于应收账款的收账速度。在正常情况下,应收账款收账天数越少,一定数量资金所维持的赊销额就越大;应收账款收账天数越多,维持相同赊销额所需要的资金数量就越大。而应收账款机会成本在很大程度上取决于企业维持赊销业务所需要资金的多少。

(二) 管理成本

主要是指在进行应收账款管理时,所增加的费用。主要包括:调查顾客信用状况的费用、收集各种信息的费用、账簿的记录费用、收账费用等。

(三) 坏账成本

在赊销交易中,债务人由于种种原因无力偿还债务,债权人就有可能无法收回应收账款而发生损失,这种损失就是坏账成本。可以说,企业发生坏账成本是不可避免的,而此项成本一般与应收账款发生的数量成正比。

三、应收账款的管理目标

对于一个企业来讲,应收账款的存在本身就是一个产销的统一体,企业一方面想借助于它来促进销售,扩大销售收入,增强竞争能力,同时又希望尽量避免由于应收账款的存在而给企业带来的资金周转困难、坏账损失等弊端。如何处理和解决好这一对立又统一的问题,便是企业应收账款管理的目标。

应收账款管理的目标,是要制定科学合理的应收账款信用政策,并在这种信用政策所增加的销售盈利和采用这种政策预计要担负的成本之间做出权衡。只有当所增加的销售盈利超过运用此政策所增加的成本时,才能实施和推行使用这种信用政策。同时,应收账款管理还包括企业未来销售前景和市场情况的预测和判断,及对应收账款安全性的调查。如企业销售前景良好,应收账款安全性高,则可进一步放宽其收款信用政策,扩大赊销量,获取更大利润,相反,则应相应严格其信用政策,或对不同客户的信用程度进行适当调整,确保企业获取最大收入的情况下,又使可能的损失降到最低点。

企业应收账款管理的重点,就是根据企业的实际经营情况和客户的信誉情况制定企业合理的信用政策,这是企业财务管理的一个重要组成部分,也是企业为达到应收账款管理目的必须合理制定的方针策略。

四、信用政策

为确保企业能一致性地运用信用和保证公平性,企业必须保持恰当的信用政策,必须明确地规定信用标准、信用条件、信用期间和折扣条件。

(一)信用标准

信用标准,是指顾客获得企业的交易信用所应具备的条件。如果顾客达不到信用标准,便不能享受企业的信用或只能享受较低的信用优惠。信用标准代表企业愿意承担的最大的付款风险的金额。如果企业执行的信用标准过于严格,可能会降低对符合可接受信用风险标准客户的赊销额,因此会限制企业的销售机会;如果企业执行的信用标准过于宽松,可能会对不符合可接受信用风险标准的客户提供赊销,因此会增加随后还款的风险并增加坏账费用。

企业在设定某一顾客的信用标准时,往往先要评估他赖账的可能性。这可以通过"5C"系统来进行。所谓"5C"系统,是评估顾客信用品质的五个方面,即:品质(Character)、能力(Capacity)、资本(Capital)、抵押(Collateral)和条件(Conditions)。

(1)品质。品质指顾客的信誉,即履行偿债义务的可能性。企业必须设法了解顾客过去的付款记录,看其是否有按期如数付款的一贯做法,及与其他供货企业的关系是否良好。这一点经常被视为评价顾客信用的首要因素。

(2)能力。能力指顾客的偿债能力,即其流动资产的数量和质量以及与流动负债的比例。顾客的流动资产越多,其转换为现金支付款项的能力越强。同时,还应注意顾客流动资产的质量,看是否有存货过多、过时或质量下降,影响其变现能力和支付能力的情况。

(3) 资本。资本指顾客的财务实力和财务状况,表明顾客可能偿还债务的背景。

(4) 抵押。抵押指顾客拒付款项或无力支付款项时能被用作抵押的资产。这对于不知底细或信用状况有争议的顾客尤为重要。一旦收不到这些顾客的款项便以抵押品抵补。如果这些顾客提供足够的抵押,就可以考虑向他们提供相应的信用。

(5) 条件。条件指可能影响顾客付款能力的经济环境。比如,万一出现经济不景气,会对顾客的付款产生什么影响,顾客会如何做,等等,这需要了解顾客在过去困难时期的付款历史。

进行商业信用的定量分析可以从考察信用申请人的财务报表开始。通过使用比率分析法评价顾客的财务状况。常用的指标有:流动性和营运资金比率(如流动比率、速动比率以及现金对负债总额比率)、债务管理和支付比率(利息保障倍数、长期债务对资本比率、带息债务对资产总额比率,以及负债总额对资产总额比率)和盈利能力指标(销售回报率、总资产回报率和净资产收益率)。

将这些指标和信用评级机构及其他协会发布的行业标准进行比较可以洞察申请人的信用状况。定量信用评价法常被用于百货店这样的大型零售信用提供商使用。信用评分包括以下四个步骤:

(1) 根据信用申请人的月收入、尚未偿还的债务和过去受雇佣的情况将申请人划分为标准的客户和高风险的客户;

(2) 对符合某一类型申请人的特征值进行加权平均以确定信誉值;

(3) 确定明确的同意或拒绝给予信用的门槛值;

(4) 对落在同意给予信用的门槛值或拒绝给予信用的门槛值之间的申请人进行进一步分析。

这些定量分析方法符合成本—效益原则,并且也符合消费者信用方面的法律规定。判别分析是一种规范的统计分析方法,可以有效确定区分按约付款或违约顾客的因素。

(二) 信用条件

信用条件是销货企业要求赊购客户支付货款的条件,含信用期限、折扣期限及现金折扣率等。信用条件的基本表现方式如"2/10, $n/45$",意思是:若客户能够在发票开出后的10日付款,可以享受2%的现金折扣;如果放弃折扣优惠,则全部款项必须在45日内付清。在此,45天为信用期限,10天为折扣期限,2%为现金折扣率。规定信用条件包括设计销售合同或协议来明确规定在什么情形下可以给予信用。企业必须建立信息系统或购买软件对应收账款进行监控以保证信用条款的执行,并且查明顾客还款方式在总体和个体方面可能发生的变化。

(三) 信用期间

信用期间是企业允许顾客从购货到付款之间的时间,或者说是企业给予顾客的付款期间。例如，若某企业允许顾客在购货后的 50 天内付款，则信用期为 50 天。信用期过短，不足以吸引顾客，在竞争中会使销售额下降；信用期过长，对销售额增加固然有利，但只顾及销售增长而盲目放宽信用期，所得到的收益有时会被增长的费用抵消，甚至造成利润减少。因此，企业必须慎重研究，确定出恰当的信用期。

信用期的确定，主要是分析改变现行信用期对收入和成本的影响。延长信用期，会使销售额增加，产生有利影响；与此同时，应收账款、收账费用和坏账损失增加，会产生不利影响。当前者大于后者时，可以延长信用期，否则不宜延长。如果缩短信用期，情况与此相反。

【例 7-11】某公司现在采用 30 天按发票金额付款的信用政策，拟将信用期放宽至 60 天，仍按发票金额付款即不给折扣。假设风险投资的最低报酬率为 15%，其他有关的数据见表 7-3。

表 7-3　某公司信用政策数据表

信用期 项目	30 天	60 天
销售量（件）	100 000	120 000
销售额（元）（单价 5 元）	500 000	600 000
销售成本（元）		
变动成本（每件 4 元）	400 000	480 000
固定成本（元）	50 000	50 000
毛利（元）	50 000	70 000
可能发生的收账费用（元）	3 000	4 000
可能发生的坏账损失（元）	5 000	9 000

在分析时，先计算放开宽信用期得到的收益，然后计算增加的成本，最后根据两者比较的结果做出判断。

1. 收益的增加

收益的增加 = 销售量的增加 × 单位边际贡献
= (120 000 - 100 000) × (5 - 4) = 20 000（元）

2. 应收账款占用资金的应计利息增加

应收账款应计利息 = 应收账款占用资金 × 资本成本

应收账款占用资金 = 应收账款平均余额 × 变动成本率

应收账款平均余额 = 日销售额 × 平均收现期

30 天信用期应计利息 = $\frac{500000}{360} \times 30 \times \frac{400000}{500000} \times 15\%$ = 5000（元）

60 天信用期应计利息 = $\frac{600000}{360} \times 60 \times \frac{480000}{600000} \times 15\%$ = 12000（元）

应计利息增加 = 12 000 - 5 000 = 7 000（元）

3. 收账费用和坏账损失增加

收账费用增加 = 4 000 - 3 000 = 1 000(元)

坏账损失增加 = 9 000 - 5 000 = 4 000(元)

4. 改变信用期的税前损益

收益增加 - 成本费用增加 = 20 000 - (7 000 + 1 000 + 4 000) = 8 000(元)

由于收益的增加大于成本增加,故应采用 60 天的信用期。

上述信用期分析的方法是比较简略的,可以满足一般制定信用政策的需要。如有必要,也可以进行更细致的分析,如进一步考虑销货增加引起存货增加而多占用的资金,等等。

【例 7-12】沿用【例 7-11】,现假定信用期由 30 天改为 60 天,由于销售量的增加,平均存货水平将从 9 000 件上升到 20 000 件,每件存货成本按变动成本 4 元计算,其他情况依旧。

由于增添了新的存货增加因素,需在原来分析的基础上,再考虑存货增加而多占用资金所带来的影响,重新计算放宽信用的损益。

存货增加而多占用资金的利息 = (20 000 - 9 000) × 4 × 15% = 6 600(元)

改变信用期的税前收益 = 8 000 - 6 600 = 1 400(元)

因为仍然可以获得税前收益,所以尽管会增加平均存货,还是应该采用 60 天的信用期。

更进一步地细致分析,还应考虑存货增加引起的应付账款的增加。这种负债的增加会节约企业的营运资金,减少营运资金的"应计利息"。因此,信用期变动的分析,一方面要考虑对利润表的影响(包括收入、成本和费用);另一方面要考虑对资产负债表的影响(包括应收账款、存货、应付账款),并且要将对资金占用的影响用"资本成本"转化为"应计利息",以便进行统一的得失比较。

此外,还有一个值得注意的细节,就是"应收账款占用资金"应当按"应收账款平均余额乘以变动成本率"计算确定。

(四) 折扣条件

如果公司给顾客提供现金折扣,那么顾客在折扣期付款的金额产生的"成本"将影响公司收益。当顾客利用了公司提供的折扣,而折扣又没有促使销售额增长时,公司的净收益则会下降。当然上述收入方面的损失可能会全部或部分地由应收账款持有成本的下降所补偿。宽松的信用政策可能会提高销售收入,但是它也会使应收账款的服务成本、收账成本和坏账损失增加。

现金折扣是企业对顾客在商品价格上所做的扣减。向顾客提供这种价格上的优惠,主要目的在于吸引顾客为享受优惠而提前付款,缩短企业的平均收款期。另外,现金折扣也能招揽一些视折扣为减价出售的顾客前来购货,借此扩大销售量。折扣的表示常采用如 5/10、3/20、n/30 这样一些符号形式。这三种符号的含义为:5/10 表示 10 天内付款,可享受 5% 的价格优惠,即只需支付原价的 95%,如原价为 10 000 元,只支付 9 500 元;3/20 表示 20 天内付款,可享受 3% 的价格优惠,即只需支付原价的 97%,若原价为 10 000 元,只支付 9 700 元;

n/30 表示付款的最后期限为 30 天,此时付款无优惠。

企业采用什么程度的现金折扣,要与信用期间结合起来考虑。比如,要求顾客最迟不超过 30 天付款,若希望顾客 20 天、10 天付款,能给予多大折扣?或者给予 5%、3% 的折扣,能吸引顾客在多少天内付款?不论是信用期间还是现金折扣,都可能给企业带来收益,但也会增加成本。现金折扣带给企业的好处前面已讲过,它使企业增加的成本,则指的是价格折扣损失。当企业给予顾客某种现金折扣时,应当考虑折扣所能带来的收益与成本孰高孰低,权衡利弊,抉择决断。

因为现金折扣是与信用期间结合使用的,所以确定折扣程度的方法与程序实际上与前述确定信用期间的方法与程序一致,只不过要把所提供的延期付款时间和折扣综合起来,看各方案的延期与折扣能取得多大的收益增量,再计算各方案带来的成本变化,最终确定最佳方案。

【例 7-13】沿用【例 7-11】,假定该公司在放宽信用期的同时,为了吸引顾客尽早付款,提出了 0.8/30、n/60 的现金折扣条件,估计会有一半的顾客(按 60 天信用期所能实现的销售量计)将享受现金折扣优惠。

1. 收益的增加

收益的增加 = 销售量的增加 × 单位边际贡献
= (120 000 - 100 000) × (5 - 4) = 20 000(元)

2. 应收账款占用资金的应计利息增加

30 天信用期应计利息 = $\frac{500000}{360} \times 30 \times \frac{400000}{500000} \times 15\%$ = 5 000(元)

提供现金折扣的应计利息 = ($\frac{600000 \times 50\%}{360} \times 60 \times \frac{480000 \times 50\%}{600000 \times 50\%} \times 15\%$)

+ ($\frac{600000 \times 50\%}{360} \times 30 \times \frac{480000 \times 50\%}{600000 \times 50\%} \times 15\%$)

= 6 000 + 3 000 = 9 000(元)

应计利息增加 = 9 000 - 5 000 = 4 000(元)

3. 收账费用和坏账损失增加

收账费用增加 = 4 000 - 3 000 = 1 000(元)

坏账损失增加 = 9 000 - 5 000 = 4 000(元)

4. 估计现金折扣成本的变化

现金折扣成本增加 = 新的销售水平 × 新的现金折扣率
× 享受现金折扣的顾客比例 - 旧的销售水平
× 旧的现金折扣率 × 享受现金折扣的顾客比例

= 600 000 × 0.8% × 50% - 500 000 × 0 × 0

= 2 400(元)

5. 提供现金折扣后的税前损益

收益增加 − 成本费用增加 = 20 000 − (4 000 + 1 000 + 4 000 + 2 400)

= 8 600(元)

由于可获得税前收益,故应当放宽信用期,提供现金折扣。

五、应收账款的日常管理

对于已经发生的应收账款,企业还应进一步强化日常管理工作,采取有力的措施进行分析、控制,及时发现问题,提前采取对策。这些措施主要包括应收账款追踪分析、应收账款账龄分析、应收账款收现率分析。

(一) 应收账款追踪分析

应收账款一旦发生,赊销企业就必须考虑如何按期足额收回的问题。可达到这一目的,赊销企业就有必要在收账之前,对该项应收账款的运行过程进行追踪分析。既然应收账款是存货变现的中间环节,对应收账款实施追踪分析的重点应放在赊销商品的销售与变现方面。客户以赊购方式购入商品后,迫于获利和付款信誉的动力与压力,必然期望迅速地实现销售并收回账款。如果这一期望能够顺利地实现,而客户又具有良好的信用品质,则赊销企业如期足额地收回客户欠款一般不会有多大的问题。然而,市场供求关系所具有的瞬变性,使得客户所赊购的商品不能顺利地销售与变现,经常出现的情形有两种:积压或赊销。但无论属于其中的哪种情况下,客户能否严格履行赊销企业的信用条件,取决于两个因素:其一,客户的信用品质;其二,客户现金的持有量与调剂程度(如现金用途的约束性、其他短期债务偿还对现金的要求等)。如果客户的信用品质良好,持有一定的现金余额,且现金支出的约束性较小,可调剂程度较大,客户大多是不愿以损失市场信誉为代价而拖欠赊销企业账款的。如果客户信用品质不佳,或者现金匮乏,或者现金的可调剂程度低下,那么,赊销企业的账款遭受拖欠也就在所难免。

(二) 应收账款账龄分析

企业已发生的应收账款时间长短不一,有的尚未超过信用期,有的则已逾期拖欠。一般来说,逾期拖欠时间越长,账款催收的难度越大,成为坏账的可能性也就越高。因此,进行账龄分析,密切注意应收账款的回收情况,是提高应收账款收现效率的重要环节。

账龄分析表是一张能显示应收账款在外天数(账龄)长短的报告,其格式见表7-4。

表 7-4　账龄分析表　　　　　　　2015 年 12 月 31 日

应收账款账龄	账户数量	金额(千元)	百分率(%)
信用期内	200	80	40
超过信用期 1~20 天	100	40	20
超过信用期 21~40 天	50	20	10
超过信用期 41~60 天	30	20	10
超过信用期 61~80 天	20	20	10
超过信用期 81~100 天	15	10	5
超过信用期 100 天以上	5	10	5
合计	420	200	100

利用账龄分析表，企业可以了解到以下情况：

(1) 有多少欠款尚在信用期内。表 7-4 显示，有价值 80 000 元的应收账款处在信用期内，占全部应收账款的 40%。这些款项未到偿付期，欠款是正常的；但到期后能否收回，还要待时再定。故及时的监督仍是必要的。

(2) 有多少欠款超过了信用期，超过时间长短的款项各占多少，有多少欠款会因拖欠时间太久而可能成为坏账。表 7-4 显示，有价值 120 000 元的应收账款已超过了信用期，占全部应收账款的 60%。不过，其中拖欠时间较短的(20 天内)有 40 000 元，占全部应收账款的 20%，这部分欠款收回的可能性很大；拖欠时间较长的(21~100 天)有 70 000 元，占全部应收账款的 35%，这部分欠款的回收有一定难度；拖欠时间很长的(100 天以上)有 10 000 元，占全部应收账款的 5%，这部分欠款有可能成为坏账。对不同拖欠时间的欠款，企业应采取不同的收账方法，制定出经济、可行的收账政策；对可能发生的坏账损失，则应提前做出准备，充分估计这一因素对损益的影响。

(三) 应收账款收现率分析

由于企业当期现金支付需要量与当期应收账款收现额之间存在着非对称性矛盾，并呈现出预付性与滞后性的差异特征(如企业必须用现金支付与赊销收入有关的增值税和所得税，弥补应收账款资金占用等)，这就决定了企业必须对应收账款收现水平制定一个必要的控制标准，即应收账款收现率。

应收账款收现率是为适应企业现金收支匹配关系的需要，所确定出的有效收现的账款应占全部应收账款的百分比，是二者应当保持的最低比例。公式为：

$$应收账款收现率 = \frac{当期必要现金支付总额 - 当期其他稳定可靠的现金流入总额}{当期应收账款总计金额}$$

式中的其他稳定可靠现金流入总额是指从应收账款收现以外的途径可以取得的各种稳定可靠的现金流入数额，包括短期有价证券变现净额、可随时取得的银行贷款额等。

应收账款收现率指标反映了企业既定会计期间预期现金支付数量扣除各种可靠、稳定性来源后的差额,必须通过应收款项有效收现予以弥补的最低保证限度,其意义在于:应收款项未来是否可能发生坏账损失对企业并非最为重要,更为关键的是实际收现的账项能否满足同期必需的现金支付要求,特别是满足具有刚性约束的纳税债务及偿付不得展期或调换的到期债务的需要。

【例 7-14】某企业预期必须以现金支付的款项有:支付工人工资 250 万元,应纳税款 115 万元,支付应付账款 190 万元,其他现金支出 8 万元。预计该期稳定的现金收回数是 210 万元。记载在该期"应收账款"明细期末账上客户有 A(欠款 280 万元)、B(欠款 320 万元)和 C(欠款 80 万元),应收账款收现率计算如下:

当期现金支付总额 = 250 + 115 + 190 + 8 = 563(万元)

当期应收账款总计金额 = 280 + 320 + 80 = 680(万元)

应收账款收现率 = (563 - 210) ÷ 680 × 100% = 51.91%

以上计算结果表明,该企业当期必须收回应收账款的 51.91%,才能最低限度保证当期必要的现金支出,否则企业便有可能出现支付危机。为此,企业应定期计算应收账款实际收现率,看其是否达到既定的控制标准,如果发现实际收现率低于应收账款收现率,应查明原因,采取相应措施,确保企业有足够的现金满足同期必需的现金支付要求。

六、收账政策

收账政策是指信用条件被违反时,企业采取的收账策略。企业如果采用较积极的收账政策,可能会减少应收账款投资,减少坏账损失,但要增加收账成本。

在企业向客户提供商业信用时,必须考虑三个问题:其一,客户是否会拖欠或拒付账款,程度如何;其二,怎样最大限度地防止客户拖欠账款;其三,一旦账款遭到拖欠甚至拒付,企业应采取怎样的对策。前两个问题主要靠信用调查和严格信用审批制度;第三个问题则必须通过制定完善的收账方针,采取有效的收账措施予以解决。

从理论上讲,履约付款是客户不容置疑的责任与义务,债权企业有权通过法律途径要求客户履约付款。但如果企业对所有客户拖欠或拒付的行为均付诸法律解决,往往并不是最有效的方法,因为企业解决与客户账款纠纷的目的,主要不是争论谁是谁非,而在于怎样最有成效地将账款收回。实际上,各个客户拖欠或拒付账款原因不尽相同,许多信用品质良好的客户也可能因为某些原因而无法如期付款。此时,如果企业直接向法院起诉,不仅需要花费相当数额的诉讼费,而且除非法院裁决客户破产,否则效果往往也不理想。所以,通过法院强行收回账款一般是企业不得已而为之的最后方法。基于这种考虑,企业如果能够同客户商量折中的方案,也许能够将大部分账款收回。

通常的步骤是:当账款被客户拖欠或拒付时,企业应当首先分析现有的信用标准及信用审批制度是否存在纰漏;然后重新对违约客户的资信等级进行调查、评价。将信用品质恶劣的客户从信用名单中删除，对其所拖欠的款项可先通过信函、电讯或者派员前往等方式进行催收，态度可以渐加强硬，并提出警告。当这些措施无效时，可考虑通过法院裁决。除上述收账政策外，有些国家还兴起了一种新的收账代理业务，即企业可以委托收账代理机构催收账款。但由于委托手续费往往较高，许多企业，尤其是那些资产较小、经济效益差的企业很难采用。

通常，企业为了扩大销售，增强竞争能力，往往对客户的逾期未付款项规定一个允许的拖欠期限，超过规定的期限，企业就应采取各种形式进行催收。如果企业制定的收款政策过宽，会导致逾期未付款项的客户拖延时间更长，对企业不利；收账政策过严，催收过急，又可能伤害无意拖欠的客户，影响企业未来的销售和利润。因此，企业在制定收账政策时，要权衡利弊，掌握好宽严界限。

一般来说，企业加强收账管理，及早收回货款，可以减少坏账损失，减少应收账款上的资金占用，但会增加收账费用。因此，制定收账政策就是要在增加收账费用与减少坏账损失、减少应收账款机会成本之间进行权衡，若前者小于后者，则说明制定的收账政策是可取的。

【例7-15】已知某企业应收账款原有的收账政策和拟改变的收账政策如表7-5所示。假设资金利润率为10%，根据表7-5中的资料，计算两种方案的收账总成本如表7-6所示。

表7-5 收账政策备选方案资料

项目	现行收账政策	拟改变的收账政策
年收账费用（万元）	90	150
应收账款平均收账天数（天）	60	30
坏账损失占赊销额的百分比（%）	3	2
赊销额（万元）	7 200	7 200
变动成本率（%）	60	60

表7-6 收账政策分析评价表　　　　　　　　　单位：万元

项目	现行收账政策	拟改变的收账政策
赊销额	7 200	7 200
应收账款平均收账天数（天）	60	30
应收账款平均余额	7 200÷360×60=1 200	7 200÷360×30=600
应收账款占用的资金	1 200×60%=720	600×60%=360
收账成本： 应收账款机会成本 坏账损失 年收账费用	720×10%=72 7 200×3%=216 90	360×10%=36 7 200×2%=144 150
收账总成本	378	330

表 7-6 的计算结果表明，拟改变的收账政策较现行收账政策减少的坏账损失和减少的应收账款机会成本之和 108 万元[(216 - 144) + (72 - 36)]，大于增加的收账费用 60 万元(150 - 90)，因此，改变收账政策的方案是可以接受的。

第四节　存货管理

一、存货管理的目标

存货，是指企业在日常活动中持有以备出售的产成品或商品，处在生产过程中的在产品，在生产过程或提供劳务过程中耗用的材料和物料等。

如果工业企业能在生产投料时随时购入所需的原材料，或者商业企业能在销售时随时购入该项商品，就不需要存货。但实际上，企业总有储存存货的需要，并因此占用或多或少的资金。这种存货的需要出自以下原因：

第一，保证生产或销售的经营需要。实际上，企业很少能做到随时购入生产或销售所需的各种物资，即使是市场供应量充足的物资也如此。这不仅因为不时会出现某种材料的市场断档，还因为企业距供货点较远而需要必要的途中运输及可能出现运输故障。一旦生产或销售所需物资短缺，生产经营将被迫停顿，造成损失。为了避免或减少出现停工待料、停业待货等事故，企业需要储存存货。

第二，出自价格的考虑。零购物资的价格往往较高，而整批购买在价格上常有优惠。但是，过多的存货要占用较多的资金，并且会增加包括仓储费、保险费、维护费、管理人员工资在内的各项开支。存货占用资金是有成本的，占用过多会使利息支出增加并导致利润的损失；各项开支的增加更直接使成本上升。

进行存货管理，就要尽力在各种存货成本与存货效益之间做出权衡，达到两者的最佳结合。这也就是存货管理的目标。

二、存货的成本

存货成本主要包括以下容：

（一）进货成本

进货成本即取得成本，指为取得某种存货而支出的成本，通常用 TC_a 来表示。主要由订货成本和购置成本构成。

1. 订货成本

订货成本指取得订单的成本，如办公费、差旅费、邮资、电报电话费等支出。订货成本中有一部分与订货次数无关，如常设采购机构的基本开支等，称为订货的固定成本，用 F_1 表示；另一部分与订货次数有关，如差旅费、邮资等，称为订货的变动成本。每次订货的变动成本用

K 表示;订货次数等于存货年需要量 D 与每次进货量 Q 之商。订货成本的计算公式为:

订货成本 $= F_1 + \dfrac{D}{Q}K$

2. 购置成本

购置成本指存货本身的价值,经常用数量与单价的乘积来确定。年需要量用 D 表示,单价用 U 表示,于是购置成本为 。

订货成本加上购置成本,就等于存货的取得成本。其公式可表达为:

取得成本 = 订货成本 + 购置成本

= 订货固定成本 + 订货变动成本 + 购置成本

$TC_a = F_1 + \dfrac{D}{Q}K + DU$

(二) 储存成本

储存成本指为保持存货而发生的成本,包括存货占用资金所应计的利息(若企业用现有现金购买存货,便失去了现金存放银行或投资于证券本应取得的利息,是为"放弃利息";若企业借款购买存货,便要支付利息费用,是为"付出利息")、仓库费用、保险费用、存货破损和变质损失,等等,通常用 TCc 来表示。

储存成本也分为固定成本和变动成本。固定成本与存货数量的多少无关,如仓库折旧、仓库职工的固定月工资等,常用 $F2$ 表示。变动成本与存货的数量有关,如存货资金的应计利息、存货的破损和变质损失、存货的保险费用等,单位成本用 Kc 来表示。用公式表达的储存成本为:

储存成本 = 储存固定成本 + 储存变动成本

$TC_c = F_2 + K_c \cdot \dfrac{Q}{2}$

(三) 缺货成本

缺货成本指由于存货供应中断而造成的损失,包括材料供应中断造成的停工损失、产成品库存缺货造成的拖欠发货损失和丧失销售机会的损失(还应包括需要主观估计的商誉损失);如果生产企业以紧急采购代用材料解决库存材料中断之急,那么缺货成本表现为紧急额外购入成本(紧急额外购入的开支会大于正常采购的开支)。缺货成本用 TCs 表示。

缺货成本能否作为决策的相关成本,应视企业是否允许出现存货短缺的不同情形而定。若允许缺货,则缺货成本便与存货数量反向相关,即属于决策相关成本;反之,若企业不允许发生缺货情形,此时缺货成本为零,也就无须加以考虑。

如果以 TC 来表示储备存货的总成本,它的计算公式为:

$TC = TC_a + TC_c + TC_s = F_1 + \dfrac{D}{Q}K + DU + F_2 + K_c \cdot \dfrac{Q}{2} + TC_s$

企业存货的最优化，即使上式 TC 值最小。

三、最优存货量的确定

(一) 经济进货批量模型

经济进货批量是指能够使一定时期存货的相关总成本达到最低点的进货数量。通过上述对存货成本分析可知，决定存货经济进货批量的成本因素主要包括变动性进货费用（简称进货费用）、变动性储存成本（简称储存成本）以及允许缺货时的缺货成本。不同的成本项目与进货批量呈现着不同的变动关系。减少进货批量，增加进货次数，在影响储存成本降低的同时，也会导致进货费用与缺货成本的提高；相反，增加进货批量，减少进货次数，尽管有利于降低进货费用与缺货成本，但同时会影响储存成本的提高。因此，如何协调各项成本间的关系，使其总和保持最低水平，是企业组织进货过程需解决的主要问题。

1. 存货经济进货批量基本模型

经济进货批量基本模型以如下假设为前提：

（1）企业能够及时补充存货，即需要订货时便可立即取得存货。

（2）能集中到货，而不是陆续入库。

（3）不允许缺货，既无缺货成本，TCS 为零，这是因为良好的存货管理本来就不应该出现缺货成本。

（4）需求量稳定，并且能预测，即 D 为已知常量。

（5）存货单价不变，即 U 为已知常量。

（6）企业现金充足，不会因现金短缺而影响进货。

（7）所需存货市场供应充足，不会因买不到需要的存货而影响其他。

由于企业不允许缺货，即每当存货数量降至零时，下一批订货便会随即全部购入，故不存在缺货成本。此时与存货订购批量、批次直接相关的就只有进货费用和储存成本两项。则有：

存货相关总成本 = 相关进货费用 + 相关存储成本

$$= \frac{存货全年计划进货总量}{每次进货批量} \times 每次进货费用 + \frac{每次进货批量}{2} \times 单位存货年储存成本$$

即

$$TC = \frac{D}{Q}K + K_c \cdot \frac{Q}{2}$$

存货相关总成本与相关进货费用与相关储存成本的关系，如图 7-4 所示。

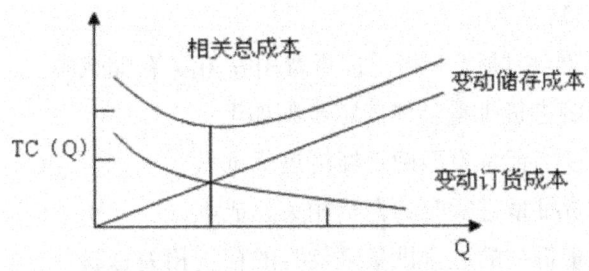

图 7-4 存货成本关系图

从图 7-4 可以看出，当相关进货费用与相关储存成本相等时，存货相关总成本最低，此时的进货批量就是经济进货批量。

Q 为经济进货批量；D 为某种存货年度计划进货总量；K 为平均每次进货费用；Kc 为单位存货年度单位储存成本；U 为进货单价。则：

经济进货批量 $(Q^*) = \sqrt{\dfrac{2KD}{K_c}}$

经济进货批量的存货相关总成本 $(TC) = \sqrt{2KDK_c}$

经济进货批量平均占用资金 $(I^*) = \dfrac{Q^*}{2} \cdot U = \sqrt{\dfrac{KD}{2K_c}} \cdot U$

年度最佳进货批次 $(N^*) = \dfrac{D}{Q^*} = \sqrt{\dfrac{DK_c}{2K}}$

【例 7-16】某企业每年需耗用甲材料 500 000 千克，该材料的单位采购成本 100 元，单位年储存成本 5 元，平均每次进货费用 125 元，则：

$Q^* = \sqrt{\dfrac{2KD}{K_c}} = \sqrt{\dfrac{2 \times 125 \times 500000}{5}} = 5000$（千克）

$TC(Q^*) = \sqrt{2KDK_c} = \sqrt{2 \times 125 \times 500000 \times 5} = 25000$（元）

$I^* = \dfrac{Q^*}{2} \cdot U = \sqrt{\dfrac{KD}{2K_c}} \cdot U = \sqrt{\dfrac{125 \times 500000}{2 \times 5}} \times 100 = 250000$（元）

$N^* = DQ^* = \sqrt{\dfrac{DK_c}{2K}} = \sqrt{\dfrac{500000 \times 5}{2 \times 125}} = 100$（次）

上述计算表明，当进货批量为 5000 千克时，进货费用与储存成本总额最低。

2. 实行数量折扣的经济进货批量模型

为了鼓励客户购买更多的商品，销售企业通常会给予不同程度的价格优惠，即实行商业折扣或称价格折扣。购买越多，所获得的价格优惠越大。此时，进货企业对经济进货批量的确定，除了考虑进货费用与储存成本外，还应考虑存货的进价成本，因为此时的存货进价成本已经与进货数量的大小有了直接联系，属于决策的相关成本。

即在经济进货批量基本模型其他各种假设条件均具备的前提下，存在数量折扣时的存货相关总成本可按下式计算：

存货相关总成本 = 存货进价 + 相关进货费用 + 相关存储成本

实行数量折扣的经济进货批量具体确定步骤如下：

（1）按照基本经济进货批量模型确定经济进货批量；

（2）计算按经济进货批量进货时的存货相关总成本；

（3）计算按给予数量折扣的进货批量进货时的存货相关总成本。

如果给予数量折扣的进货批量是一个范围，如进货数量在1000～1999千克可享受2%的价格优惠，此时按给予数量折扣的最低进货批量，即按1000千克计算存货相关总成本。

因为在给予数量折扣的进货批量范围内，无论进货量是多少，存货进价成本总额都是相同的，而相关总成本的变动规律是：进货批量越小，相关总成本就越低，即：

按1000千克计算的存货相关总成本小于按1001千克计算的存货相关总成本小于按1002千克计算的存货相关总成本小于……小于按1999千克计算的存货相关总成本。

比较不同进货批量的存货相关总成本，最低存货相关总成本对应的进货批量，就是实行数量折扣的最佳经济进货批量。

【例7-17】某公司每年需用某种材料8000吨，每次订货成本400元，每吨材料的年储存成本为40元，该种材料买价为1500元/吨。

要求：（1）每次购入多少吨，可使全年与进货批量相关的总成本达到最低？此时相关总成本为多少？

经济进货批量 $Q = \sqrt{2 \times 8000 \times 400 / 40} = 400$（吨）

年相关总成本 $= \sqrt{2 \times 8000 \times 400 \times 40} = 16000$（元）

（2）若一次订购量在500吨以上时可获2%的折扣，在1000吨以上时可获3%折扣，判断公司最佳经济订货量为多少？

订购量	平均	库存储存成本	订货次数	进货费用	进价成本	相关总成本
400	200	200 × 40 = 8000	8000/400 = 20	20 × 400 = 8000	12000000	12016000
500	250	10000	16	6400	11760000	11776400
1000	500	20000	8	3200	11640000	11663200

通过计算可以看出，每次进货为1000吨时的存货相关总成本最低，所以最佳经济进货批量为1000吨。

3. 允许缺货时的经济进货批量模型

在允许缺货的情况下，企业对经济进货批量的确定，就不仅要考虑进货费用与储存费用，而且还必须对可能的缺货成本加以考虑，即能够使三项成本总和最低的批量便是经济进货批量。

设缺货量为 S，单位缺货成本为 R，其他符号同上。则有：

$$Q = \sqrt{\frac{2KD}{K_c} \times \frac{K_c + R}{R}}$$

$$S = \frac{Q \times K_c}{K_c + R}$$

【例7-18】某企业甲材料年需要量为32 000千克,每次进货费用为60元,单位储存成本为4元,单位缺货成本为8元。则允许缺货的经济进货批量和平均缺货量为:

$$\text{允许缺货情况下的经济进货批量} = \sqrt{\frac{2 \times 32000 \times 60}{4} \times \frac{4+8}{8}} = 1200(千克)$$

$$\text{平均缺货量} = 1200 \times \frac{4+8}{8} = 400(千克)$$

(二)再订货点、订货提前期和保险储备

为了保证生产和销售正常进行,企业必须在原材料用完之前订货,这就是再订货点的控制和订货提前期的确定问题。此外,企业在生产经营过程中经常要面对很多不确定的情况,很难做到均匀使用原料和各订货批次之间的完美衔接。为了保证企业生产经营正常进行,企业需要安排一个保险储备,以应对耗用量突然增加或交货延期等意外情况。

1. 再订货点

再订货点是指发出订货指令时尚存的原材料数量。再订货点(RP)的计算公式为:

再订货点 = 原材料使用率 × 原材料的在途时间

式中,原材料使用效率是指每天消耗的原材料数量。

【例7-19】某企业生产周期为一年,甲种原材料年需要量500000千克,则该企业的原材料使用率为:

$$R = \frac{500000}{360} = 1389(千克)$$

如上述企业订购原材料的在途时间为两天,则该企业的再订货点为:

$$RP = 1389 \times 2 = 2778(千克)$$

也就是说,当该企业的库存原材料数量降低到2778千克时,就需要发出订购指令。

2. 订货提前期

订货提前期是指从发出订单到货物验收完毕所用的时间。订货提前期的计算公式为:

订货提前期 = 预计交货期内原材料的用量 ÷ 原材料使用率

【例7-20】某企业预计交货期内原材料的用量为100千克,原材料使用率为10千克/天,无延期交货情况。则该企业的订货提前期为:

$$t = 100/10 = 10(天)$$

也就是说,当该企业的库存原材料数量还差10天用完时,就需要发出订购指令。

3. 保险储备

保险储备是为防止耗用量突然增加或交货延期等意外情况而进行的储备。

其计算公式为：

保险储备量 = $\frac{1}{2}$（预计每天的最大耗用量 × 预计最长订货提前期 – 平均每天的正常耗用量 × 订货提前期）

【例 7-21】某企业平均每天正常耗用甲材料 10 千克，订货提前期为 10 天，预计每天最大耗用量为 12 千克，预计最长订货提前期为 15 天，则保险储备量为：

保险储备量 = 1/2 ×（12 × 15 – 10 × 10）= 40（千克）

保险储备的存在不会影响经济订货批量的计算，但会影响再订货点的确定。考虑保险储备情况下的再订货点计算公式为：

再订货点 = 原材料使用率 × 原材料的在途时间 + 保险储备量

即 $RP = R \times DT + SS$

根据上例资料，该公司考虑保险储备情况下的再订货点为：

再订货点 = 10 × 10 + 40 = 140（千克）

保险储备的存在虽然可以减少缺货成本，但增加了储存成本，最优的存货政策就要在这些成本之间权衡，选择使总成本最低的再订货点和保险储备量。

【例 7-22】某企业每年需要某种原材料 500000 千克，每次订货的固定成本为 2000 元，每千克原材料年储存保管费 5 元，已经计算得到经济订货批量为 20000 千克。另外，已知交货期内的平均需求是 2000 千克，也就是说再订货点等于保险储备加上 2000 千克。

根据这些资料，该企业每年需要订货 25 次（500 000/20 000 = 25），每年的订货成本为 5 万元（2 000 × 25 = 50 000 元）。

公司正在考虑 0~3 000 千克的保险储备水平，表 7-7 给出了不同保险储备下企业预计的缺货成本。

表 7-8 ABC 公司不同保险储备下企业预计的缺货成本

再订货点（千克）	安全储备（千克）	平均存货水平（千克）	缺货成本（元）	储存成本（元）	订货成本（元）	总成本（元）
2 000	0	10 000	20 000	50 000	50 000	120 000
2 500	500	10 500	10 000	52 500	50 000	112 500
3 000	1 000	11 000	5 000	55 000	50 000	110 000
3 500	1 500	11 500	2 000	57 500	50 000	109 500
4 000	2 000	12 000	800	60 000	50 000	110 800
4 500	2 500	12 500	100	62 500	50 000	112 600
5 000	3 000	13 000	80	65 000	50 000	115 080

提前订货期 = 交货期 × 原材料使用率 + SS

储存成本 = 平均库存 × C = [Q/2 + SS] × C

SS	再订货点	缺货成本	储存成本
①0	2000	2000	20000/2 × 5 = 50000
②500	2000 + 500	1000	(20000/2 + 500) × 5 = 52500
③1000	2000 + 1000	5000	(20000/2 + 1000) × 5 = 55000
④1500	2000 + 1500	2000	(20000/2 + 1500) × 5 = 57500

注:各项目的计算过程如下

再订货点:再订货点 = 交货期的需求 + 保险储备

保险储备:企业设定的不同档次,需要在其中选择最佳保险储备

平均存货水平:平均存货水平 = 经济订货批量/2 + 保险储备

缺货成本:企业根据各方面条件预计得出

储存成本:储存成本 = 平均存货水平 × 单位储存保管费率

订货成本:订货成本 = 单位订货成本 × 订货次数

总成本:总成本 = 缺货成本 + 储存成本 + 订货成本

从表7-8中可以看出,当保险储备为零时,预计缺货成本很高,但随着保险储备的增加迅速变小,当保险储备下降的幅度大于储存成本上升的幅度时,加大保险储备是有利的,可以降低总成本。但超过一定限度后,保险储备的增加所带来的储存成本增加要大于缺货成本的减少,此时会对总成本产生不利影响。该企业的最小存货总成本为109 500元,最佳再订货点为3 500千克,对应的保险储备为1 500千克。

四、存货的控制系统

(一)及时生产系统

及时生产系统(Just-in-time System,简称JIT),是指通过合理规划企业的产供销过程,使从原材料采购到产成品销售每个环节都能紧密衔接,减少制造过程中不增加价值的作业,减少库存,消除浪费,从而降低成本,提高产品质量,最终实现企业效益最大化。

1. 及时生产的存货系统的基本原理

其基本原理是:只有在使用之前才从供应商处进货,从而将原材料或配件的库存数量减少到最小;只有在出现需求或接到订单时才开始生产,从而避免产成品的库存。及时生产的存货系统要求企业在生产经营的需要与材料物资的供应之间实现同步,使物资传送与作业加工速度处于同一节拍,最终将存货降低到最小限度,甚至零库存。

2. 及时生产的存货系统的优缺点

及时生产的存货系统的优点是降低库存成本;减少从订货到交货的加工等待时间,提高生产效率;降低废品率、再加工和担保成本。但及时生产的存货系统要求企业内外全面协调与配合,一旦供应链破坏或企业不能在很短的时间内根据客户需求调整生产,企业生产经营的

稳定性将会受到影响，经营风险加大。此外，为了保证能够按合同约定频繁小量配送，供应商可能要求额外加价，企业因此丧失了从其他供应商那里获得更低价格的机会收益。

(二) ABC 分类法

ABC 分类法又称帕累托分析法、主次因素分析法、分类管理法、重点管理法、ABC 管理法。它是根据事物在技术或经济方面的主要特征，进行分类排队，分清重点和一般，从而有区别地确定管理方式的一种分析方法。1951 年，管理学家戴克(H. F. Dickie)将其应用于库存管理，命名为 ABC 法。ABC 分类管理就是按照一定的标准，将企业的存货划分为 A、B、C 三类，分别实行分品种重点管理、分类别一般控制和按总额灵活掌握的存货管理方法。

企业存货品种繁多，尤其是大中型企业的存货往往多达上万种甚至数十万种。实际上，不同的存货对企业财务目标的实现具有不同的作用。有的存货尽管品种数量很少，但金额巨大，如果管理不善，将给企业造成极大的损失。相反，有的存货虽然品种数量繁多，但金额微小，即使管理当中出现一些问题，也不至于对企业产生较大的影响。因此，无论是从能力还是经济角度，企业均不可能也没有必要对所有存货不分巨细地严加管理。ABC 分类管理正是基于这一考虑提出的，其目的在于使企业分清主次，突出重点，以提高存货资金管理的整体效果。

1. 存货 ABC 分类的标准

分类的标准主要有两个：一是金额标准；二是品种数量标准。其中金额标准是最基本的，品种数量标准仅作为参考。

A 类存货的特点是金额巨大，但品种数量较少；B 类存货金额一般，品种数量相对较多；C 类存货品种数量繁多，但价值金额却很小。如一个拥有上万种商品的百货公司，家用电器、高档皮具、家具、摩托车、大型健身器械等商品的品种数量并不很多，但价值金额却相当大。大众化的服装、鞋帽、床上用品、布匹、文具用具等商品品种数量比较多，但价值金额相对 A 类商品要小得多。至于各种小百货，如针线、钮扣、化妆品、日常卫生用品及其他日杂用品等品种数量非常多，但所占金额却很小。一般而言，三类存货的金额比重大致为 A：B：C = 0.7：0.2：0.1，而品种数量比重大致为 A：B：C = 0.1：0.2：0.7。可见，由于 A 类存货占用着企业绝大多数的资金，只要能够控制好 A 类存货，基本上也就不会出现较大问题。同时，由于 A 类存货品种数量较少，企业完全有能力按照每一个品种进行管理。B 类存货金额相对较小，企业不必像对待 A 类存货那样花费太多的精力。同时，B 类存货的品种数量远远多于 A 类存货，企业通常没有能力对每一具体品种进行控制，因此可以通过划分类别的方式进行管理。C 类存货尽管品种数量繁多，但其所占金额却很小，对此，企业只要把握一个总金额也就完全可以。不过，在此需要提醒的是，由于 C 类存货大多与消费者的日常生活息息相关，虽然这类存货的直接经济效益对企业并不重要，但如果企业能够在服务态度、花色品种、存货质量、价格方面加以重视的话，其间接经济效益将是无法估量的。相反，企业一旦忽视了这些方面的问题，其间接的经济损失同样也是无法估量的。

2. A、B、C 三类存货的具体划分

具体过程可以分三个步骤(有条件的可通过计算机进行):

(1)列示企业全部存货的明细表,并计算出每种存货的价值总额及占全部存货金额的百分比;

(2)按照金额标志由大到小进行排序并累加金额百分比;

(3)当金额百分比累加到 70% 左右时,以上存货视为 A 类存货;百分比介于 70%~90% 之间的存货作 B 类存货,其余则为 C 类存货。

【例 7-23】某公司共有 20 种材料,总金额为 200000 元,按金额多少的顺序排列并按上述原则将其划分成 A、B、C 三类,如表 7-8 所示。各类存货金额百分比如图 7-5 所示。

表 7-8 ABC 分类表

材料编号	金额(元)	金额比重	累计金额比重	类别	各类存货数量比重	各类存货金额比重
1	80 000	40%	40%	A	10%	70%
2	60 000	30%	70%			
3	15 000	7.5%	77.5%			
4	12 000	6%	83.5%			
5	8 000	4%	87.5%			
6	5 000	2.5%	90%	B	20%	20%
7	3 000	1.5%	91.5%	C	70%	10%
8	2 500	1.25%	92.75%			
9	2 200	1.1%	93.85%			
10	2 100	1.05%	94.9%			
11	2 000	1%	95.9%			
12	1 800	0.9%	96.8%			
13	1 350	0.675%	97.475%			
14	1 300	0.65%	98.125%			
15	1 050	0.525%	98.65%			
16	700	0.35%	99%			
17	600	0.3%	99.3%			
18	550	0.275%	99.575%			
19	450	0.225%	99.8%			
20	400	0.2%	100%			
合计	200 000	100%	—		100%	100%

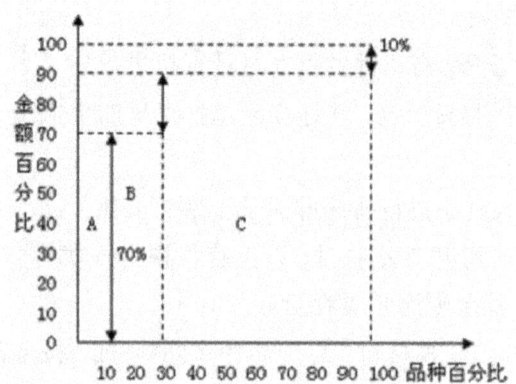

图 7-5 存货模式示意图

3. ABC 分类法在存货管理中的运用

通过对存货进行 ABC 分类，可以使企业分清主次，采取相应的对策进行有效的管理、控制。企业在组织经济进货批量、储存期分析时，对 A、B 两类存货可以分别按品种、类别进行。对 C 类存货只需要加以灵活掌握即可，一般不必上述各方面的测算与分析。此外，企业还可以运用 ABC 分类法区分为 A、B、C 三类，通过研究各类消费者的消费倾向、档次等，对各档次存货的需要量（额）加以估算，并购进相应数量的存货。这样，能够使存货的购进与销售工作有效地建立在市场调查的基础上，从而收到良好的控制效果。

第五节　流动负债管理

流动负债主要有三种主要来源：短期借款、短期融资券、商业信用，各种来源具有不同的获取速度、灵活性、成本和风险。

一、短期借款

企业的借款通常按其流动性或偿还时间的长短，划分为短期借款和长期借款。短期借款是指企业同银行或其他金融机构借入的期限在 1 年（含 1 年）以下的各种借款。短期借款通常规定以下内容：

（一）信贷额度

信贷额度亦即贷款限额，是借款企业与银行在协议中规定的借款最高限额，信贷额度的有效期限通常为 1 年。一般情况下，在信贷额度内，企业可以随时按需要支用借款。但是，银行并不承担必须贷款的义务。如果企业信誉恶化，即使在信贷限额内，企业也可能得不到借款。此时，银行不会承担法律责任。

(二) 周转信贷协定

周转信贷协定是银行具有法律义务地承诺提供不超过某一最高限额的贷款协定。在协定的有效期内，只要企业借款总额未超过最高限额，银行必须满足企业任何时候提出的借款要求。企业要享用周转信贷协定，通常要对贷款限额的未使用部分付给银行一笔承诺费用。

【例7-24】某企业与银行商定的周转信贷额度为5 000万元，年度内实际使用了2 800万元，承诺费率为0.5%，企业应向银行支付的承诺费为：

信贷承诺费 = (5 000 - 2 800) × 0.5% = 11(万元)

(三) 补偿性余额

补偿性余额是银行要求借款企业在银行中保持按贷款限额或实际借用额一定比例计算的最低存款余额。对于银行来说，补偿性余额有助于降低贷款风险，补偿其可能遭受的风险；对借款企业来说，补偿性余额则提高了借款的实际利率，加重了企业的负担。

【例7-25】某企业向银行借款800万元，利率为6%，银行要求保留10%的补偿性余额，则企业实际可动用的贷款为720万元，该贷款的实际利率为：

借款实际利率 = 6%/(1 - 10%) = 6.67%

(四) 贴现法计息

银行借款利息的支付方式一般为利随本清法，又称收款法，即在借款到期时向银行支付利息。但有时银行要求采用贴现法，即银行向企业发放贷款时，先从本金中扣除利息，而到期时借款企业再偿还全部本金。采用这种方法，企业可利用的贷款额只有本金扣除利息后的差额部分，从而提高了贷款的实际利率。

【例7-26】某企业从银行取得借款200万元，期限1年，利率6%，利息12万元。按贴现法付息，企业实际可动用的贷款为188万元，该借款的实际利率为：

借款实际利率 = 12/188 = 6.38%

二、短期融资券

(一) 短期融资券及其分类

短期融资券(以下简称融资券)，是由企业依法发行的无担保短期本票。在我国，短期融资券是指企业依照《短期融资券管理办法》的条件和程序在银行间债券市场发行和交易的、约定在期限不超过1年内还本付息的有价证券。中国人民银行对融资券的发行、交易、登记、托管、结算、兑付进行监督管理。短期融资券按不同标准可作不同分类：

(1) 按发行人分类，短期融资券分为金融企业的融资券和非金融企业的融资券。在我国，目前发行和交易的是非金融企业的融资券。

(2) 按发行方式分类，短期融资券分为经纪人承销的融资券和直接销售的融资券。非金融企业发行融资券一般采用间接承销方式进行，金融企业发行融资券一般采用直接发行方式进行。

(二) 短期融资券的发行条件

(1) 发行人为非金融企业，发行企业均应经过在中国境内工商注册且具备债券评级能力的评级机构的信用评级，并将评级结果向银行间债券市场公示。

(2) 发行和交易的对象是银行间债券市场的机构投资者，不向社会公众发行和交易。

(3) 融资券的发行由符合条件的金融机构承销，企业不得自行销售融资券，发行融资券募集的资金用于本企业的生产经营。

(4) 对企业发行的融资券施行余额管理，待偿还融资券余额不超过企业净资产的40%。

(5) 融资券采用实名记账方式在中央国债登记结算有限公司（简称中央结算公司）登记托管，中央结算公司负责提供有关服务。

(6) 融资券在债权债务登记日的次一工作日，即可以在全国银行间债券市场的机构投资人之间流通转让。

(三) 短期融资券的发行程序

(1) 公司做出发行短期融资券的决策；

(2) 办理发行短期融资券的信用评级；

(3) 向有关审批机构（中国人民银行）提出发行申请；

(4) 审批机关对企业提出的申请进行审查和批准；

(5) 正式发行短期融资券，取得资金。

(四) 发行短期融资券筹资的特点

(1) 短期融资券的筹资成本较低。相对于发行公司债券筹资而言，发行短期融资券的筹资成本较低。

(2) 短期融资券筹资数额比较大。相对于银行借款筹资而言，短期融资券一次性的筹资数额比较大。

(3) 发行短期融资券的条件比较严格。必须是具备一定信用等级的实力强的企业，才能发行短期融资券筹资。

三、商业信用

商业信用是指企业在商品或劳务交易中，以延期付款或预收货款方式进行购销活动而形成的借贷关系，是企业之间的直接信用行为，也是企业短期资金的重要来源。商业信用产生于企业生产经营的商品、劳务交易之中,是一种"自动性筹资"。

(一)商业信用的形式

1. 应付账款

应付账款是供应商给企业提供的一个商业信用。由于购买者往往在到货一段时间后才付款,商业信用就成为企业短期资金来源。如企业规定对所有账单均见票后若干日付款,商业信用就成为随生产周转而变化的一项内在的资金来源。当企业扩大生产规模,其进货和应付账款相应增长,商业信用就提供了增产需要的部分资金。

商业信用条件常包括以下两种:(1)有信用期,但无现金折扣。如"$N/30$"表示30天内按发票金额全数支付。(2)有信用期和现金折扣,如"$2/10,N/30$"表示10天内付款享受现金折扣2%,若买方放弃折扣,30天内必须付清款项。

供应商在信用条件中规定有现金折扣,目的主要在于加速资金回收。企业在决定是否享受现金折扣时,应仔细考虑。通常,放弃现金折扣的成本是高昂的。

(1)放弃现金折扣的信用成本。倘若买方企业购买货物后在卖方规定的折扣期内付款,可以获得免费信用,这种情况下企业没有因为取得延期付款信用而付出代价。例如,某应付账款规定付款信用条件为"$2/10,N/30$",是指买方在10天内付款,可获得2%的付款折扣,若在10天至30天内付款,则无折扣;允许买方付款期限最长为30天。

【例7-27】某企业按"$2/10,N/30$"的付款条件购入货物60万元。如果企业在10天以后付款,便放弃了现金折扣1.2万元(60万元×2%),信用额为58.8万元(60万元-1.2万元)。放弃现金折扣的信用成本为:

放弃折扣的信用成本率 = 折扣百分比/(1-折扣百分比)×360/(信用期-折扣期)
 = 2%/(1-2%)×360/(30-10) = 36.73%

公式表明,放弃现金折扣的信用成本率与折扣百分比大小、折扣期长短和付款期长短有关,与货款额和折扣额没有关系。如果企业在放弃折扣的情况下,推迟付款的时间越长,其信用成本便会越小,但展期信用的结果是企业信誉恶化导致信用度的严重下降,日后可能招致更加苛刻的信用条件。

(2)放弃现金折扣的信用决策。企业放弃应付账款现金折扣的原因,可能是企业资金暂时的缺乏,也可能是基于将应付的账款用于临时性短期投资,以获得更高的投资收益。如果企业将应付账款额用于短期投资,所获得的投资报酬率高于放弃折扣的信用成本率,则应当放弃现金折扣。

【例7-28】公司采购一批材料,供应商报价为1万元,付款条件为$3/10$、$2.5/30$、$1.8/50$、$N/90$。目前企业用于支付账款的资金需要在90天时才能周转回来,在90天内付款,只能通过银行借款解决。如果银行利率为12%,确定公司材料采购款的付款时间和价格。

根据放弃折扣的信用成本率计算公式,10天付款方案,放弃折扣的信用成本率为13.92%;30天付款方案,放弃折扣的信用成本率为15.38%;50天付款方案,放弃折扣的信用成本率为16.50%。由于各种方案放弃折扣的信用成本率均高于借款利息率,因此初步结论是要取得现金折扣,借入银行借款以偿还货款。

10天付款方案,得折扣300元,用资9 700元,借款80天,利息258.67元,净收益41.33元;

30天付款方案,得折扣250元,用资9 750元,借款60天,利息195元,净收益55元;

50天付款方案,得折扣180元,用资9 820元,借款40天,利息130.93元,净收益49.07元。

总结论:第30天付款是最佳方案,其净收益最大。

2. 应计未付款

应计未付款是企业在生产经营和利润分配过程中已经计提但尚未以货币支付的款项。主要包括应付工资、应缴税金、应付利润或应付股利等。以应付工资为例,企业通常以半月或月为单位支付工资,在应付工资已计但未付的这段时间,就会形成应计未付款。它相当于职工给企业的一个信用。应缴税金、应付利润或应付股利也有类似的性质。应计未付款随着企业规模的扩大而增加,企业使用这些自然形成的资金无须付出任何代价。但企业不是总能控制这些款项,因为其支付是有一定时间的,企业不能总拖欠这些款项。所以,企业尽管可以充分利用应计未付款,但并不能控制这些账目的水平。

3. 预收货款

预收货款,是指销货单位按照合同和协议规定,在发出货物之前向购货单位预先收取部分或全部货款的信用行为。购买单位对于紧俏商品往往乐于采用这种方式购货;销货方对于生产周期长,造价较高的商品,往往采用预收货款方式销货,以缓和本企业资金占用过多的矛盾。

(二) 商业信用筹资的优缺点

1. 商业信用筹资的优点

(1) 商业信用容易获得。商业信用的载体是商品购销行为,企业总有一批既有供需关系又有相互信用基础的客户,所以对大多数企业而言,应付账款和预售账款是自然的、持续的信贷形式。商业信用的提供方一般不会对企业的经营状况和风险作严格的考量,企业无须办理像银行借款那样复杂的手续便可取得商业信用,有利于应对企业生产经营之急需。

(2) 企业有较大的机动权。企业能够根据需要,选择决定筹资的金额大小和期限长短,同样要比银行借款等其他方式灵活得多。甚至如果在期限内不能付款或交货时,一般还可以通过与客户的协商,请求延长时限。

(3) 企业一般不用提供担保。通常，商业信用筹资不需要第三方担保，也不会要求筹资企业用资产进行担保。这样，在出现逾期付款或交货的情况时，可以避免像银行借款那样面临的抵押资产被处置的风险，企业的生产经营能力在相当长的一段时间内不会受到限制。

2. 商业信用筹资的缺点

（1）商业信用筹资成本高。尽管商业信用的筹资成本是一种机会成本，但由于商业信用筹资属于临时性筹资，其筹资成本比银行信用要高。

（2）容易恶化企业的信用水平。商业信用的期限短，还款压力大，对企业现金流量管理的要求很高。如果长期和经常性地拖欠账款，会造成企业的信誉恶化。

（3）受外部环境影响较大。商业信用筹资受外部环境影响较大，稳定性较差，即使不考虑机会成本，也是不能无限利用的。一是受商品市场的影响，如当求大于供时卖方可能停止提供信用。二是受资金市场的影响，当市场资金供应紧张或有更好的投资方向时，商业信用筹资就可能遇到障碍。

四、流动负债的利弊

（一）流动负债的经营优势

理解流动负债（期限在1年或1年以内）和长期负债（期限在1年以上）的优势和劣势相当重要。除了成本和风险的不同，为流动资产融资时使用短期和长期负债之间还存在经营上的不同。

流动负债的主要经营优势包括：容易获得，具有灵活性，能有效地为季节性信贷需要进行融资。这创造了需要融资和获得融资之间的同步性。另外，短期借款一般比长期借款具有更少的约束性条款。如果仅在一个短期内需要资金，以短期为基础进行借款可以使企业维持未来借款决策的灵活性。如果一个企业签订了长期借款协议，该协议规定了约束性条款、大量的预付成本和（或）信贷合约的初始费用，那么流动负债就不具有那种灵活性。

流动负债的一个主要使用方面是为季节性行业的流动资产进行融资。为了满足增长的需要，一个季节性企业必须增加存货和（或）应收账款。流动负债是为流动资产中的临时性的、季节性的增长进行融资的主要工具。

（二）流动负债的经营劣势

流动负债的一个经营劣势是需要持续地重新谈判或滚动安排负债。贷款人由于企业财务状况的变化，或整体经济环境的变化，可能在到期日不愿滚动贷款，或重新设定信贷额度。而且，提供信贷额度的贷款人一般要求，用于为短期营运资金缺口而筹集的贷款，必须每年支付至少1至3个月的全额款项，这1至3个月被称为结清期。贷款人之所以这么做，是为了确认企业是否在长期负债是合适的融资来源时仍然使用流动负债。许多企业的实践说明,使用短期贷款来为永久性流动资产融资是一件危险的事情。

【本章小结】

本章主要讲述了营运资金管理的相关理论,主要包括:

营运资金,又称营运资本、循环资本,是指一个企业维持日常经营所需的资金,通常指流动资产减去流动负债后的差额,所以也称净营运资本。

营运资金的管理原则主要有:保证合理的资金需求、提高资金使用效率、节约资金使用成本、保持足够的短期偿债能力。

营运资金的管理策略包括营运资金投资策略和营运资金融资策略两个方面,营运资金融资策略主要有匹配型融资策略、保守型融资策略和激进型融资策略三种基本的类型。

企业持有现金是出于交易性动机、预防性动机和投机性动机。企业持有现金的成本主要是持有成本、转换成本和短缺成本,现金管理的目的就是在资金的流动性和盈利性之间做出最佳选择,确定合理的现金持有量的模式主要有现金周转模式、成本分析模式、存货模式和随机模式四种。

企业资金集中管理模式有统收统支模式、拨付备用金模式、结算中心模式、内部银行模式和财务公司模式五种基本模式;现金日常管理的内容很多,从财务的角度讲,主要是如何管理现金以提高企业收益的问题,其主要关注的是现金的回收和现金的支付管理两个方面。

应收账款的功能主要是帮助企业增加销售和减少存货;应收账款的成本表现为:机会成本、管理成本和坏账成本;应收账款管理的目标,就是要制定科学合理的应收账款信用政策,并在这种信用政策所增加的销售盈利和采用这种政策预计要担负的成本之间做出权衡。企业对应收账款应该加强日常管理工作,采取有力的措施进行分析、控制,及时发现问题,提前采取对策,这些措施主要包括应收账款追踪分析、应收账款账龄分析、应收账款收现率分析。当企业的信用条件被违反时,企业采用较积极的收账政策,可能会减少应收账款投资,减少坏账损失,但要增加收账成本。

存货,是指企业在日常活动中持有以备出售的产成品或商品,处在生产过程中的在产品,在生产过程或提供劳务过程中耗用的材料和物料等;存货管理要求明确存货投资的目的和成本,存货的相关成本表现为:进货成本、储存成本和缺货成本,掌握经济订货批量模型、和再进货点,订货提前期和保险储备,确定最佳的订货数量、订货周期和与存货有关的总成本。

存货的控制系统主要有及时生产系统和ABC分类法,通过良好的控制系统,使存货的购进与销售工作有效地建立在市场调查的基础上,从而收到良好的控制效果。

流动负债主要有三种主要来源:短期借款、短期融资券、商业信用,各种来源具有不同的获取速度、灵活性、成本和风险。流动负债的主要经营优势包括:容易获得,具有灵活性,能有效地为季节性信贷需要进行融资;流动负债的一个经营劣势是需要持续地重新谈判或滚动安排负债。许多企业的实践说明，使用短期贷款来为永久性流动资产融资是一件危险的事情。

【学习思考】
1. 简述企业持有现金的动机。
2. 流动资产投资策略的类型有哪些？
3. 简述流动资产融资策略的类型以及各自的特点。
4. 简述现金管理的目的和内容。
5. 如何确定最佳现金持有量？
6. 简述应收账款的功能和成本。
7. 简述如何制定应收账款政策。
8. 简述存货的功能和成本。
9. 流动负债管理的内容有哪些？
10. 简述流动负债的利弊。

第八章 股利分配

【本章提要】

本章主要介绍了利润分配的基本原则与顺序,股利支付的程序和方法,影响股利分配的因素、股利理论与股利分配政策,股票股利、股票分割和股票回购的内容。通过本章的学习,了解利润分配的基本原则与顺序、股利支付的程序、股利无关论和股利相关论;熟悉股利支付的方式、股票分割和股票回购的概念;掌握四种股利分配政策、股票股利与股票分割的影响。

【学习要求】

● 理解利润分配的项目和顺序
● 掌握股利支付的方式
● 掌握股利分配的理论和政策
● 掌握股票股利、股票分割和股票回购的内容

第一节 利润分配概述

利润分配是财务管理的一项重要工作,是一种利用财务手段确保生产经营成果的合理归属和正确分配。利润分配是否合理直接影响到企业的生存与发展,它不仅影响企业的筹资和投资决策,而且直接涉及各利益集团切身利益关系。

一、利润分配的项目

企业利润分配政策的确定受到各方面因素的影响,一般来说,应对各方面因素要进行综合考虑,按照国家有关法律法规进行分配。按照我国《公司法》的规定,公司利润分配的项目包括以下几个部分。

第一,法定公积金。提取法定公积金是有关法律在资本积累方面的要求。法定公积金从税后净利润中提取形成,用于扩大公司生产经营规模、弥补公司亏损或者转为增加公司资本。公

司应当按照当年税后利润的10%的比例提取法定公积金;不过当法定公积金累计额达到公司注册资本的50%时,可不再继续提取。任意公积金的提取由股东会根据需要决定。

第二,股利(向投资者分配的利润)。公司向投资者(股东)分配利润(支付股利),根据法律规定,要在提取公积金之后。利润(股利)的分配应以各投资者(股东)持有投资(股)的比例为依据,每一投资者(股东)分得的利润(取得的股利)与其持有投资(股)的比例的多少成正比。股份有限公司原则上应从累计盈利中分派股利,无盈利不得支付股利,即所谓"无利不分"的原则。这体现的是法律对资本保全约束。

第三,未分配利润。提取法定公积金和任意公积金、分配利润(股利)后,余额则为未分配利润。未分配利润和公积金称为留存收益。

二、利润分配的顺序

利润分配历来是企业财务管理的重要内容,它关系到与企业经济利益关系的各种利益相关者,因此,公司应按一定的顺序向投资者(股东)进行分配利润(分派股利)。按照我国《公司法》的相关规定,利润分配应按下列顺序进行:

(1) 计算可供分配的利润。将本年净利润(或亏损)与年初未分配利润(或亏损)合并,计算出可供分配的利润。如果可供分配的利润为负数(即亏损),则不能进行后续分配;如果可供分配利润为正数(即本年累计盈利),则进行后续分配。

(2) 计提法定公积金。按抵减年初累计亏损后的本年净利润计提法定公积金。提取公积金的基数,不一定是可供分配的利润,也不一定是本年的税后利润。只有不存在年初累计亏损时,才能按本年税后利润计算应提取数。这种"补亏"是按账面数字进行的,与所得税法的亏损后转无关,关键在于不能用资本发放股利,也不能在没有累计盈余的情况下提取公积金。

(3) 计提任意公积金。根据《公司法》的规定,公司从税后利润中提取法定公积金后,经股东会或股东大会决议,还可以从税后利润中提取任意公积金。这是为了满足企业经营管理的需要,控制向投资者分配利润的水平,以及调整各年度利润分配的波动。

(4) 向股东(投资者)支付股利(分配利润)。

公司股东会或董事会违反上述利润分配顺序,在抵补亏损、提取法定公积金之前向股东分配利润的必须将违反规定发放的利润退还公司。

第二节 股利支付的程序和方式

股利分配是指公司制企业向股东分派利润,是企业收益分配的一部分。股利分配涉及的方面很多,如股利支付程序中各日期的确定、股利支付比率的确定、股利支付形式的确定、支付现金股利所需资金的筹集方式的确定等。其中最主要的是确定股利的支付比率，即用多少盈余发放股利，多少盈余为公司所留用（称为内部筹资），因为这可能会对公司股票的价格产生影响。

一、股利支付的程序

股份有限公司向股东支付股利，其过程按时间先后顺序主要经历以下几个日期：股利宣告日、股权登记日、除息日和股利支付日。

（1）股利宣告日。股利宣告日是指董事会将股利支付情况予以公告的日期。公告中将宣布每股支付的股利、股权登记期限和股利支付日期。

（2）股权登记日。股权登记日是指有权领取股利的股东资格登记截止的日期，也称为除权日。只有在股权登记日前在公司股东名册上有的股东，才有权分享股利。

（3）除息日。除息日是指领取股利的权利与股票相互分离的日期。在除息日前，股利权利从属于股票，持有股票者即享有领取股利的权利；除息日始，股利权利与股票相分离，新购入股票的人不能分享股利。这是因为股票买卖的交接过户需要一定的时间，如果股票交易日期离股权登记日太近，公司将无法在股权登记日得知更换股东的信息，只能以原股东登记日的前四天为除息日。自此日起，公司股票的交易称为无息交易，其股票成为无息股。这就是说，一个新股东要想取得本期股利，必须在股权登记日的四天之前购入股票，否则即使持有股票也无权领取股利。

（4）股利支付日。股利支付日是公司确定的向股东正式发放股利的日期。公司通过资金清算系统或其他方式将股利支付给股东。

二、股利支付方式

股利支付方式有多种，通常采用以下几种：

1. 现金股利

现金股利是股份有限公司以现金的形式向股东支付的股利，它是股利支付的主要方式。发放现金股利的多少主要取决于企业的经营业绩和股利政策。不过现金股利的方式为多数投资者所欢迎。采用现金股利形式，必须具备两个基本条件，第一，要有累计盈余（特殊情况下可用弥补亏损后的盈余公积金支付），第二，要有足够的现金。同时根据信号传递原则，发放现金股利还要考虑该行动会给市场传递什么样的信息，以及对股价的影响。

2. 负债股利

负债股利是公司以一定的债权方式支付的股利，通常以公司的应付票据支付给股东，不得已情况下也有发行公司债券抵付股利的。

3. 财产股利

财产股利是以现金以外的资产支付的股利,主要以公司所拥有的其他企业的有价证券,如债券、股票作为股利支付给股东。财产股利和负债股利实际上是现金股利的替代。这两种股利方式目前在我国公司实务中很少使用,但并非法律所禁止。

4. 股票股利

股票股利是公司以增发的股票作为股利的支付方式,将在本章第四节详细讨论。

第三节　股利分配的理论和政策

一、股利分配的理论

股利分配作为财务管理的一部分,同样要考虑其对公司价值的影响。在股利分配对公司价值的影响这一问题上,存在不同的观点,主要有以下几种。

(一) 股利无关论

股利无关论认为股利分配对公司的市场价值(或股票价格)不会产生影响。这一理论建立在这样些假定之上:① 不存在个人或公司所得税;② 不存在股票的发行和交易费用(即不存在股票筹资费用);③ 公司的投资决策与股利决策彼此独立(即投资决策不受股利分配的影响);④ 公司的投资者和管理当局可相同地获得关于未来投资机会的信息。上述假定描述的是一种完美无缺的市场,因而股利无关论又被称为完全市场理论。股利无关论认为:

1. 投资者并不关心公司股利的分配

若公司留存较多的利润用于再投资,会导致公司股票价格上升;此时尽管股利较低,但需用现金的投资者可以出售股票换取现金。若公司发放较多的股利,投资者用现金再买入一些股票以扩大投资。也就是说,投资者对股利和资本利得并无偏好。

2. 股利的支付比率不影响公司的价值

既然投资者不关心股利的分配,公司的价值就完全由其投资的获利能力所决定,公司的盈余在股利和保留盈余之间的分配并不影响公司的价值(即使公司有理想的投资机会而支付高额股利,也可以募集新股,新投资者会认可公司的投资机会)。

(二) 股利相关论

股利相关论认为公司的股利分配对公司市场价值有影响。在现实生活中,不存在无关论提出的假定前提。公司的股利分配是在种种制约因素下进行的,公司不可能摆脱这些因素的影响。影响股利分配的因素有:

1. 法律限制

为了保护债权人和股东的利益，有关法规对公司的股利分配经常作如下限制：①资本保全。规定公司不能用资本（包括股本和资本公积）发放股利。②企业积累。规定公司必须按净利润的一定比例提取法定盈余公积金。③净利润。规定公司年度累计净利润必须为正数时才可发放股利，以前年度亏损必须足额弥补。④超额累积利润。由于股东接受股利缴纳的所得税高于其进行股票交易的资本利得税，于是许多国家规定公司不得超额累积利润，一旦公司的保留盈余超过法律认可的水平，将被加征额外税额。我国法律对公司累积利润尚未作出限制性规定。

2. 经济限制

股东从自身经济利益需要出发，对公司的股利分配往往产生这样一些影响：

（1）稳定的收入和避税。一些依靠股利维持生活的股东，往往要求公司支付稳定的股利，若公司留存较多的利润，将受到这部分股东的反对。另外，一些高股利收入的股东又出于避税的考虑（股利收入的所得税高于股票交易的资本利得税），往往反对公司发放较多的股利。

（2）控制权的稀释。公司支付较高的股利，就会导致留存盈余减少，这又意味着将来发行新股的可能性加大，而发行新股必然稀释公司的控制权，这是公司原有的持有控制权的股东们所不愿看到的局面。因此，若他们拿不出更多的资金购买新股以满足公司的需要，宁肯不分配股利而反对募集新股。

3. 财务限制

股利分配需要有足额的现金，现在分配股利，将来需要资金时又要通过发行新股或债券来筹资，所以分配股利得全面考虑。

4. 其他限制

（1）债务合同约束。公司的债务合同，特别是长期债务合同，往往有限制公司现金支付程度的条款，这使公司只得采取低股利政策。

（2）通货膨胀。在通货膨胀的情况下，公司折旧基金的购买力水平下降，会导致没有足够的资金来源重置固定资产。这时盈余会被当作弥补折旧基金购买力水平下降的资金来源，因此在通货膨胀时期公司股利政策往往偏紧。

由于存在上述种种影响股利分配的限制，股利政策与股票价格就不是无关的，公司的价值或者说股票价格不会仅仅由其投资的获利能力所决定。

二、股利分配政策

支付给股东的盈余与留在企业的保留盈余，存在此消彼长的关系。所以，股利分配既决定给股东分配多少红利，也决定有多少净利留在企业。减少股利分配，会增加保留盈余减少外部筹资需求，股利决策也是内部筹资决策。

在进行股利分配的实务中，公司经常采用的股利政策如下：

(一) 剩余股利政策

1. 股利分配方案的确定

以上谈到，股利分配与公司的资本结构相关，而资本结构又是由投资所需资金构成的，因此实际上股利政策要受到投资机会及其资金成本的双重影响。剩余股利政策就是在公司有着好的投资机会时，根据一定的目标资本结构（最佳资本结构），测算出投资所需的权益资本，先从盈余当中留用，然后将剩余的盈余作为股利予以分配。

采用剩余股利政策时，应遵循四个步骤：① 设定目标资本结构，即确定权益资本与债务资本的比率，在此资本结构下，加权平均资本成本将达到最低水平；② 确定目标资本结构下投资所需的股东权益数额；③ 最大限度地使用保留盈余来满足投资方案所需的权益资本数额；④ 投资方案所需权益资本已经满足后若有剩余盈余，再将其作为股利发放给股东。

2. 采用本政策的理由

奉行剩余股利政策，意味着公司只将剩余的盈余用于发放股利。这样做的根本理由是为了保持理想的资本结构，使加权平均资本成本最低。

(二) 固定或持续增长的股利政策

1. 分配方案的确定

这一股利政策是将每年发放的股利固定在某一固定的水平上，并在较长的时期内不变，只有当公司认为未来盈余会显著地不可逆转地增长时，才提高年度的股利发放额。

2. 采用本政策的理由

固定或持续增长股利政策的主要目的是避免出现由于经营不善而削减股利的情况。采用这种股利政策的理由在于：

(1) 稳定的股利向市场传递着公司正常发展的信息，有利于树立公司良好形象，增强投资者对公司的信心，稳定股票的价格。

(2) 稳定的股利额有利于投资者安排股利收入和支出，特别是对那些对股利有着很高依赖性的股东更是如此。而股利忽高忽低的股票，则不会受这些股东的欢迎，股票价格会因此而下降。

(3) 稳定的股利政策可能会不符合剩余股利理论，但考虑到股票市场会受到多种因素的影响，其中包括股东的心理状态和其他要求，因此为了使股利维持在稳定的水平上，即使推迟某些投资方案或者暂时偏离目标资本结构，也可能要比降低股利或降低股利增长率更为有利。

该股利政策的缺点在于股利的支付与盈余相脱节。当盈余较低时仍要支付固定的股利，这可能导致资金短缺，财务状况恶化；同时不能像剩余股利政策那样保持较低的资本成本。

(三) 固定股利支付率政策

1. 分配方案的确定

固定股利支付率政策，是公司确定一个股利占盈余的比率，长期按此比率支付股利的政策。在这一股利政策下，各年股利额随公司经营的好坏而上下波动，获得较多盈余的年份股利额高，获得盈余少的年份股利额低。

2. 采用本政策的理由

主张实行固定股利支付率的人认为，这样做能使股利与公司盈余紧密地配合，以体现多盈多分、少盈少分、无盈不分的原则，才算真正公平地对待了每一位股东。但是，在这种政策下各年的股利变动较大，极易造成公司是稳定的感觉，对于稳定股票价格不利。

(四) 低正常股利加额外股利政策

1. 分配方案的确定

低正常股利加额外股利政策，是公司一般情况下每年只支付固定的、数额较低的股利；在盈余多的年份，再根据实际情况向股东发放额外股利。但额外股利并不固定化，不意味着公司永久地提高了规定的股利率。

2. 采用本政策的理由

(1) 这种股利政策使公司具有较大的灵话性。当公司盈余较少或投资需用较多资金时，可维持设定的较低但正常的股利，股东不会有股利跌落感；而当盈余有较大幅度增加时，则可适度增发股利，把经济繁荣的部分利益分配给股东，使他们增强对公司的信心，这有利于稳定股票的价格。

(2) 这种股利政策可使那些依靠股利度日的股东每年至少可以得到虽然较低，但比较稳定的股利收入，从而吸引住这部分股东。以上各种股利政策各有所长，公司在分配股利时应借鉴其基本决策思想，制定适合自己具体实际情况的股利政策。

第四节 股票股利、股票分割和股票回购

一、股票股利

股票股利在会计上属公司收益分配，是一种股利分配的形式。股票股利是公司以增发股票的方式所支付的股利，通常也将其称为"红股"。股票股利对公司来说，并没有现金流出，

也不会导致公司的财产减少,而只是将公司的留存收益转化为股本。但股票股利会增加流通在外的股票数量(股数),同时降低股票的每股价值。它不会改变公司股东权益总额,但会改变股东权益的构成结构。

(一) 股利的优点

1. 节约公司现金。2. 降低每股市价,促进股票的交易和流通。3. 日后公司要发行新股票时,则可以降低发行价格,有利于吸引投资者。4. 传递公司未来发展前景的良好信息,增强投资者的信心。5. 股票股利在降低每股市价的时候会吸引更多的投资者成为公司的股东,从而使公司股权更为分散,这样就能防止其他公司恶意控制。

(二) 股利的意义

股票股利对股东和公司都有着特殊意义,股票股利的意义主要表现在下面两个方面:

(1) 从表面上看,分配股票股利除了增加所持股数外好像并没有给股东带来直接收益,事实上并非如此。因为市场和投资者普遍认为,公司如果发放股票股利往往预示着公司会有较大的发展和成长,这样的信息传递不仅会稳定股票价格甚至可能使股票价格上升。

(2) 如果股东把股票股利出售,变成现金收入,还会带来资本利得在纳税上的好处。因为相对于股利收入的纳税来说,投资者对资本利得收入的纳税时间选择更具有弹性,这样,即使股利收入和资本利得收入没有税率上的差别,仅就纳税时间而言,由于投资者可以自由向后推资本利得收入纳税的时间,所以它们之间也会存在延迟纳税带来的收益差异。

二、股票分割

股票分割是指即将一张较大面值的股票拆成几张较小面值的股票。股票分割对公司的资本结构不会产生任何影响,一般只会使发行在外的股票总数增加,资产负债表中股东权益各账户(股本、资本公积、留存收益)的余额都保持不变,股东权益的总额也保持不变。

(一) 分割作用

1. 票分割会在短时间内使公司股票每股市价降低,买卖该股票所必需的资金量减少,易于增加该股票在投资者之间的换手,并且可以使更多的资金实力有限的潜在股东变成持股的股东。因此,股票分割可以促进股票的流通和交易。

2. 票分割可以向投资者传递公司发展前景良好的信息,有助于提高投资者对公司的信心。

3. 票分割可以为公司发行新股做准备。公司股票价格太高,会使许多潜在的投资者力不从心而不敢轻易对公司的股票进行投资。在新股发行之前,利用股票分割降低股票价格,可以促进新股的发行。

4. 票分割有助于公司并购政策的实施,增加对被并购方的吸引力。

5. 票分割带来的股票流通性的提高和股东数量的增加,会在一定程度上加大对公司股票恶意收购的难度。

6. 票分割在短期内不会给投资者带来太大的收益或亏损,即给投资者带来的不是现实的利益,而是给投资者带来了今后可多分股息和更高收益的希望,是利好消息,因此对除权日后股价上涨有刺激作用。

(二) 股票分割与股票股利的比较

1. 股票分割与股票股利的相同点

(1) 普通股股数增加(股票分割增加更多);

(2) 每股收益和每股市价下降(股票分割下降更多);

(3) 股东持股比例不变;

(4) 资产总额、负债总额、股东权益总额不变。

2. 股票分割与股票股利的不同点

股票分割:(1) 面值变小;(2) 股东权益结构不变;(3) 不属于股利支付方式。

股票股利:(1) 面值不变;(2) 股东权益结构改变;(3) 属于股利支付方式。

案例分析:陈小姐拥有 1 000 股波音公司(BA)的股票,当公司宣布 2:1 股票分割后,陈小姐原有的 1 000 股股票便会变为 2 000 股。$1000 \times (2/1) = 2000$

如果 1 股股票原先价钱是 \$40 元,那么分割后的价钱便为:$\$40 \times (1/2) = \$20$

基本上股票的总市值还是一样的(即原来的 40 元/股 $\times$ 1000 = 40000 元与分割后的 20 元/股 $\times$ 2000 = 40000 元相等)。在股票未分割前它的价值是 \$40000 元(1000 股 $\times$ \$40 元)。分割后它的总价值还是 \$40000 元(2000 股 $\times$ \$20 元)。

三、股票回购

股票回购是指上市公司利用现金等方式,从股票市场上购回本公司发行在外的一定数额的股票的行为。公司在股票回购完成后可以将所回购的股票注销。但在绝大多数情况下,公司将回购的股票作为"库藏股"保留,不再属于发行在外的股票,且不参与每股收益的计算和分配。库藏股日后可移作他用,如发行可转换债券、雇员福利计划等,或在需要资金时将其出售。

(一) 股票回购的意义

1. 对于股东的意义

股票回购后股东得到的资本利得需缴纳资本利得税,发放现金股利后股东则需缴纳股息税。在前者低于后者的情况下,股东将得到纳税上的好处。另外,各种因素很可能因股票回购而发生变化的,结果是否对股东有利难以预料。也就是说,股票回购对股东利益具有不确定的影响。

2. 对于公司的意义

进行股票回购的最终目的是有利于增加公司的价值:

(1) 公司进行股票回购的目的之一是向市场传递股价被低估的信号。股票回购有着与股票发行相反的作用。股票发行被认为是公司股票被高估的信号,如果公司管理层认为公司的股价被低估,通过股票回购,向市场传递了积极信息。股票回购的市场反应通常是提升了股价,有利于稳定公司股票价格。如果回购以后股票仍被低估,剩余股东也可以从低价回购中获利。

(2) 当公司可支配的现金流明显超过投资项目所需的现金流时,可以用自由现金流进行股票回购,有助于增加每股盈利水平。股票回购减少了公司自由现金流,起到了降低管理层代理成本的作用。管理层通过股票回购试图使投资者相信公司的股票是具有投资吸引力的,公司没有把股东的钱浪费在收益不好的投资中。

(3) 避免股利波动带来的负面影响。当公司剩余现金是暂时的或者是不稳定的,没有把握能够长期维持高股利政策时,可以在维持一个相对稳定的股利支付率的基础上,通过股票回购发放股利。

(4) 发挥财务杠杆的作用。如果公司认为资本结构中权益资本的比例较高,可以通过股票回购提高负债比率,改变公司的资本结构,并有助于降低加权平均资本成本。虽然发放现金股利也可以减少股东权益,增加财务杠杆,但两者在收益相同情形下的每股收益不同。特别是如果通过发行债券融资回购本公司的股票,可以快速提高负债比率。

(5) 通过股票回购,可以减少外部流通股的数量,提高了股票价格,在一定程度上降低了公司被收购的风险。

(6) 调节所有权结构。公司拥有回购的股票(库藏股),可以用来交换被收购或被兼并公司的股票,也可用来满足认股权证持有人认购公司股票或可转换债券持有人转换公司普通股的需要,还可以在执行管理层与员工股票期权时使用,避免发行新股而稀释收益。

我国《公司法》规定,公司只有在以下四种情形下才能回购本公司的股份:① 减少公司注册资本;② 与持有本公司股份的其他公司合并;③ 将股份奖励给本公司职工;④ 股东因对股东大会作出的合并、分立决议持异议,要求公司收购其股份。

(二) 股票回购的方式

1. 场内公开收购和场外协议收购

按照股票回购的地点不同,可分为场内公开收购和场外协议收购两种。

(1)场内公开收购是指上市公司把自己等同于任何潜在的投资者,委托在证券交易所有正式交易席位的证券公司,代自己按照公司股票当前市场价格回购。在国外较为成熟的股票市场上,这一种方式较为流行。虽然这一种方式的透明度比较高,但很难防止价格操纵和内幕交易,因而,美国证券交易委员会对实施场内回购的时间、价格和数量等均有严格的监管规则。

(2)场外协议收购是指股票发行公司与某一类(如国家股)或某几类(如法人股、B股)投资者直接见面,通过在店头市场协商来回购股票的一种方式。协商的内容包括价格和数量的确定,以及执行时间等。很显然,这一种方式的缺陷就在于透明度比较低,有违于股市"三公"原则。

2. 举债回购、现金回购和混合回购

按照筹资方式,可分为举债回购、现金回购和混合回购。

(1)举债回购是指企业通过向银行等金融机构借款的办法来回购本公司股票。如果企业认为其股东权益所占的比例过大,资本结构不合理,就可能对外举债,并用举债获得的资金进行股票回购,以实现企业资本结构的合理化。有时候还是一种防御其他公司的敌意兼并与收购的保护措施。

(2)现金回购是指企业利用剩余资金来回购本公司的股票。这种情况可以实现分配企业的超额现金,起到替代现金股利的目的。

(3)混合回购是指企业动用剩余资金,及向银行等金融机构借贷来回购本公司股票。

3. 可转让出售权回购方式

所谓可转让出售权,是实施股票回购的公司赋予股东在一定期限内以特定价格向公司出售其持有股票的权利。之所以称为"可转让"是因为此权利一旦形成,就可以同依附的股票分离,而且分离后可在市场上自由买卖。执行股票回购的公司向其股东发行可转让出售权,那些不愿意出售股票的股东可以单独出售该权利,从而满足了各类股东的需求。此外,因为可转让出售权的发行数量限制了股东向公司出售股票的数量,所以这种方式还可以避免股东过度接受回购要约的情况。

4. 出售资产回购或利用债券和优先股交换

按照资产置换范围,划分为出售资产回购股票、利用手持债券和优先股交换(回购)公司普通股、债务股权置换。

(1)出售资产回购股票是指公司通过出售资产筹集资金回购本公司股票。

(2)利用手持债券和优先股交换(回购)公司普通股是指公司使用手持债券和优先股换回(回购)本公司股票。

(3) 债务股权置换是指公司使用同等市场价值的债券换回本公司股票。

5. 固定价格要约回购和荷兰式拍卖回购

按照回购价格的确定方式，可分为固定价格要约回购和荷兰式拍卖回购。

(1) 固定价格要约回购是指企业在特定时间发出的以某一高出股票当前市场价格的价格水平，回购既定数量股票的要约。为了在短时间内回购数量相对较多的股票，公司可以宣布固定价格回购要约。它的优点是赋予所有股东向公司出售其所持股票的均等机会，而且通常情况下公司享有在回购数量不足时取消回购计划或延长要约有效期的权力。与公开收购相比，固定价格要约回购通常被认为是更积极的信号，其原因可能是要约价格存在高出市场当前价格的溢价。但是，溢价的存在也使得固定价格回购要约的执行成本较高。

(2) 荷兰式拍卖回购首次出现于1981年Todd造船公司的股票回购。此种方式的股票回购在回购价格确定方面给予公司更大的灵活性。在荷兰式拍卖的股票回购中，首先公司指定回购价格的范围(通常较宽)和计划回购的股票数量(可以上下限的形式表示)；然后股东进行投标，说明愿意以某一特定价格水平(股东在公司指定的回购价格范围内任选)出售股票的数量；公司汇总所有股东提交的价格和数量，确定此次股票回购的"价格—数量曲线"，并根据实际回购数量确定最终的回购价格。

(三) 回购主要目的

1. 反收购措施

股票回购在国外经常是作为一种重要的反收购措施而被运用。回购将提高本公司的股价，减少在外流通的股份，给收购方造成更大的收购难度；股票回购后，公司在外流通的股份少了，可以防止浮动股票落入竞争企业手中。

2. 资本结构

股票回购是改善公司资本结构的一个较好途径。利用企业闲置的资金回购一部分股份，虽然降低了公司的实收资本，但是资金得到了充分利用，每股收益也提高了。

3. 稳定公司股价

过低的股价，无疑将对公司经营造成严重影响，股价过低，使人们对公司的信心下降，使消费者对公司产品产生怀疑，削弱公司出售产品、开拓市场的能力。在这种情况下，公司回购本公司股票以支撑公司股价，有利于改善公司形象，股价在上升过程中，投资者又重新关注公司的运营情况，消费者对公司产品的信任增加，公司也有了进一步配股融资的可能。因此，在股价过低时回购股票，是维护公司形象的有力途径。

【本章小结】

利润分配决策时股东当前利益与企业未来发展之间权衡的结果，将引起企业的资金存量与股东权益规模及结构的变化,也将对企业内部的筹资和投资活动产生影响。企业实现利润是利润分配的前提,合理地进行利润分配的前提条件是正确地确认企业的利润总额。

股利分配的核心问题是如何权衡公司股利支付决策与未来长期增长之间的关系,以实现公司价值最大化的财务管理目标。围绕着公司股利政策是否影响公司价值这一问题,主要有两类不同的股利理论,即股利无关论和股利相关论。

支付给股东的盈余与留在企业的保留盈余存在此消彼长的关系。在进行股利分配的实务中,公司经常采用的股利政策如下:剩余股利政策、固定或持续增长股利政策、固定股利支付率政策和低正常股利加额外股利政策。

【学习思考】

1. 什么是利润分配?利润分配有哪些原则?
2. 股份公司的股利支付形式有哪些?
3. 影响公司股利分配政策的因素有哪些?
4. 股利分配政策的种类有哪些?
5. 公司税后利润的分配程序是怎样的?
6. 什么是股票回购?股票回购有哪些方式?

第九章　　财务分析与评价

【本章提要】

本章主要介绍财务分析与评价的基础理论以及财务数据分析方法,包括:财务分析的意义、内容、原则等基础理论;财务指标分析的方法;上市公司进行财务评价的分析;综合的财务分析。通过本章的学习,掌握基本的财务分析方法,能对企业的财务作出一个基本的评价。

【学习目标】
- 理解财务分析的主要内容与方法
- 掌握财务指标分析的方法
- 掌握上市公司的财务评价
- 掌握综合的财务分析方法

第一节　　财务分析的评价与概述

一、财务分析的目的及意义

财务报表分析是以企业财务报告为主要基础材料,采用一系列的分析方法和技术,对企业经营成果和财务状况进行分析和评价,以反映企业在运营过程中的获利能力、财务状况及发展趋势,为改进企业财务管理工作、优化经济决策提供有用的财务信息。财务分析是财务管理的重要方法之一,为企业进行下一步的财务决策提供依据,具有承上启下的作用,因此它既是财务预测的前提,同时也是企业历史财务活动的总结。

财务分析对不同信息使用者具有不同的意义。

(一) 从企业股权投资者角度来看

企业的股权投资者进行财务分析的最根本目的是看企业的盈利能力状况,因为盈利能力是投资者资本保值增值的关键。但是投资者仅仅关注盈利能力还不够,为了确保资本保值增值,还应研究企业的权益结构、支付能力、营运状况等。只有投资者认为企业有良好的发展前景，企业的所有者才会保持或增加投资，潜在投资者才会把资金投向该企业。

(二) 从企业债权者角度来看

企业债权者进行财务分析的目的与经营者和投资者不同，银行等债权人一方面从各自经营或收益目的出发愿意将资金贷给某企业，另一方面又要非常小心地观察和分析该企业有无违约或清算破产的可能性。从债权人角度进行财务分析的主要目的，一是研究企业的偿债能力大小；二是看债务者的收益状况与风险程度是否相适应，所以应将偿债能力分析和盈利能力分析相结合。

(三) 从企业经营者角度来看

企业经营者进行财务分析的目的是综合的、多方面的。从对企业所有者负责的角度，他们首先关心的是企业的盈利能力，这只是总体目标。但是，在财务分析中，他们关心的不仅仅是盈利的结果，而且包括盈利的原因及过程，如资产结构分析、营运状况、效率分析、经营风险分析、财务风险分析、支付能力、偿债能力等。通过这种分析，其目的是及时发现生产经营中存在的问题与不足，并采取有效措施来解决这些问题，使企业不仅用现有资源盈利更多，而且使企业盈利能力保持持续增长。

(四) 其他主体角度

其他财务分析的主体主要是指与企业经营有关的企业单位和国家行政管理与监督部门。与企业经营有关的企业单位主要指材料的供应商、客户等。这些企业单位出于保护自身利益的需要，也非常关心往来企业的财务状况，从而进行财务分析。他们进行财务分析的主要目的在于搞清企业的信用状况，包括商业上的信用和财务上的信用。

国家行政管理与监督部门主要指工商、物价、财政、税务、审计等部门。它们进行财务分析的目的主要是监督、检查党和国家的各项经济政策、法规、制度在企业单位的执行情况；保证企业财务会计信息和财务分析报告的真实性、准确性，为宏观决策提供可靠信息。

二、财务分析的方法

(一) 比较分析法

比较是认识事物的最基本方法，没有比较，分析就无法开始。报表分析的比较法，是对两个或几个有关的可比数据进行对比，通过差额或比率来揭示差异和矛盾的一种分析方法。

比较分析按比较对象(和谁比)进行差额分析可分为：

1. 与本公司历史过去比

也是"纵向比较"，又称为"趋势分析"，即不同时期(2年以上)指标相比。

2. 与同类公司比

也称为"横向比较"，即与行业平均数或竞争对手比较。

3. 与计划预算比

也称"预算差异分析"，即实际执行结果与计划指标比较。

比较分析按比较内容(比什么)进行比率可分为:

1. 比较会计要素的总量

总量是指报表项目的总金额,例如总资产、净资产、净利润等。总量比较主要用于时间序列分析,如研究利润的逐年变化趋势,看其增长潜力。有时也用于同业对比,看公司的相对规模和竞争地位。

2. 比较结构百分比

把损益表、资产负债表、现金流量表转换成结构百分比报表。如以收入为100%,看损益表各项目的比重。结构百分比报表用于发现有显著问题的项目,揭示进一步分析的方向。

3. 比较财务比率

财务比率是各会计要素之间的数量关系,反映它们问题。

(二)因素分析法

因素分析法是依据分析指标与其影响因素之间的关系,从数值上确定各因素对分析指标差异的影响程度的一种方法。企业的活动是一个有机的整体,每个指标的高低,都受若干因素的影响。从数量上测定各因素的影响程度,可以帮助人们抓住主要矛盾,或更有说服力地评价经营状况。

因素分析法具体有两种:连环替代法和差额分析法。

1. 连环替代法

连环替代法的名称是由其分析程序的特点决定的,具体程序为,首先将分析指标分解为各个可以计量的因素;然后根据各个因素之间的依存关系,顺次用各因素的比较值(通常为实际值)替代基准值(通常为标准值或计划值);最后据以测定各因素对分析指标的影响。

2. 差额分析法

差额分析法是利用各个因素的比较值与基准值之间的差额,来计算各因素对分析指标的影响。差额分析法是连环替代法的一种简化形式。

三、财务报表分析的原则

(1)坚持实事求是,从实际出发,反对主观随意、搞数字游戏。

(2)坚持一分为二,全面看问题,反对片面看问题。要兼顾外部问题与内部问题、主观因素与客观因素、有利因素与不利因素。

(3)坚持相互联系地看问题,注重事物之间的联系,反对孤立地看问题。要注意局部与全局的关系、报酬与风险的关系、偿债能力与盈利能力的关系。

(4)要发展地看问题,反对静止地看问题。要注意过去、现在和将来之间的联系。

(5)要定量分析与定性分析结合。

定性分析是基础和前提,没有定性分析就弄不清本质、趋势和与其他事物的联系。定量分析是工具和手段,没有定量分析就弄不清数量界限、阶段性和特殊性。财务报表分析要透过数字看本质,没有数字就得不出结论。

四、财务报表分析的局限性

(一) 财务报表本身的局限性

财务报表是公司会计系统的产物,而每个公司的会计系统,不可避免地会受到公司会计战略和会计环境的影响,使得财务报表被扭曲情况,不能反映会计主体实际的财务状况和经营成果。

每个公司都有自己的会计战略,原因在于公司会根据环境和经营目标对会计战略做出的主观选择。因此公司会计战略包括决定会计政策的选择、会计估计的选择、补充披露的选择以及报告具体格式的选择。不同的公司选择不同的会计战略,这样会导致不同的会计战略会导致不同公司财务报告之间有差异,并影响其可比性。例如,对同一会计事项的账务处理,会计准则会提供几种可供选择的不同的规则和程序,公司可以自行选择。例如固定资产折旧方法、存货计价方法、对外投资收益的确认方法等。虽然在财务报表附注中对相关会计政策的选择有一定的描述,但有的报表使用人不一定精通会计,因此未必能完成可比性的调整工作。

会计的环境因素包括税务与会计的关系、会计规范和会计的管理、外部审计、会计争端处理的法律系统资本市场结构、公司治理结构等。这些因素是决定公司会计系统质量的外部因素。会计环境的缺陷会导致会计系统的缺陷,使之不能反映公司的实际状况。会计环境的重要变化会导致会计系统的变化。影响财务数据的可比性。例如,会计规范要求以历史成本报告资产,而历史成本是面向过去的,这会使得财务数据不代表其现行成本或变现价值;会计规范要求假设币值不变,并且不考虑货币的时间价值,使财务数据不按通货膨胀率或物价水平调整以及简单的把不同时间点上购买的资产按历史成本加在一起;会计规范要求遵循谨慎原则,使会计预计损失而不预计收益,有可能少计收益和资产;会计规范要求按年度分期报告,只报告短期信息,不提供反映长期潜力的信息等。

由于以上两方面的原因使得财务报表存在以下三方面的局限性:(1) 财务报告只能部分披露公司的信息,在企业内部与外部的财务报表使用人之间,存在信息不对称,公司管理层拥有更多的信息,得到披露的只是其中的一部分;(2) 管理层对各项会计政策的选择,有时会出于业绩的考虑,而使财务报表扭曲公司的实际情况;(3) 已经披露的财务信息存在会计估计等职业判断,有时会出现会计误差,不一定是真实情况的准确计量。

(二) 财务报表的可靠性问题

财务报表分析的基础材料是财务报表,因此,只有财务报表是可靠的、符合规范的,财务报表分析才能得出正确的分析结论。所谓符合规范,是指除了以上三点局限性以外,没有更进一步的虚假陈述。外部分析人员很难认定是否存在虚假陈述,财务报表的可靠性问题,主要依靠注册会计师解决。但是,注册会计师不能保证财务报告没有任何错报和漏报,而且并非所有注册会计师都是尽职尽责的。因此分析人员必须自己关注财务报表的可靠性,对于可能存在的问题保持足够的警惕。

外部的分析人员虽然不能认定是否存在虚假陈述,但是可以发现一些"危险信号"。对于存有危险信号的报表,分析人员要进行更细致的考察或获取有关的其他信息,对报表的可靠性做出判断。

常见的危险信号包括:

1. 要注意大额的关联交易

这些交易的价格缺乏客观性,会计估计有较大主观性,可能存在转移利润的动机。

2. 要注意分析数据的反常现象

如无合理的反常原因,则要考虑数据的一贯性和真实性是否有问题。例如:可能是利用会计政策的选择空间来"修饰"报表;应收账款与销售相比异常增加,可能存在提前确认收入问题;原因不详的会计调整;报告收益与应税收益之间的缺口增加,报告收益与经营现金流量的缺口增加,可能存在盈余管理;第四季度的大额调整和大额的资产冲销,可能是中期报告有问题,受到外部注册会计师的压力被要求在年底调整。

3. 财务报告的形式不规范

要注意是否及时公布财务报告,不能及时公布报告则意味着公司管理当局与外部注册会计师存在分歧;不规范的报告其可靠性也应受到怀疑,要注意财务报告是否有遗漏,遗漏违背充分披露原则,很可能是不想报告实情引起的。

4. 要注意大额资本利得

在经营业绩不佳时,公司可能通过出售长期资产、债转股等交易实现资本利得。

5. 要注意异常的审计报告

当出现下列情况:没有正当理由更换注册会计师或审计报告附有保留意见,则意味着公司的财务报告可能粉饰过度。

(三) 比较基础问题

在比较分析时必然要选择比较的参照标准。包括本公司历史数据、同业数据和计划预算数据。

横向比较时需要使用同业标准。同业的平均数只有一般性的指导作用,不一定有代表性,不是合理性的标志。选一组有代表性的公司求其平均数,作为同业标准。可能比整个行业的平均数更有意义。近年来,更重视以竞争对手的数据作为分析基础。不少公司实行多种经营,没有明确的行业归属,同业比较更加困难。

趋势分析以本公司历史数据作比较基础。历史数据代表过去,并不代表合理性。经营环境是变化的,今年比上年利润提高了,不一定说明已经达到应该达到的水平,甚至不一定说明管理有了改进。会计规范的改变会使财务数据失去直接可比性,要恢复其可比性成本很大,甚至缺乏必要的信息。

实际与计划的差异分析,以计划预算作比较基础。实际和预算出现差异,可能是执行中有问题,也可能是预算不合理,两者的区分并非易事。

总之，对比较基础本身要准确理解，并且要在限定意义上使用分析结论，避免简单化和绝对化。

第二节　财务指标分析法

财务指标是通过财务报表数据的相对关系来揭示企业经营管理的各方面问题，是最主要的财务分析方法。包括偿债能力分析、营运能力分析、盈利能力分析、发展能力分析和现金流量分析五个方面。

为了便于说明，本节各项财务指标的计算，将采用大东公司作为例子，该公司的资产负债如表9-1所示、利润如表9-2所示、所有者权益变动如表9-3所示、现金流量如表9-4所示。

表9-1　　　　　　资产负债表

编制单位：　　　大东公司　　　　2016年12月31日　　　　　　单位：万元

资产	年末余额	年初余额	负债与股东权益	年末余额	年初余额
流动资产			流动负债		
货币资金	500	250	短期借款	600	450
交易性金融资产	60	120	交易性金融负债		
应收票据	80	110	应付票据	50	40
应收账款	3 980	1 990	应付账款	1 000	1 090
预付账款	220	40	预收账款	100	40
应收股利	0	0	应付职工薪酬	20	10
应收利息	0	0	应交税费	50	40
其他应收款	120	220	应付利息	120	160
存货	1 190	3 260	应付股利	280	100
一年内到期的非流动资产	770	110	其他应付款	140	130
其他流动资产	80	0	预计负债	20	40
流动资产合计	7 000	6100	一年内到期的非流动负债	590	50
			其他流动负债	30	50
			流动负债合计	3 000	2 200
			非流动负债		
非流动资产			长期借款	4 500	2 450
可供出售金融资产	0	450	应付债券	2 400	2 600
持有至到期投资			长期应付款	500	600

续表

长期股权投资	300	0	专项应付款	0	0
长期应收款			递延所得税负债	0	0
固定资产	12 380	9 550	其他非流动负债	0	150
在建工程	180	350	非流动负债合计	7 400	5 800
固定资产清理		120	负债合计	10 400	8 000
无形资产	60	80	所有者权益		
开发支出			股本	1 000	1 000
商誉			资本公积	100	100
递延所得税资产	0	0	盈余公积	1 000	400
其他非流动资产	80	150	未分配利润	7 500	7 300
非流动资产合计	13 000	10 070	减:库存股	0	0
			所有者权益合计	9 600	8 800
资产总计	20 000	16 800	负债及所有者权益总计	20 000	16 800

表 9-2 利润表

编制单位：　　大东公司　　　　2016 年度　　　　单位:万元

项　目	本年度	上年度
一、营业收入	30 000	28 500
减:营业成本	26 440	25 030
营业税金及附加	280	280
销售费用	220	200
管理费用	460	400
财务费用	1 100	960
资产减值损失	0	0
加:公允价值变动收益	0	0
投资收益	60	0
二、营业利润	1 560	1 630
加:营业外收入	450	720
减:营业外支出	10	0
三、利润总额	2 000	2 350
减:所得税费用	640	750
四、净利润	1 360	1 600

表 9-3 股东权益变动表

编制单位:大东公司　　　　　　　　　　　2016 年度　　　　　　　　　　　单位:万元

项目	本年金额						上年金额
	股本	资本公积	减:库存股	盈余公积	未分配利润	股东权益合计	略
一、上年年末余额	1 000	100		400	7 300	8 800	
加:会计政策变更							
前期差错更正							
二、本年年初余额	1 000	100		400	7 300	8 800	
三、本年增减变动金额							
(一)净利润					1 360	1 360	
(二)直接计入股东权益的利得和损失							
1.可供出售金融资产公允价值变动净额							
2.权益法下被投资单位其他股东权益变动的影响							
3.与计入股东权益项目相关的所得税影响							
4.其他							
上述(一)和(二)小计					1 360	1 360	
(三)所有者投入和减少资本							
1.所有者投入资本							
2.股份支付计入股东权益的金额							
3.其他							
(四)利润分配							
1.提取盈余公积				600	-6000		
2.对股东的分配					-560	-560	
3.其他							
(五)股东权益的内部结转							
1.资本公积转增股本							
2.盈余公积转增股本							
3.盈余公积弥补亏损							
4.其他							
四、本年年末余额	1 000	100	0	1 000	7 500	9 600	

表 9-4　现金流量表

编制单位:大东公司　　　　　　　　2016 年度　　　　　　　　单位:万元

项目	金额
一、经营活动产生的现金流量	
销售商品、提供劳务收到的现金	28 100
收到的税费返还	
收到其他与经营活动有关的现金	100
经营活动现金流入小计	28 200
购买商品,接受劳务支付的现金	23 630
支付给职工以及为职工支付的现金	290
支付的各项税费	910
支付其他与经营活动有关的现金支出	140
经营活动现金流出小计	24 970
经营活动产生的现金流量净额	3 230
二、投资活动产生的现金流量	
收回投资收到的现金	40
取得投资收益收到的现金	60
处置固定资产、无形资产和其他长期资产收回的现金净额	120
处置子公司及其他营业单位收到的现金净额	
收到其他与投资活动有关的现金	
投资活动现金流入小计	220
购置固定资产、无形资产和他长期资产支付的现金	3 690
投资支付的现金	300
支付其他与投资活动有关的现金	
投资活动现金流出小计	3 990
投资活动产生的现金流量净额	-3 770
三、筹资活动产生的现金流量	
吸收投资收到的现金	
取得借款收到的现金	2700
收到其他与筹资活动相关的现金	0
筹资活动现金流入小计	2 700
偿还债务支付的现金	200
分配股利、利润或偿付利息支付的现金	1 520
支付其他与筹资活动有关的现金	250
筹资活动现金流出小计	1 970

续表

筹资活动产生的现金流量净额	730
四、汇率变动对现金及现金等价物的影响	
五、现金及现金等价物净增加额	190
加:期初现金及现金等价物余额	370
六、期末现金及现金等价物余额	560
补充资料	
1.将净利润调节为经营活动现金流量	
净利润	1 360
加:资产减值准备	
固定资产折旧,油气资产折耗、生产性资产折旧	1 000
无产摊销	20
长期费用摊销	-110
处置固定资产、无形资产和其他长期资产的损失(收益以"—"号填列)	
固定资产报废损失(收益以"—"号填列)	
公允价值变动损失(收益以"—"号填列)	
财务费用(收益以"—"号填列)	1 100
投资损失(收益以"—"号填列)	-60
递延所得税资产减少(增加以"—"号填列)	
递延所得税负债增加(减少以"—"号填列)	
存货的减少(增加以"—"号填列)	2 070
经营性应收项目的减少(增加以"—"号填列)	-2 120
经营性应付项目的增加(减少以"—"号填列)	-30
其他	
经营活动产生的现金流量净额	3 230
2.不涉及现金收支的投资和筹资活动	
债务转为资本	
一年内到期的可转换公司债券	
融资租入固定资产	
3.现金及现金等价物净增加情况	
现金的期末余额	560
减:现金的期初余额	370
加:现金等价物的期末余额	
减:现金增加物的期初余额	
现金及现金等价物净增加额	190

一、偿债能力分析

偿债能力是指企业偿还到期债务的能力。通过偿债能力分析可以了解企业的财务状况、揭示企业所承担的财务风险程度、预测企业筹资前景、为企业进行各种理财活动提供参考等。由于债务分为短期债务和长期债务,因此偿债能力分析包括短期能力分析和长期偿债能力。

(一) 短期偿债能力分析

短期偿债能力一般也称为支付能力,主要是通过流动资产的变现,来偿还到期的短期债务。短期偿债能力的高低对企业的生产经营活动和财务状况有重要影响,一个企业即便拥有良好的营运能力和较强的盈利能力,一旦短期偿债能力不强,就会因资金周转困难影响正常的生产经营,降低企业的盈利能力,严重时还会出现财务危机,甚至导致企业破产。

1. 营运资本

营运资本是指流动资产超过流动负债的部分,其计算公式:

营运资本 = 流动资产 - 流动负债

根据大东公司的财务报表数据:

上年营运资本 = 6 100 - 2 200 = 3 900(万元)

本年营运资本 = 7 000 - 3 000 = 4 000(万元)

从财务观点看,如果流动资产高于流动负债,表示企业具有一定的短期偿付能力。该指标越高,表示企业可用于偿还流动负债的资金越充足,企业的短期偿付能力越强,企业所面临的短期流动性风险越小,债权人安全程度越高。因此,可将营运资本作为衡量企业短期偿债能力的绝对数指标。

但是,营运资本是绝对数,不便于不同企业之间的比较。例如,甲公司的营运资本为300万元(流动资产500万元,流动负债200万元),乙公司的营运资本与甲相同,也是300万元(流动资产1500万元,流动负债1200万元)。不过,两公司的偿债能力显然不同。因此,在实务中很少直接使用营运资本作为偿债能力的指标。营运资本的合理性主要通过流动性存量比率来评价。

2. 流动比率

流动比率是全部流动资产与流动负债的比率,其表明每1元流动负债有多少流动资产作为偿债的保障。一般认为,流动比率应达到2∶1以上,流动比率越高,反映企业短期偿债能力越强。其计算公式如下:

流动比率 = 流动资产 ÷ 流动负债

根据大东公司的财务报表数据:

上年流动比率 = 6100 ÷ 2200 = 2.77

本年流动比率 = 7000 ÷ 3000 = 2.33

大东公司的流动比率降低了0.44(2.77, -2.33),即为每1元流动负债提供的流动资产保障减少了 0.44 元。今年比去年的偿债能力就降低了。

流动比率是相对数,排除了企业规模不同的影响,更适合同业比较以及本企业不同历史时期的比较。流动比率的计算简单,得到广泛应用。但是,在运用流动比率时,须注意以下几个方面:第一,流动比率是否合理,不存在统一的流动比率标准;不同行业的流动比率,通常有明显差别;营业周期越短的行业,合理的流动比率越低。第二,流动比率越高,并不意味着偿债能力越强。流动比率假设全部流动资产都可以变为现金并用于偿债,全部流动负债都需要还清。实际上,有些流动资产的账面金额与变现金额有较大差异,如产成品等经营性流动资产是企业持续经营所必需的,不能全部用于偿债。流动比率只是对短期偿债能力的粗略估计,因此企业进行流动比率分析时,要进一步对现金流量加以考察。

3. 速动比率

速动比率是企业速动资产与流动负债的比率,表明每 1 元流动负债有多少速动资产作为偿还保障。速动比率反映企业以速动资产偿还到债务的能力,不过速动比率是以速动资产是可以用于偿债的资产为假设的。其计算公式为:

速动比率 = 速动资产 ÷ 流动负债

速动资产是指几乎可以立即变现用来偿付流动负债的那些资产,一般包括货币资金、交易性金融资产、应收票据、应收账款、应收股利、其他应收款等。计算速动资产要排除存货和预付账款等预付费用,是因为存货是流动资产中变现速度最慢的资产,而且存货在销售时受市场价格的影响,从而使其变现价值带有很大的不确定性,在市场萧条或产品不对路的情况下,又可能成为滞销货而无法转换为现金。至于预付账款,本质上属于预付费用,只能减少企业未来时期的现金支出,其流动性实际上是很低的。因此,将可偿债资产定义为速动资产,计算出来的短期债务存量比率更安全,更令人可信。通常认为,存货占了流动资产的一半左右,因此剔除存货影响的速动比率至少是 1。

根据大东公司的财务报表数据:

本年速动比率 = (500 + 60 + 80 + 3 980 + 120) ÷ 3 000 = 1.58

上年速动比率 = (250 + 120 + 110 + 1 990 + 220) ÷ 2 200 = 1.22

大东公司的速动比率比上年提高了 0.36,说明为每 1 元流动负债提供的速动资产保障增加了 0.36 元。

与流动比率一样,不同行业有不同的速动比率,它们有较大的差别。例如:采用大量赊销的企业,则应收账款会多些,速动比率可能要大 1。相反,采用大量现金销售的商店,几乎没有应收账款,速动比率大大低于 1 是很正常的。

应用速动比率进行分析,须考虑的"信息不对称"产生的影响。如对以下这些情况,外部分析人不易了解,而内部人员却有可能做出估计。如:应收账款的变现能力,账面上的应收账款不一定都能变成现金,有的账款收不回,实际坏账可能比计提的准备要多;季节性的变化,可能使报表上的应收账款数额不能反映平均水平。

4. 现金比率

现金比率是指现金资产与流动负债的比,表明 1 元流动负债有多少现金资产作为偿还保障。现金资产包括货币资金、交易性金融资产等。它们与其他速动资产有区别,其本身就是可以直接偿债的资产,而非速动资产需要等待不确定的时间,才能转换为不确定数额的现金。其计算公式如下:

现金比率 =(货币资金 + 交易性金融资产)÷ 流动负债

现金比率剔除了应收账款对偿债能力的影响,最能反映企业直接偿付流动负债的能力。由于流动负债是在一年内陆续到期清偿的,所以并不需要企业时时保留相当于流动负债金额的现金资产。经验研究表明,0.2 的现金比率就可以接受。而这一比率过高,就意味着企业过多资源占用在盈利能力较低的现金资产上,从而影响企业的盈利能力。

根据大东公司的财务报表数据:

上年现金比率 =(250 + 120)÷ 2 200 = 0.17

本年现金比率 =(500 + 60)÷ 3 000 = 0.19

大东公司的现金比率比上年增加 0.02,说明企业为每 1 元流动负债提供的现金资产保障增加了 0.02 元。

(二)长期偿债能力分析

长期偿债能力是指企业偿还非流动负债的能力。影响企业长期偿债能力的主要因素有企业的盈利能力、投资效果、权益资金的增长和稳定程度、权益资金的实际价值、企业经营现金流量等。

1. 资产负债率

资产负债率是负债总额占资产总额的百分比,表明资产中有多少百分比是由负债来提供的。其计算公式如下:

资产负债率 =(负债 ÷ 资产)× 100%

根据大东公司的财务报表数据:

上年资产负债率 =(8 000 ÷ 16 800)× 100% = 48%

本年资产负债率 =(10 400 ÷ 20 000)× 100% = 52%

资产负债率是个结构百分比,反映的是总资产中有多大比例是通过负债取得的。它可以衡量企业在清算时保护债权人利益的程度。资产负债率越低,企业偿债越有保证,贷款越安全。资产负债率还代表企业的举债能力。一个企业的资产负债率越低举债越容易。如果资产负债率高到一定程度,没有人愿意提供贷款了,则表明企业的举债能力已经用尽。

2. 权益乘数

权益乘数是总资产与股东权益的比值。表明 1 元股东权益所拥有的总资产。计算公式如下:

权益乘数 = 总资产 ÷ 股东权益

上年权益乘数 = 16 800 ÷ 8 800 = 1.91

本年权益乘数 = 20 000 ÷ 9 600 = 2.08

在企业存在负债的情况下，权益乘数大于1。企业负债比率越高，权益乘数越大。

3. 产权比率

产权比率又称资本负债率，是负债总额与所有者权益之比。产权比率表明1元股东权益借入的债务数额。权益乘数和产权比率是资产负债率的另外两种表现形式，它和资产负债率的性质一样，用来分析资本结构的财务杠杆。计算公式如下：

产权比率 = 负债总额 ÷ 所有者权益

上年产权比率 = (8 000 ÷ 8 800) × 100% = 90.91%

本年产权比率 = (10 400 ÷ 9 600) × 100% = 108.33%

一般来说，该比率越低，表明企业的长期偿债能力越强。在分析时，要结合企业的具体情况加以分析，当企业的资产收益率大于负债成本率时，负债经营有利于提高资金收益率，获得额外利润，这时的产权比率可适当高些。

4. 利息保障倍数

利息保障倍数是指息前税前利润与利息费用的比率。它表明1元债务利息有多少倍的息前税前收益作保障，它可以反映债务政策的风险大小。其计算公式：

利息保障倍数 = 息前税前利润 ÷ 利息费用

= (净利润 + 利息费用 + 所得税费用) ÷ 利息费用

根据大东公司的财务报表数据：

上年利息保障倍数 = (1 600 + 960 + 750) ÷ 960 = 3.45

本年利息保障倍数 = (1 360 + 1 100 + 640) ÷ 1 100 = 2.82

利息保障倍数越大，利息支付越有保障。如果企业一直保持按时付息的信誉，则长期负债可以延续，举借新债也比较容易。长期债务不需要每年还本，却需要每年付息。如果利息支付尚且缺乏保障，归还本金就很难指望。因此，利息保障倍数可以反映长期偿债能力。

利息保障倍数越大，公司拥有的偿还利息的缓冲资金越多。如果利息保障倍数小于1，表明自身产生的经营收益不能支持现有的债务规模。利息保障倍数等于1也是很危险的，因为息税前利润受经营风险的影响，是不稳定的，而利息的支付却是固定数额。

(三) 影响长期偿债能力的其他因素

上述衡量长期偿债能力的财务比率是根据财务报表数据计算的，还有一些表外因素影响企业的长期偿债能力，必须引起足够的重视。

1. 资产质量

在财务报表内反映的资产金额为资产的账面价值，但由于财务会计的局限性，资产的账面价值与实际价值可能存在差异。例如，资产可能被高估或低估；一些资产无法进入到财务报表等。此外，资产的变现能力也是会影响偿债能力的。

2. 长期租赁

当企业急需某种设备或厂房而又缺乏足够的资金时,会通过租赁的方式解决。财产租赁的形式包括融资租赁和经营租赁。融资租赁形成的负债大多会反映于资产负债表,而经营租赁则没有反映于资产负债表。当企业的经营租赁量比较大、期限比较长或具有经常性时,就形成了长期性筹资。这种长期性筹资,到期时必须支付租金,会对企业的偿债能力产生影响。因此,如果企业经常发生经营租赁业务,应考虑租赁费用对偿债能力的影响。

3. 或有事项

如果企业存在债务担保或未决诉讼等或有事项,会增加企业的潜在偿债压力。例如,未决诉讼一旦判决败诉,便会影响企业的偿债能力;因此在评价企业长期偿债能力时要考虑其潜在影响。

二、营运能力分析

营运能力是指企业营运资产的效率与效益。营运资产的效率通常指资产的周转速度;营运资产的效益则指营运资产的利用效果。营运能力指标是通过投入与产出(主要指收入)之间的关系反映。企业营运能力分析主要包括流动资产营运能力分析、固定资产营运能力分析和总资产营运能力分析。

(一)流动资产营运能力分析

1. 应收账款周转率

应收账款周转率(次数)是一定时期内商品销售收入净额与应收账款平均余额的比率。其计算公式如下:

应收账款周转次数 = 销售收入净额 ÷ 应收账款平均余额

应收账款周转天数 = 计算期天数 ÷ 应收账款周转次数

根据大东公司的财务报表数据:

本年应收账款周转次数 = 30 000 ÷ [(3 980 + 80) + (1 990 + 110)] ÷ 2 = 9.74(次)

本年应收账款周转天数 = 360 ÷ 9.74 = 36.96(天)

应收账款周转次数,表明应收账款一年中周转的次数,或者说明 1 元应收账款投资支持的销售收入。应收账款周转天数,也称为应收账款的收现期,表明从销售开始到回收现金平均需要的天数。

在计算和使用应收账款周转率时应注意以下问题:

(1)应收账款的减值准备问题。

财务报表上列示的应收账款是已经提取减值准备后的净额,而销售收入并没有相应减少。其结果是,提取的减值准备越多,应收账款周转天数越少。这种周转天数的减少不是好的业绩,反而说明应收账款管理欠佳。如果减值准备的数额较大,就应进行调整,使用未提取坏账准备的应收账款计算周转天数。报表附注中应披露应收账款减值的信息,可作为调整的依据。

(2) 销售收入的赊销比例问题。

从理论上说应收账款是赊销引起的,其对应的流量是赊销额,而非全部销售收入。因此,计算时应使用赊销额取代销售收入。但是,外部分析人无法取得赊销的数据。只好直接使用销售收入计算。实际上相当于假设现金销售是收现时间等于零的应收账款。只要现金销售与赊销的比例是稳定的,不妨碍与上期数据的可比性,只是一贯高估了周转次数。问题在于与其他企业比较时,不知道可比企业的赊销比例,也就无从知道应收账款是否可比。

(3) 应收账款年末余额的可靠性问题。

应收账款是特定时点的存量,容易受季节性、偶然性和人为因素影响。在应收账款周转率用于业绩评价时,最好使用多个时点的平均数,以减少这些因素的影响。

(4) 应收票据是否计入应收账款周转率。

大部分应收票据是销售形成的。只不过是应收账款的另一种形式,应将其纳入应收账款周转天数的计算,称为"应收账款及应收票据周转天数"。

(5) 应收账款周转天数是否越少越好。

应收账款是赊销引起的,如果赊销有可能比现金销售更有利,周转天数就不会越少越好。收现时间的长短与企业的信用政策有关。例如,A 公司的应收账款周转天数是 18 天,信用期是 20 天;B 公司的应收账款周转天数是 15 天,信用期是 10 天。前者的收款业绩优于后者,尽管其周转天数较多,改变信用政策。通常会引起企业应收账款周转天数的变化。信用政策的评价涉及多种因素,不能仅仅考虑周转天数的缩短。

(6) 应收账款分析应与销售额分析、现金分析联系起来

应收账款的起点是销售,终点是现金。正常的情况是销售增加引起应收账款增加,现金的存量和经营现金流量也会随之增加。如果一个企业应收账款日益增加,而销售和现金日益减少,则可能是销售出了比较严重的问题。促使放宽信用政策,甚至随意发货,而现金收不回来。

总之,应当深入应收账款的内部,并且要注意应收账款与其他问题的联系,才能正确评价应收账款周转率。

2. 存货周转率

存货周转率是一定时期内企业销售成本与存货平均资金占用额的比值。是衡量和评价企业购入存货、投入生产、销售收回等各环节管理效率的综合性指标。其计算公式如下:

存货周转次数 = 销售成本 ÷ 存货平均余额

存货周转天数 = 计算期天数 ÷ 存货周转次数

根据大东公司的财务报表数据:

本年存货周转次数 = 26 440 ÷ (1190 + 3260)/2 = 11.88(次)

本年存货周转天数 = 360 ÷ 11.88 = 30.3(天)

一般来说,存货周转速度越快,存货占用水平越低,流动性越强,存货转化为现金或应收账款的速度就越快,从而增强企业的短期偿债能力和盈利能力。

3. 流动资产周转率

流动资产周转率是一定时期销售收入净额与企业流动资产平均占用额之间的比率。其计算公式为:

流动资产周转次数 = 销售收入净额 ÷ 流动资产平均余额

流动资产周转天数 = 计算期天数 ÷ 流动资产周转次数

根据大东公司的财务报表数据

本年流动资产周转次数 = 30 000 ÷ (7 000 + 6 100)/2 = 4.58(次)

本年流动资产周转天数 = 360 ÷ 4.58 = 78.6(天)

流动资产周转次数,表明1元流动资产所支持的销售收入,或者说是流动资产一年中周转的次数。流动资产周转天数表明流动资产周转一次所需要的时间,也就是期末流动资产转换成现金平均所需要的时间。

通常,流动资产中应收账款和存货占绝大部分,因此它们的周转状况对流动资产周转具有决定性影响。

(二) 固定资产营运能力分析

固定资产周转率是企业年销售收入净额与固定资产平均净额的比率。其计算公式为:

固定资产周转次数 = 销售收入净额 ÷ 固定资产平均净值

固定资产周转天数 = 计算期天数 ÷ 固定资产周转次数

根据大东公司的财务报表数据:

本年固定资产周转次数 = 30 000 ÷ (12 380 + 9 550)/2 = 2.74(次)

本年固定资产周转天数 = 360 ÷ 2.74 = 131.39(天)

固定资产周转率反映固定资产的管理效率,固定资产周转率高,说明企业固定资产利用效率高。反之,固定资产周转率不高,表明固定资产利用效率不高,企业的营运能力不强。

(三) 总资产营运能力分析

总资产周转率是企业销售收入净额与企业资产平均总额之间的比率。其计算公式为:

总资产周转次数 = 销售收入净额 ÷ 平均资产总额

总资产周转天数 = 计算期天数 ÷ 总资产周转次数

根据大东公司的财务报表数据:

本年总资产周转次数 = 30 000 ÷ (20 000 + 16 800)/2 = 1.63(次)

本年总资产周转天数 = 360 ÷ 1.63 = 220.86(天)

这一比率用来衡量企业资产整体的使用效率。总资产由各项资产组成,在销售收入既定的情况下,总资产周转率的驱动因素是各项资产。因此,对总资产周转情况的分析应结合各项资产的周转情况，以发现影响企业资产周转的主要因素。

三、盈利能力分析

盈利能力通常是指企业在一定时期内赚取利润的能力。企业从事经营活动，直接目的是最大限度地赚取利润并维持企业持续稳定地经营和发展。盈利能力分析是企业财务分析的重点，财务结构分析、偿债能力分析等的根本目的是通过分析及时发现问题，改善企业财务结构，提高企业偿债能力、经营能力，最终提高企业的盈利能力，促进企业持续稳定地发展。

（一）销售净利率

销售净利率是指净利润与销售收入的比率，通常用百分数表示，其计算公式为：

销售净利率 =（净利润÷销售收入）×100%

根据大东公司的财务报表数据：

上年销售利润率 =（1 600÷28 500）×100% = 5.61%

本年销售利润率 =（1 360÷30 000）×100% = 4.53%

销售净利率反映每1元销售收入最终赚取了多少净利润，用于反映产品最终的盈利能力。该比率越大则企业的盈利能力越强。

（二）总资产净利率

总资产净利率是指净利润与平均总资产的比率。它反映公司从1元资产（不管资金来源）中得到的净利润。其计算公式为：

总资产净利率 =（净利润÷平均总资产）×100%

根据大东公司的财务报表数据：

本年总资产净利率 = 1 360÷(20 000 + 16 800)÷2×100% = 7.39%

资产净利率是企业盈利能力的关键。总资产净利率越高，表面企业资产的利用效果越好。影响总资产净利率的因素是销售净利率和总资产周转率。

资产利润率 = 销售利润率 × 总资产周转次数

$$= \frac{净利润}{总资产} = \frac{净利润}{销售收入} \times \frac{销售收入}{总资产}$$

（三）权益净利率

权益净利率是净利润与平均股东权益的比率，它反映1元股东资本赚取的净收益，可以衡量企业的总体盈利能力。其计算公式为：

权益净利率 =（净利润÷平均股东权益）×100%

根据大东公司财务报表的数据：

本年权益净利率 = 1 360÷(9 600 + 8 800)÷2×100% = 14.78%

权益净利率的分子是股东的所得，分母是股东的投入。对于股权投资人来说，具有非常好的综合性，概括了企业的全部经营业绩和财务业绩。

四、发展能力分析

企业发展能力通常是指企业未来生产经营活动的发展趋势和发展潜能，也可以称为增长能力。企业能否持续发展对股东、潜在投资者、经营者及其他利益者至关重要，因此有必要对企业的发展能力进行深入分析。

（一）销售收入增长率

销售收入增长率是本期销售收入增加额与上期销售收入之比。一个企业的销售情况越好，说明其在市场所占份额越大，企业生存和发展的市场空间也越大，因此可以用销售收入增长率来反映企业在销售方面的发展能力。其计算公式为：

销售收入增长率 = 本期销售收入增长额 ÷ 上期销售收入 × 100%

其中：本期销售收入增长额 = 本期销售收入 − 上期销售收入

根据大东公司财务报表的数据：

本年销售收入增长率 =（30 000 − 28 500）÷ 28 500 × 100% = 5.26%

需要说明的是，如果上期营业收入为负值，则应取其绝对值代入公式计算。该公式反映的是企业某期整体销售增长情况。销售增长率为正数，说明企业本期销售规模扩大，销售增长率越高，说明企业营业收入增长越快，销售情况越好；销售增长率为负数，说明企业销售规模减小，销售出现负增长，销售情况较差。

（二）总资产增长率

总资产增长率是本期资产增加额与资产期初余额之比。企业要增加销售收入，就需要增加资产投入。为了反映企业在资产投入方面的增长情况，可以利用资产增长率指标。其计算公式为：

总资产增长率 = 本期资产增长额 ÷ 期初资产总额 × 100%

其中：本期资产增长额 = 期末资产总额 − 期初资产总额

根据大东公司财务报表的数据：

本年总资产增长率 =（20 000 − 16 800）÷ 16 800 × 100% = 19.05%

总资产增长率是用来考核企业资产投入增长幅度的财务指标。总资产增长率为正数，说明企业本期资产规模增加，资产增长率越大，说明资产规模增加幅度越大；总资产增长率为负数，则说明企业本期资产规模缩减，资产出现负增长。

（三）营业利润增长率

营业利润增长率是本期营业利润增加额与上期营业利润总额之比。由于一个企业的价值主要取决于其盈利及发展能力，所以企业的收益增长是反映企业发展能力的重要方面。其计算公式为：

营业利润增长率 = 本期营业利润增加额 ÷ 上期营业利润总额 × 100%

其中:本期营业利润增加额 = 本期营业利润 - 上期营业利润

根据大东公司财务报表的数据:

本年营业利润增长率 = (1 560 - 1 630) ÷ 1 630 × 100% = -4.29%

需要说明的是,如果上期营业利润为负值,则应取其绝对值代入公式计算。该公式反映的是企业营业利润增长情况。营业利润增长率为正数,说明企业本期营业利润增加,营业利润增长率越高,说明企业收益增长越多;营业利润增长率为负数,说明企业本期营业利润减少,收益降低。

(四) 资本积累率

资本积累率是本期所有者权益增加额与期初所有者权益之比。所有者权益增加是驱动剩余收益增长的因素之一。其计算公式为:

资本积累率 = 本期所有者权益增长额 ÷ 期初所有者权益总额 × 100%

其中:本期所有者权益增长额 = 期末所有者权益总额 - 期初所有者权益总额

根据大东公司财务报表的数据:

本年资本积累率 = (9 600 - 8 800) ÷ 8 800 × 100% = 9.09%

资本积累率越高,表明企业本期所有者权益增加得越多;反之,资本积累率越低,表明企业本期所有者权益增加得越少。

五、现金流量分析

现金流量反映了企业在一定时期内创造的现金数额,揭示了在一定时期内现金流动的状况,通过现金流量分析可以从动态上了解企业现金变动的情况和变动原因、可以判断企业获取现金的能力、可以评价企业盈利的质量。

(一) 销售现金比率

销售现金比率是指企业经营活动现金流量净额与企业销售收入之比。其计算公式为:

销售现金比率 = 经营活动现金流量净额 ÷ 销售收入

根据大东公司财务报表的数据:

销售现金比率 = 3230 ÷ 30 000 = 0.11

该比率反映企业销售收入得到的现金流量净额,其数值越大越好。

(二) 全部资产现金回收率

全部资产现金回收率是指企业经营活动现金流量净额与企业平均总资产之比。其计算公式为:

全部资产现金回收率 = 经营活动现金流量净额 ÷ 平均总资产 × 100%

根据大东公司财务报表的数据:

销售现金比率 = 3230 ÷ (20 000 + 16 800) ÷ 2 × 100% = 18%

该比率反映企业全部资产产生现金的能力。

(三) 现金营运指数

现金营运指数是指企业经营活动现金流量净额与企业经营所得现金的比值。其计算公式为：

现金营运指数 = 经营活动现金流量净额 ÷ 经营所得现金

其中：经营所得现金 = 经营活动净收益 + 非付现费用

经营活动净收益 = 净利润 − 非经营净收益

根据大东公司财务报表的数据：

非付现费用 = 1000 + 20 − 110 = 910

经营活动净收益 = 1360 − (−1100 + 60) = 2400

经营所得现金 = 2400 + 910 = 3310

现金营运指数 = 3230 ÷ 3310 = 0.98

现金营运指数小于1，说明收益质量不够好。大东公司每1元的经营活动收益，只收回0.98元。现金指数小于1，说明一部分收益尚未收到现金，停留在实物或债权形态。现金营运指数小于1，说明营运资金增加了，反映企业为取得同样的收益占用了更多的营运资金，取得收益的代价增加了，同样的收益代表着较差的业绩。

第三节　上市公司财务分析

对上市公司进行财务分析可以通过财务分析指标作基本的分析，上市公司财务分析指标主要有每股收益、每股股利、市盈率、每股净资产、市净率等。

一、每股收益

每股收益是普通股股东每持有一股所能享有的企业净利润或需承担的企业净亏损。每股收益可以用来衡量普通股的获利水平，是投资者等信息使用者据以评价企业盈利能力、预测企业成长潜力、进而作出相关经济决策的重要财务指标之一。其计算公式为：

基本每股收益 = 归属于普通股股东的净利润 ÷ 发行在外的普通股加权平均数

其中：发行在外的普通股加权平均数 = 期初发行在外普通股股数 + 当期新发普通股股数 × 已发行时间 ÷ 报告期时间 − 当期回购普通股股数 × 已回购时间 ÷ 报告期时间

【例9−1】某上市公司2016年度归属于普通股股东的净利润为22 200万元。2015年年末的股本为10 000万股，2016年3月1日，经公司2015年度股东大会决议，以截止2015年末公司总股本为基础，向全体股东每10股送红股1股，工商注册登记变更完成后公司总股本变为11 000万股。2015年7月1日新发行8 000万股，12月1日回购2 400万股，以备将来奖励职工之用。

发行在外的普通股加权平均数 = 10 000 + 1 000 + 8 000 × 6 ÷ 12 − 2 400 × 1 ÷ 12
= 14 800(万股)

基本每股收益 = 22 200 ÷ 14 800 = 1.5(元／股)

每股收益反映了投资者可望获得的最高股利收益,因而是衡量股票投资价值的重要指标。但是每股收益多并不能说明每股股利多,此外每股收益不能反映股票的风险水平。

二、每股股利

每股股利是企业股利总额与普通股股数的比值。每股股利是反映股份公司每一普通股获得股利多少的一个指标,指标值越大表明获利能力越强。其计算公式为:

每股股利 = 现金股利总额 ÷ 期末发行在外的普通股股数

【例9-2】某上市公司2016年度发放普通股股利6 600万元,年末发行在外的普通股股数为12 000万股。

每股股利 = 6 600 ÷ 12 000 = 0.55(元／股)

每股股利是投资者进行股票投资收益的重要来源之一,由于净利润是股利分配的来源,所以每股股利的多少取决于每股收益的多少。上市公司每股股利发放多少,除了受上市公司盈利能力大小影响外,也受其他诸多因素影响,如股利分配政策、利润分配政策、投资机会等。

每股股利与每股收益之间关系的一个重要指标就是股利发放率。股利发放率反映每1元净利润有多少用于普通股股东的现金股利发放,反映普通股股东的当期投资收益水平。通过该指标可以了解一家上市公司的股利发放政策。

股利发放率 = 每股股利 ÷ 每股收益

三、市盈率

市盈率也称市价盈利比率,是最常用来评估股价水平是否合理的指标之一。是股票每股市价与每股收益的比率,反映普通股股东为获取1元净利润所愿意支付的股票价格。其计算公式为:

市盈率 = 每股市价 ÷ 每股收益

【例9-3】沿用【例9-1】的资料,同时假定该上市公司2016年年末每股市价为18元。则该公司2016年年末市盈率计算如下:

市盈率 = 18 ÷ 1.5 = 12(倍)

市盈率越高意味着投资者对该股票的收益预期越看好、投资价值越大;反之,投资者对该股票评价越低。市盈率越高,也说明投资于该股票的风险也越大;市盈率越低,说明投资于该股票的风险越小。

影响市盈率的因素有很多,如上市公司盈利能力的成长性、投资者所获得报酬率的稳定性、利率水平变动等。但值得注意的是,如果每股收益很小或接近亏损,但股票市价不会降至为零,也会导致市盈率很高,但此时很高的市盈率不能说明任何问题。此外,用市盈率来衡量股票投资价值还存在一些缺陷,如股票价格的高低受很多因素影响,非理性的因素会使股票价格偏离股票内在价值;由于市场信息不对称会导致投资者做出错误的预期。因此,难以根据某一股票在某一时期的市盈率做出投资价值的判断,应该进行不同时期、不同行业、不同公司之间的比较来判断股票的投资价值。

四、每股净资产

每股净资产又称每股账面价值,是指企业期末净资产与期末发行在外的普通股股数之间的比率。这一指标反映每股股票所拥有的资产现值。其公式表示为:

每股净资产 = 期末净资产 / 期末发行在外的普通股股数

【例9-4】某上市公司2016年年末所有者权益为16 500万元,全部为普通股,年末发行外的普通股股数为11 000万股。则每股净资产计算如下:

每股净资产 = 16 500 ÷ 11 000 = 1.5(元)

每股净资产越高,股东拥有的每股资产价值越多;每股净资产越少,股东拥有的每股资产价值越少。但在市场投机氛围比较浓厚的情况下,该指标往往不被重视。投资者会更注重股票市价的变动,有的股票市价低于其账面价值,投资者会认为这个企业没有前景,从而放弃投资;反之,如果股票市价高于账面价值,而且差距较大,投资者会认为该企业前景很好,因而甘愿冒风险购入该股票。

五、市净率

市净率指的是每股股价与每股净资产的比率。市净率可用于股票投资分析。一般来说,市净率较低的股票,投资价值较高。但在判断投资价值时还要考虑当时的市场环境以及公司经营情况、盈利能力等因素。其公式表示为:

市净率 = 每股市价 ÷ 每股净资产

【例9-5】沿用【例9-4】资料,同时假定该上市公司2016年年末每股市价为4.5元,则该公司2016年年末市净率计算如下:

市净率 = 4.5 ÷ 1.5 = 3(倍)

市盈率表明该上市公司的盈利能力,而市净率表明该上市公司的市场价值是否被低估。上市公司按照会计准则会有一个资产估值叫作净资产,股票市场中所有股份价格的总和如果低于这个净资产,这只股票存在着严重的低估现象,称之为破净。一般来说,市净率越低越具有投资价值。

第四节 综合财务分析

一、综合财务分析的目的

财务分析从盈利能力、营运能力和偿债能力角度对企业的经营活动、投资活动和筹资活动状况进行了深入、细致的分析,以判明企业的财务状况和经营业绩,这对于企业投资者、债权人、经营者、政府及其他企业利益相关者了解企业的财务状况和经营成效是十分有益的。但是,财务分析通常是从某一特定的角度,就企业某一方面的经营活动所做的分析,这种分析不足以全面评价企业的总体财务状况和财务成效,很难对企业总体财务状况和经营业绩的关联性做出综合结论。为了弥补这一不足,有必要在财务能力单项分析的基础上,将有关指标按其内在联系结合起来进行综合分析。

综合分析与业绩评价的目的在于明确企业财务活动与经营活动的相互关系,找出制约企业发展的"瓶颈"所在;全面评价企业财务状况及经营业绩,明确企业的经营水平、位置及发展方向;为企业利益相关者进行投资决策提供参考;为完善企业财务管理和经营管理提供依据。

二、综合财务分析的方法

杜邦财务分析体系又称杜邦分析法,是指根据各主要财务比率指标之间的内在联系,建立财务分析指标体系,综合分析企业财务状况的方法。杜邦财务分析体系的特点,是将若干反映企业盈利状况、财务状况和营运状况的比率按其内在联系有机地结合起来,形成一个完整的指标体系,并最终通过净资产收益率这一核心指标来综合反映。

杜邦分析法的分析关系式为:

净资产收益率 = 销售净利率 × 总资产周转率 × 权益乘数

第九章 财务分析与评价

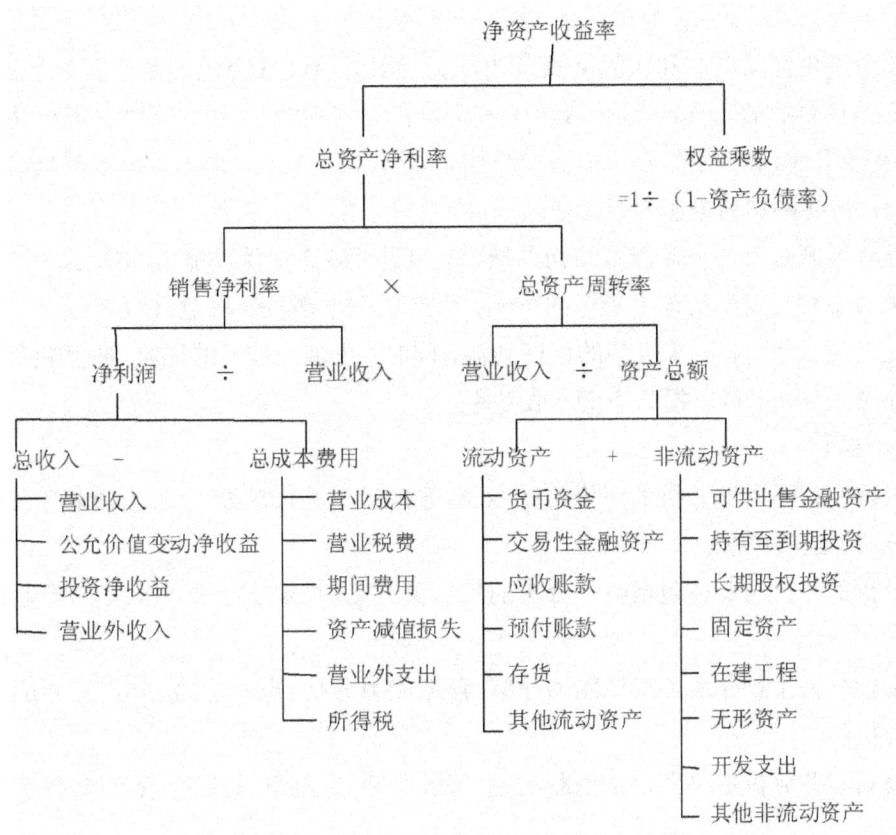

图 9 – 1　杜邦财务分析体系

运用杜邦分析法，需要把握以下几点：

1. 净资产收益率是综合性最强的财务指标，是企业综合财务分析的核心。

净资产收益率反映了投资者投入资本获利能力的高低，体现出了企业筹资、投资、运营等活动的财务及管理效率。从企业财务活动和经营活动的相互关系上看，影响净资产收益率变动的决定因素主要有三个，即销售净利率、总资产周转率和权益乘数。这样，把净资产收益率分解后就可以将这一综合性指标发生升降变化的原因具体化。所以，净资产收益率是企业财务活动和经营活动效率的综合体现。

2. 销售净利率是反映企业盈利能力的重要指标，反映了净利润与销售收入之间的关系，它的高低取决于收入与成本总额的高低。

企业从事商品经营，目的在于获利，要想提高销售净利率，一是要扩大营业收入，二是要降低成本费用。扩大营业收入除了可以提高销售净利率外，还可以提高资产周转率。降低成本费用是提高销售净利率的另一个重要手段。通过杜邦分析图可以看出成本费用的基本结构是否合理，从而找出降低成本费用的途径和加强成本费用控制的方法。

3. 总资产周转率是反映企业营运能力的重要指标，影响总资产周转率的一个重要因素是资产总额。

企业总资产由流动资产和非流动资产组成,流动资产体现企业的偿债能力和变现能力,非流动资产体现企业的经营规模、发展潜力和盈利能力。各类资产的收益性又有较大区别,如现金、应收账款几乎没有收益。所以,资产结构是否合理以及营运效率高低是企业资产经营的核心问题,并最终影响到企业的经营业绩。

4.权益乘数既是反映企业资本结构的指标,也是反映企业偿债能力的指标。

权益乘数主要受资产负债率指标的影响,资产负债率越高,权益乘数就越高,说明企业负债程度比较高,给企业带来较多的杠杆利益,同时,也带来较大的风险。适度负债经营,合理安排企业资本结构,可以提高净资产收益率。

【本章小结】

本章主要介绍了财务分析的评价与概述、财务指标分析的方法、上市公司财务分析及综合财务分析方法,主要包括:

财务分析的评价与概述包括财务分析的目的及意义、财务分析的方法、财务分析的原则和局限性

财务指标分析主要介绍了偿债能力分析、营运能力分析、盈利能力分析、发展能力分析和现金流量分析

上市公司财务分析主要介绍了每股收益、每股股利、市盈率、每股净资产、市净率等财务分析指标

综合财务分析主要介绍了杜邦财务分析体系

【学习思考】

1.不同信息使用者进行财务分析的目的分别是什么?
2.运用财务分析的局限性有哪些?
3.简述偿债能力分析的主要指标?
4.简述盈利能力分析的主要指标?
5.简述杜邦财务分析体系的核心思想?

第十章 企业价值评估

【本章提要】

本章主要介绍了企业价值评估的意义、对象、模型和方法;学习相对价值模型的原理和运用;学习现金流量折现模型的种类和计算方法。通过本章的学习,能够让学生理解企业价值评估的重要性。

【学习目标】

- 理解企业价值评估的内容和方法
- 理解现金流量模型的种类和方法
- 掌握学习企业价值评估对企业发展的重要意义

第一节 企业价值评估概述

企业价值评估是财务管理的重要工具之一,具有广泛的用途,是现代财务的必要组成部分。

价值评估是财务估价的一种特殊形式,因此本章内容是"财务估价"的延续。

一、企业价值评估的意义

企业价值评估简称价值评估,是一种经济评估方法,目的是分析和衡量企业(或者企业内部的一个经营单位、分支机构)的公平市场价值并提供有关信息,以帮助投资人和管理当局改善决策。

正确理解价值评估的含义,需要注意以下几点:

(一) 价值评估使用的方法

价值评估是一种经济"评估"方法。"评估"一词不同于"计算"。评估是一种定量分析,但它并不是完全客观和科学的。一方面它使用许多定量分析模型,具有一定的科学性和客观性。另一方面它又使用许多主观估计的数据,带有一定的主观估计性质。评估的质量与评估人员的经验、责任心、投入的时间和精力等因素有关。评估不是随便找几个数据代入模型的计算工作。模型只是一种工具，并非模型越复杂评估结果必然越好。

价值评估既然带有主观估计的成分，其结论必然会存在一定误差，不可能绝对正确。在进行评估时，由于认识能力和成本的限制，人们不可能获得完全的信息，总要对未来做出某些假设，从而导致结论的不确定。因此，即使评估进行得非常认真，合理的误差也是不可避免的。

（二）价值评估提供的信息

价值评估提供的是有关"公平市场价值"的信息。价值评估不否认市场的有效性，但是不承认市场的完善性。在完善的市场中，企业只能取得投资者要求的风险调整后收益，市场价值与内在价值相等，价值评估没有什么实际意义。在这种情况下，企业无法为股东创造价值，股东价值的增加，只能利用市场的不完善才能实现。价值评估认为市场只在一定程度上有效，即并非完全有效。价值评估正是利用市场的缺陷寻找被低估的资产。

企业价值受企业状况和市场状况的影响，随时都会变化。因此，企业价值评估提供的结论有很强的时效性。

（三）价值评估的目的

价值评估的目的是帮助投资人和管理当局改善决策。它的主要用途表现在以下三个方面：

价值评估可以用于投资分析。价值评估是基础分析的核心内容。投资人信奉不同的投资理念，有的人相信技术分析，有的人相信基础分析。相信基础分析的人认为企业价值与财务数据之间存在函数关系，这种关系在一定时间内是稳定的，证券价格与价值的偏离经过一段时间的调整会向价值回归。他们据此原理寻找并且购进被市场低估的证券或企业，以期获得高于市场平均报酬率的收益。

价值评估可以用于战略分析。战略是指一整套的决策和行动方式，包括刻意安排的有计划的战略和非计划的突发应变战略。战略管理是指涉及企业目标和方向、带有长期性、关系企业全局的重大决策和管理。战略管理可以分为战略分析、战略选择和战略实施。战略分析是指使用定价模型清晰地说明经营设想和发现这些设想可能创造的价值，目的是评价企业目前和今后增加股东财富的关键因素是什么，价值评估在战略分析中起核心作用。

价值评估可以用于以价值为基础的管理。如果把企业的目标设定为增加股东财富，而股东财富就是企业的价值，那么，企业决策正确性的根本标志是能否增加企业价值。不了解一项决策对企业价值的影响，就无法对决策进行评价。在这种意义上说，价值评估是改进企业一切重大决策的手段。为了搞清楚财务决策对企业价值的影响，需要清晰描述财务决策、企业战略和企业价值之间的关系。在此基础上实行以价值为基础的管理，依据价值最大化原则制定和执行经营计划，通过度量价值增加来监控经营业绩并确定相应报酬。

二、企业价值评估的对象

企业价值评估的首要问题是明确"要评估的是什么",也就是价值评估的对象是什么。价值评估的一般对象是企业整体的经济价值。企业整体的经济价值是指企业作为一个整体的公平市场价值。

(一) 企业的整体价值

企业的整体价值观念主要体现在以下四个方面:

1. 整体不是各部分的简单相加

企业整体能够具有价值,在于它可以为投资人带来现金流量。这些现金流量是所有资产联合起来运用的结果,而不是资产分别出售获得的现金流量。

2. 整体价值来源于要素的结合方式

企业资源的重组即改变各要素之间的结合方式,可以改变企业的功能和效率。

3. 部分只有在整体中才能体现出其价值

一个部门被剥离出来,其功能会有别于它原来作为企业时的一部分功能和价值,剥离后的企业也会不同于原来的企业。

4. 整体价值只有在运行中才能体现出来

如果企业停止运营,整体功能随之丧失,不再具有整体价值,它就只剩下一堆机器、存货和厂房,此时企业的价值是这些财产的变现价值,即清算价值。

(二) 企业的经济价值

经济价值是指一项资产的公平市场价值,通常用该资产所产生的未来现金流量的现值来计量。

对于习惯于使用会计价值和历史成交价格的会计师,特别要注意区分会计价值与经济价值、现时市场价值与公平市场价值。

1. 会计价值与市场价值

会计价值是指资产、负债和所有者权益的账面价值。会计价值与市场价值是两回事。例如,青岛海尔电冰箱股份有限公司2008年资产负债表中显示,股东权益的账面价值为28.9亿元,总股份数为5.65亿股。该股票全年平均市价为20.79元/股,市场价值约为117亿元,与股权的会计价值相差悬殊。

会计报表以交易价格为基础。例如,某项资产以1 000万元的价格购入,该价格客观地计量了资产的价值,并且有原始凭证支持,会计师就将它记入账簿。过了几年,由于技术更新该资产的市场价值已经大大低于1 000万元,或者由于通货膨胀其价值已远高于最初的购入价格,记录在账面上的历史成交价格与现实的市场价值已经毫不相关了,会计师仍然不修改他的记录。会计师只有在资产需要折旧或摊销时,才修改资产价值的记录。

历史成本计价受到很多批评:(1)制定经营或投资决策必须以现实的和未来的信息为依据,历史成本会计提供的信息是面向过去的,与管理人员、投资人和债权人的决策缺乏相关性。(2)历史成本不能反映企业真实的财务状况,资产的报告价值是未分配的历史成本(或剩余部分),并不是可以支配的资产或可以抵偿债务的资产。(3)现实中的历史成本计价会计缺乏方法上的一致性,其货币性资产不按历史成本反映,非货币性资产在使用历史成本计价时也有很多例外,所以历史成本会计是各种计价方法的混合,不能为经营和投资决策提供有用的信息。(4)历史成本计价缺乏时间上的一致性。资产负债表把不同会计期间的资产购置价格混合在一起,使之缺乏明确的经济意义。因此,价值评估通常不使用历史购进价格,只有在其他方法无法获得恰当的数据时才将其作为质量不高的替代品。

按照未来售价计价,也称未来现金流量计价。从交易属性上看,未来售价计价属于产出计价类型;从时间属性上看,未来售价属于未来价格。它也被经常称为资本化价值即一项资产未来现金流量的现值。

未来价格计价有以下特点:未来现金流量现值面向的是未来,而不是历史或现在,符合决策面向未来的时间属性。经济学家认为,未来现金流量的现值是资产的一项最基本的属性,是资产的经济价值。只有未来售价计价符合企业价值评估的目的。因此,除非特别指明,企业价值评估的"价值"是指未来现金流量现值。

2. 区分现时市场价值与公平市场价值

企业价值评估的目的是确定一个企业的公平市场价值。所谓"公平市场价值"是指在公平的交易中,熟悉情况的双方,自愿进行资产交换或债务清偿的金额。资产被定义为未来的经济利益。所谓"经济利益",其实就是现金流入。资产就是未来可以带来现金流入的东西。由于不同时间的现金不等价,需要通过折现处理,因此,资产的公平市场价值就是未来现金流入的现值。

要区分现时市场价值与公平市场价值。现时市场价值是指按现行市场价格计量的资产价值,它可能是公平的,也可能是不公平的。

首先,作为交易对象的企业,通常没有完善的市场,也就没有现成的市场价格。非上市企业或者它的一个部门,由于没有在市场上出售,其价格也就不得而知。对于上市企业来说,每天参加交易的只是少数股权,多数股权不参加日常交易,因此市价只是少数股东认可的价格,未必代表公平价值。

其次,以企业为对象的交易双方,存在比较严重的信息不对称。人们对于企业的预期会有很大差距,成交的价格不一定是公平的。

再次,股票价格是经常变动的,人们不知道哪一个是公平的。

最后,评估的目的之一是寻找被低估的企业,也就是价格低于价值的企业。如果用现时市价作为企业的估价,则企业价值与价格相等,我们什么有意义的信息也得不到。

三、企业价值评估的模型

价值评估使用的模型通常称为定价模型，它的功能是把预测数据转换为企业价值。在实务中使用大量的不同模型，这些模型有的很简单，有的非常复杂，名目繁多。它们大体上可以分为经济利润模型、现金流量折现模型和相对价值模型三种类型。

（一）经济利润模型

经济利润是指从超过投资者要求的报酬率中得来的价值，也称经济增加值。

经济利润 = 期初投资资本 ×（期初投资资本报酬率 – 加权平均资本成本）

= 期初投资资本 × 期初投资资本报酬率 – 投资资本 × 加权平均资本成本

= 息前税后营业利润 – 资本费用

经济利润不同于会计利润，两者主要区别在于经济利润扣除了股权资本费用，而不仅仅是债务费用；会计利润仅扣除债务利息，而没有扣除股权资本成本。

企业价值评估的经济利润模型：企业价值 = 投资资本 + 预计经济利润的现值。

该模型的基本思想是：如果每年的息前税后利润正好等于债权人和股东要求的收益，即经济利润等于零，则企业的价值没有增加，也没有减少，仍然等于投资资本。

经济利润模型越来越受到重视，逐步成为最受推崇的模型，不仅受到理论家的赞同，而且许多有影响的咨询公司也在实务中使用这类模型。

（二）现金流量折现模型

现金流量折现模型的基本思想是增量现金流量原则和时间价值原则，也就是任何资产（包括企业或股权）的价值是其产生的未来现金流量的现值。

企业也是资产，具有资产的一般特征。但是，它又与实物资产有区别，是一种特殊的资产。本书曾讨论过项目评价，是实物资产的价值评估。企业价值评估与项目价值评估既有类似之处，也有明显区别。

从某种意义上看企业也是一个大项目，是一个由若干个投资项目组成的复合项目，或者说是一个项目组合。因此，企业价值评估与前面讲的投资项目评价有许多类似之处：(1) 无论是企业还是项目，都可以给投资主体带来现金流量，现金流越大则经济价值越大；(2) 它们的现金流都具有不确定性，其价值计量都要使用风险概念；(3) 它们的现金流都是陆续产生的，其价值计量都要使用现值概念。因此，我们可以使用前面介绍过的折现现金流量法对企业价值进行评估。净现值不过是项目产生的企业价值增量，它们在理论上是完全一致的。

（三）相对价值模型

这种模型是运用一些基本的财务比率评估一家企业相对于另一家企业的价值。相对价值模型以市盈率模型为代表：

每股价值 = 市盈率 × 目标企业每股收益；本书就后两种模型在第二节和第三节中介绍。

四、企业价值评估的方法

企业价值评估是一项综合性的资产、权益评估，是对特定目的下企业整体价值、股东全部权益价值或部分权益价值进行分析、估算的过程。企业价值评估方法，要选择适合于目标企业价值评估的方法，首先应从不同的角度对方法进行比较分析，以明确各种方法之间的差异性。

（一）各方法的原理

1. 成本法的基本原理是重建或重置评估对象，即在条件允许的情况下，任何一个精明的潜在投资者，在购置一项资产时所愿意支付的价格不会超过建造一项与所购资产具有相同用途的替代品所需要的成本。

2. 收益法通过将被评估企业预期收益资本化或折现至某特定日期以确定评估对象价值。其理论基础是经济学原理中的贴现理论，即一项资产的价值是利用它所能获取的未来收益的现值，其折现率反映了投资该项资产并获得收益的风险的回报率。收益法的主要方法包括贴现现金流量法（DCF）、内部收益率法（IRR）、CAPM模型和EVA估价法等。

3. 市场法是基于一个经济理论和常识都认同的原则，类似的资产应该有类似的交易价格。

市场法是将评估对象与可参考企业或者在市场上已有交易案例的企业、股东权益、证券等权益性资产进行对比以确定评估对象价值。其应用前提是假设在一个完全市场上相似的资产一定会有相似的价格。市场法中常用的方法是参考企业比较法、并购案例比较法和市盈率法。

（二）各方法的前提条件

运用成本法进行企业价值评估应具备的前提条件有三个：一是进行价值评估时目标企业的表外项目价值，如管理效率、自创商誉、销售网络等，对企业整体价值的影响可以忽略不计；二是资产负债表中单项资产的市场价值能够公允客观反映所评估资产的价值；三是投资者购置一项资产所愿意支付的价格不会超过具有相同用途所需的替代品所需的成本。

选择收益法进行企业价值评估，应具备以下三个前提条件：一是投资主体愿意支付的价格不应超过目标企业按未来预期收益折算所得的现值；二是目标企业的未来收益能够合理的预测，企业未来收益的风险可以客观的进行估算，也就是说目标企业的未来收益和风险能合理的予以量化；三是被评估企业应具持续的盈利能力。

采用市场法进行企业价值评估需要满足三个基本的前提条件：一是要有一个活跃的公开市场，公开市场指的是有多个交易主体自愿参与且他们之间进行平等交易的市场，这个市场上的交易价格代表了交易资产的行情，即可认为是市场的公允价格；二是在这个市场上要有与评估对象相同或者相似的参考企业或者交易案例；三是能够收集到与评估相关的信息资料，同时这些信息资料应具有代表性、合理性和有效性。

(三) 各方法的适用性和局限性

成本法以资产负债表为基础,相对于市场法和收益法,成本法的评估结果客观依据较强。一般情况下,在涉及一个仅进行投资或仅拥有不动产的控股企业,以及所评估的企业的评估前提为非持续经营时,适宜用成本法进行评估。但由于运用成本法无法把握一个持续经营企业价值的整体性,也难衡量企业各个单项资产间的工艺匹配以及有机组合因素可能产生出来的整合效应。因而,在持续经营假设前提下,不宜单独运用成本法进行价值评估。

收益法以预期的收益和折现率为基础,因而对于目标企业来说,如果目前的收益为正值,具有持续性,同时在收益期内折现率能够可靠的估计,则更适宜用收益法进行价值评估。通常,处于成长期和成熟期的企业可用收益法。基于收益法的应用条件,有下述特点的企业不宜用收益法进行价值评估:处于困境中的企业、收益具有周期性特点的企业、拥有较多闲置资产的企业、经营状况不稳定以及风险问题难以合理衡量的私营企业。

市场法最大的优点在于简单、直观、便于理解、运用灵活。尤其是当目标公司未来的收益难以做出详尽的预测时,运用收益法进行评估显然受到限制,而市场法受到的限制相对较小。此外,站在实务的角度上,市场法往往更为常用,或通常作为运用其他评估方法所获得评估结果的验证或参考。但是运用市场法评估企业价值也存在一定的局限性:首先,因为评估对象和参考企业所面临的风险和不确定性往往不尽相同,因而要找到与评估对象绝对相同或者类似的可比企业难度较大;其次,对价值比率的调整是运用市场法极为关键的一步,这需要评估师有丰富的实践经验和较强的技术能力。

综上可见,以成本为基础的评估方法是以目标企业的历史会计资料和现有市场的价格水平为基础对企业价值进行评估的,排除了其他评估模型中相关参数的人为预测,降低了企业价值评估中主观因素的影响。在目前我国市场机制尚不健全的经济环境下,显得简便有效。但这一思路没有从资产的实际效能和企业运行效率角度考虑,评价结果仅仅依赖企业资产的历史投入,即无论企业目前和未来经营状况有何差异,只要原始投资额相同,则企业最终的评估价值均一致。因此,在一些极端的情况下,就会造成发展前景较差的企业评估值优于发展前景较好的企业评估值,从而低估或高估了目标企业的价值。同时,没有重视企业中无形资产的作用,不符合全面评估的原则。

第二节 相对价值模型

相对价值法,也称价格乘数法或可比交易价值法等。这种方法是利用类似企业的市场定价来估计目标企业价值的一种方法。它的假设前提是:存在一个支配企业市场价值的主要变量(如净利等)。市场价值与该变量(如净利等)的比值,各企业是类似的、可以比较的。

其基本做法是:首先,寻找一个影响企业价值的关键变量(如净利);其次,确定一组可以比较的类似企业，计算可比企业的市价/关键变量的平均值（如平均市盈率）；然后，根据目标企业的关键变量（如净利）乘以得到的平均值（平均市盈率），计算目标企业的评估价值。

相对价值法，是将目标企业与可比企业对比，用可比企业的价值衡量目标企业的价值。如果可比企业的价值被高估了，则目标企业的价值也会被高估。实际上，所得结论是相对于可比企业来说的，以可比企业价值为基准，是一种相对价值，而非目标企业的内在价值。

例如，你准备购买商品住宅，出售者报价50万元，你如何评估这个报价呢？一个简单的办法就是寻找一个类似地段、类似质量的商品住宅，计算每平方米的价格（价格与面积的比率），假设是0.5万元/平方米，你拟购置的住宅是80平方米，利用相对价值法评估它的价值是40万元，于是你认为出售者的报价高了。你对报价高低的判断是相对于类似商品住宅说的，它比类似住宅的价格高了。实际上，也可能是类似住宅的价格偏低。

这种做法很简单，真正使用起来却并不简单。因为类似商品住宅与你拟购置的商品住宅总有"不类似"的地方，类似商品住宅的价格也不一定是公平市场价格。准确的评估还需要对计算结果进行另外的修正，而这种修正比一般人想像的要复杂，它涉及每平方米价格的决定因素问题。

现金流量法的假设是明确显示的，而相对价值法的假设是隐含在比率内部的。因此，它看起来简单，实际应用时并不简单。

一、相对价值模型的原理

相对价值模型分为两大类，一类是以股权市价为基础的模型，包括股权市价/净利、股权市价/净资产、股权市价/销售额等比率模型。另一类是以企业实体价值为基础的模型，包括实体价值/息前税后营业利润、实体价值/实体现金流量、实体价值/投资资本、实体价值/销售额等比率模型。我们这里只讨论三种最常用的股权市价比率模型。

（一）市价/净利比率模型

1. 基本模型

市价/净利比率，通常称为市盈率，市盈率 = 每股市价/每股净利；运用市盈率估价的模型如下：目标企业每股价值 = 可比企业平均市盈率 × 目标企业的每股净利。

该模型假设股票市价是每股净利的一定倍数。每股净利越大，则股票价值越大。同类企业有类似的市盈率，所以目标企业的股权价值可以用每股净利乘以可比企业的平均市盈率计算。

2. 模型原理

为什么平均市盈率可以作为计算股价的乘数呢？影响市盈率高低的基本因素有哪些？

根据股利折现模型,处于稳定状态企业的股权价值为:

$$股权价值 = P_0 = \frac{股利}{股权成本 - 增长率}$$

两边同时除以每股净利0:

$$\frac{P_0}{每股净利_0} = \frac{股利_1 \div 每股净利_0}{股权成本 - 增长率}$$

$$= \frac{[每股净利_0 \times (1 + 增长率) \times 股利支付率] \div 每股净利_0}{股权成本 - 增长率}$$

$$= \frac{股利支付率 \times (1 + 增长率)}{股权成本 - 增长率} = 本期市盈率$$

上述根据当前市价和同期净利计算的市盈率,称为本期市盈率,简称市盈率。这个公式表明,市盈率的驱动因素是企业的增长潜力、股利支付率和风险(股权资本成本)。

这三个因素类似的企业,才会具有类似的市盈率。可比企业实际上应当是这三个比率类似的企业,同业企业不一定都具有这种类似性。

如果把公式两边同除的当前"每股净利0",换为预期下期"每股净利1",其结果称为"内在市盈率"或"预期市盈率":

$$\frac{P_0}{每股净利_0} = \frac{\frac{股利_1}{每股净利_0}}{股权成本 - 增长率}$$

$$内在市盈率 = \frac{股利支付率}{股权成本 - 增长率}$$

如果用内在市盈率为股票定价,其结果应与现金流量模型一致。你可能会想,我如果知道了这三个比率就可以直接根据现金流量模型估价了,何必再计算市盈率用价格乘数模型定价?我们这样分析问题,不是为了重复演示现金流量模型,而是为了让你关注影响市盈率可比性的因素,以便合理选择可比企业,防止误用市盈率估价模型。市盈率估价模型被误用是很常见的事情。例如,有人认为市盈率低的股票更便宜,其实不一定。一个企业的市盈率比同行业高,可能是因为它有更高的增长率或者风险较低,而不是被市场高估了。再如,不管企业的这三个比率高低,用行业平均的市盈率为新股定价,也是很不科学的。这些误用都与不理解市盈率的原理有关。

在影响市盈率的三个因素中,关键是增长潜力。所谓"增长潜力"类似,不仅指具有相同的增长率,还包括增长模式的类似性,例如同为永续增长,还是同为由高增长转为永续低增长。

上述内在市盈率模型是根据永续增长模型推导的。如果企业符合两阶段模型的条件,也可以通过类似的方法推导出两阶段情况下的内在市盈率模型。它比永续增长的内在市盈率模型形式复杂,但是仍然由这三个因素驱动。

3. 模型的适用性

市盈率模型的优点:首先,计算市盈率的数据容易取得,并且计算简单;其次,市盈率把价格和收益联系起来,直观地反映投入和产出的关系;再次,市盈率涵盖了风险补偿率、增长率、股利支付率的影响,具有很高的综合性。

市盈率模型的局限性:如果收益是负值,市盈率就失去了意义。再有,市盈率除了受企业本身基本面的影响以外,还受到整个经济景气程度的影响。在整个经济繁荣时市盈率上升,整个经济衰退时市盈率下降。如果目标企业的 β 值为1,则评估价值正确反映了对未来的预期。如果企业的 β 值显著大于1,经济繁荣时评估价值被夸大,经济衰退时评估价值被缩小。如果 β 值明显小于1,经济繁荣时评估价值偏低,经济衰退时评估价值偏高。如果是一个周期性的企业,则企业价值可能被歪曲。因此,市盈率模型最适合连续盈利,并且 β 值接近于1的企业。

【例10-1】甲企业今年的每股净利是0.5元,分配股利0.35元/股,该企业净利润和股利的增长率都是6%, β 值为0.75。政府长期债券利率为7%,股票的风险附加率为5.5%。问该企业的本期净利市盈率和预期净利市盈率各是多少?

乙企业与甲企业是类似企业,今年实际净利为1元,根据甲企业的本期净利市盈率对乙企业估价,其股票价值是多少?乙企业预期明年净利是1.06元,根据甲企业的预期净利市盈率对乙企业估价,其股票价值是多少?

甲企业股利支付率 = 每股股利 ÷ 每股净利 = 0.35 ÷ 0.5 = 70%

甲企业股权资本成本 = 无风险利率 + β × 风险附加率 = 7% + 0.75 × 5.5% = 11.125%

甲企业本期市盈率 = [股利支付率 × (1 + 增长率)] ÷ (资本成本 − 增长率)

= [70% × (1 + 6%)] ÷ (11.125% − 6%) = 14.48

甲企业预期市盈率 = 股利支付率 ÷ (资本成本 − 增长率)

= 70% ÷ (11.125% − 6%) = 13.66

乙企业股票价值 = 目标企业本期每股净利 × 可比企业本期市盈率 = 1 × 14.48 = 14.48(元/股)

乙企业股票价值 = 目标企业预期每股净利 × 可比企业预期市盈率 = 1.06 × 13.66 = 14.48(元/股)

通过这个例子可知:如果目标企业的预期每股净利变动与可比企业相同,则根据本期市盈率和预期市盈率进行估价的结果相同。

值得注意的是:在估价时目标企业本期净利必须要乘以可比本期净利市盈率,目标企业预期净利必须要乘以可比企业预期市盈率,两者必须匹配。这一原则不仅适用于市盈率,也适用于市净率和收入乘数;不仅适用于未修正价格乘数,也适用于后面所讲的各种修正的价格乘数。

(二) 市价/净资产比率模型

1. 基本模型

市价与净资产的比率,通常称为市净率。

市净率 = 市价 ÷ 净资产。

这种方法假设股权价值是净资产的函数,类似企业有相同的市净率,净资产越大则股权价值越大。因此,股权价值是净资产的一定倍数,目标企业的价值可以用每股净资产乘以平均市净率计算。

股权价值 = 可比企业平均市净率 × 目标企业净资产

2. 市净率的驱动因素

市净率是由哪些因素决定的?如果把股利折现模型的两边同时除以同期股权账面价值,就可以得到市净率:

$$\frac{P_0}{\text{股权账面价值}_0} = \frac{[\text{股利}_0 \times (1+\text{增长率})] \div \text{股权账面价值}_0}{\text{股权成本} - \text{增长率}}$$

$$= \frac{\dfrac{\text{股利}_0}{\text{每股收益}_0} \times \dfrac{\text{每股收益}_0}{\text{股权账面价值}_0} \times (1+\text{增长率})}{\text{股权成本} - \text{增长率}}$$

$$= \frac{\text{股东权益收益率}_0 \times \text{股利支付率} \times (1+\text{增长率})}{\text{股权成本} - \text{增长率}} = \text{本期市净率}$$

该公式表明,驱动市净率的因素有权益报酬率、股利支付率、增长率和风险。其中权益报酬率是关键因素。这四个比率类似的企业,会有类似的市净率。不同企业市净率的差别,也是由于这四个比率不同引起的。

如果把公式中的"股权账面价值0"换成预期下期的"股权账面价值1",则可以得出内在市净率,或称预期市净率。

$$\frac{P_0}{\text{股权账面价值}_1} = \frac{[\text{股利}_0 \times (1+\text{增长率})] \div \text{股权账面价值}_1}{\text{股权成本} - \text{增长率}}$$

$$= \frac{\dfrac{\text{股利}_0}{\text{每股收益}_0} \times \dfrac{\text{每股收益}_1}{\text{股权账面价值}_1} \times (1+\text{增长率})}{\text{股权成本} - \text{增长率}}$$

$$= \frac{\text{股利支付率} \times \text{股东权益收益率}_1}{\text{股权成本} - \text{增长率}} = \text{内在市净率}$$

使用内在市净率作为价格乘数计算企业价值,所得结果与现金流量模型的结果应当一致。

3. 模型的适用性

市净率估价模型的优点：首先，净利为负值的企业不能用市盈率进行估价，而市净率极少为负值，可用于大多数企业。其次，净资产账面价值的数据容易取得，并且容易理解。再次，净资产账面价值比净利稳定，也不像利润那样经常被人为操纵。最后，如果会计标准合理并且各企业会计政策一致，市净率的变化可以反映企业价值的变化。

市净率的局限性：首先，账面价值受会计政策选择的影响，如果各企业执行不同的会计标准或会计政策，市净率会失去可比性。其次，固定资产很少的服务性企业和高科技企业，净资产与企业价值的关系不大，其市净率比较没有什么实际意义。最后，少数企业的净资产是负值，市净率没有意义，无法用于比较。因此，这种方法主要适用于需要拥有大量资产、净资产为正值的企业。

【例10-2】在表10-1中，列出了2000年汽车制造业6家上市企业的市盈率和市净率，以及全年平均实际股价。请你用这6家企业的平均市盈率和市净率评价江铃汽车的股价，哪一个更接近实际价格？为什么？

表10-1 汽车制造业6家上市企业的情况

公司名称	每股收益	每股净资产	平均价格	市盈率	市净率
上海汽车	0.53	3.43	11.98	22.60	3.49
东风汽车	0.37	2.69	6.26	16.92	2.33
一汽四环	0.52	4.75	15.40	29.62	3.24
一汽金杯	0.23	2.34	6.10	26.52	2.61
天津汽车	0.19	2.54	6.80	35.79	2.68
长安汽车	0.12	2.01	5.99	49.92	2.98
平均				30.23	2.89
江铃汽车	0.06	1.92	6.03		

按市盈率估价 = 0.06 × 30.23 = 1.81(元/股)

按市净率估价 = 1.92 × 2.89 = 5.55(元/股)

市净率的评价更接近实际价格。因为汽车制造业是一个需要大量资产的行业。由此可见，合理选择模型的种类对于正确估价是很重要的。

(三) 市价/收入比率模型

1. 基本模型

这种方法是假设影响企业价值的关键变量是销售收入，企业价值是销售收入的函数，销售收入越大则企业价值越大。既然企业价值是销售收入的一定倍数，那么目标企业的价值可以用销售收入乘以平均收入乘数估计。

由于市价／收入比率的使用历史不长，不像市盈率和市净率应用得广泛和悠久，还没有一个公认的比率名称，这里暂且称之为"收入乘数"。

收入乘数 = 股权市价 ÷ 销售收入 = 每股市价 ÷ 每股销售收入

目标企业股权价值 = 可比企业平均收入乘数 × 目标企业的销售收入

2. 基本原理

收入乘数是由哪些财务比率决定的？

如果将股利折现模型的两边同时除以每股销售收入，则可以得出收入乘数：

$$\frac{P_0}{每股收入_0} = \frac{[股利_0 \times (1+增长率)] \div 每股收入_0}{股权成本 - 增长率}$$

$$= \frac{\frac{股利_0}{每股净利_0} \times \frac{每股净利_0}{每股收入_0} \times (1+增长率)}{股权成本 - 增长率}$$

$$= \frac{销售净利率_0 \times 股利支付率 \times (1+增长率)}{股权成本 - 增长率} = 本期收入乘数$$

根据上述公式可以看出，收入乘数的驱动因素是销售净利率、股利支付率、增长率和股权成本。其中，销售净利率是关键因素。这四个比率相同的企业，会有类似的收入乘数。

如果把公式中的"每股收入"换成预期下期的"每股收入"，则可以得出内在收入乘数的计算公式：

$$\frac{P_0}{每股收入_1} = \frac{股利_1 \div 每股收入_1}{股权成本 - 增长率} = \frac{\frac{股利_1}{每股净利_1} \times \frac{每股净利_1}{每股收入_1}}{股权成本 - 增长率}$$

$$= \frac{销售净利率_1 \times 股利支付率}{股权成本 - 增长率} = 内在收入乘数$$

根据内在收入乘数计算的企业价值，应当与现金流量模型计算的结果一致。

3. 模型的适用性

收入乘数估价模型的优点：首先，它不会出现负值，对于亏损企业和资不抵债的企业，也可以计算出一个有意义的价值乘数。其次，它比较稳定、可靠，不容易被操纵。最后，收入乘数对价格政策和企业战略变化敏感，可以反映这种变化的后果。

收入乘数估价模型的局限性：不能反映成本的变化，而成本是影响企业现金流量和价值的重要因素之一。因此，这种方法主要适用于销售成本率较低的服务类企业，或者销售成本率趋同的传统行业的企业。

【例10-3】某石油公司2002年每股销售收入为83.06美元，每股净利润3.91元。公司采用固定股利支付率政策，股利支付率为74%。预期利润和股利的长期增长率为6%。该公司的 β 值为0.75，该时期的无风险利率为7%，市场平均报酬率为12.5%。

销售净利率 = 3.91 ÷ 83.06 = 4.6%

股权资本成本 = 7% + 0.75 × (12.5% - 7%) = 11.125%

收入乘数 = $\dfrac{4.6\% \times 74\% \times (1 + 6\%)}{11.125\% - 6\%}$ = 0.704

按收入乘数估价 = 83.06 × 0.704 = 58.47(元)

二、相对价值模型的运用

(一) 可比企业的选择

相对价值法应用的主要困难是选择可比企业。通常的做法是选择一组同业的上市企业，计算出它们的平均市价比率，作为估计目标企业价值的乘数。

根据前面的分析可知，市盈率取决于增长潜力、股利支付率和风险(股权资本成本)。选择可比企业时，需要先估计目标企业的这三个比率，然后按此条件选择可比企业。在三个因素中，最重要的驱动因素是增长率，应给予格外重视。处在生命周期同一阶段的同业企业，大体上有类似的增长率，可以作为判断增长率类似的主要依据。

如果符合条件的企业较多，可以进一步根据规模的类似性进一步筛选，以提高可比性的质量。按照这种方法，如果能找到一些符合条件的可比企业，余下的事情就好办了。

【例10-4】乙企业是一个制造业企业，其每股收益为0.5元/股，股票价格为15元。假设制造业上市企业中，增长率、股利支付率和风险与乙企业类似的有6家，它们的市盈率如表10-2所示。用市盈率法评估乙企业的股价被市场高估了还是低估了？

表10-2

企业名称	价格/收益
A	14.4
B	24.3
C	15.2
D	49.3
E	32.1
F	33.3
平均数	28.1

由于：股票价值 = 0.5 × 28.1 = 14.05(元/股)，实际股票价格是15元，所以乙企业的股票被市场高估了。

"价格/收益"的平均数通常采用简单算术平均。在使用市净率和收入乘数模型时，选择可比企业的方法与市盈率类似，只是它们的驱动因素有区别。

(二) 修正的市价比率

选择可比企业的时候，往往没有像上述举例那么简单。经常找不到符合条件的可比企业。尤其是要求的可比条件较严格，或者同行业的上市企业很少的时候经常找不到足够的可比企业。

解决问题办法之一是采用修正的市价比率。

1. 修正市盈率

在影响市盈率的诸驱动因素中,关键变量是增长率。增长率的差异是市盈率差异的主要驱动因素。因此,可以用增长率修正实际市盈率,把增长率不同的同业企业纳入可比范围。

修正市盈率 = 实际市盈率 ÷（预期增长率 × 100）

修正的市盈率,排除了增长率对市盈率的影响,剩下的部分是由股利支付率和股权成本决定的市盈率可以称为"排除增长率影响的市盈率"。

【例10 - 5】依前【例10 - 4】数据。各可比企业的预期增长率如表10 - 3所示。

表10 - 3

企业名称	实际市盈率	预期增长率(%)
A	14.4	7
B	24.3	11
C	15.2	12
D	49.3	22
E	32.1	17
F	33.3	18
平均数	28.1	14.5

乙企业的每股净利是0.5元/股,假设预期增长率是15.5%。

有两种评估方法:

(1) 修正平均市盈率法

修正平均市盈率 = 可比企业平均市盈率 ÷（平均预期增长率 × 100）

= 28.1 ÷ 14.5 = 1.94

乙企业每股价值 = 修正平均市盈率 × 目标企业增长率 × 100 × 目标企业每股净利

= 1.94 × 15.5% × 100 × 0.5 = 15.04(元/股)

实际市盈率和预期增长率的"平均数"通常采用简单算术平均。修正市盈率的"平均数"根据平均市盈率和平均预期增长率计算。

(2) 股价平均法

这种方法是根据各可比企业的修正市盈率估计乙企业的价值:

目标企业每股价值 = 可比企业修正市盈率 × 目标企业预期增长率 × 100 × 目标企业每股净利

然后,将得出股票估价进行算术平均,计算过程见表10 - 4所示。

表 10-4

企业名称	实际市盈率	预期增长率(%)	修正市盈率	乙企业每股净利(元)	乙企业预期增长率(%)	乙企业每股价值(元)
A	14.4	7	2.06	0.5	15.5	15.9650
B	24.3	11	2.21	0.5	15.5	17.1275
C	15.2	12	1.27	0.5	15.5	9.8425
D	49.3	22	2.24	0.5	15.5	17.3600
E	32.1	17	1.89	0.5	15.5	14.6475
F	33.3	18	1.85	0.5	15.5	14.3375
平均数						14.8800

2. 修正市净率

市净率的修正方法与市盈率类似。市净率的驱动因素有增长率、股利支付率、风险和股东权益净利率。其中，关键因素是股东权益净利率。因此：

修正的市净率 = 实际市净率 ÷（预期股东权益净利率 × 100）

目标企业每股价值 = 修正平均市净率 × 目标企业股东权益净利率 × 100 × 目标企业每股净资产。

3. 修正收入乘数

收入乘数的修正方法与市盈率类似。收入乘数的驱动因素是增长率、股利支付率、销售净利率和风险。其中，关键的因素是销售净利率。因此：

修正收入乘数 = 实际收入乘数 ÷（预期销售净利率 × 100）

目标企业每股价值 = 修正平均收入乘数 × 目标企业销售净利率 × 100 × 目标企业每股收入

如果候选的可比企业在非关键变量方面也存在较大差异，就需要进行多个差异因素的修正。修正的方法是使用多元回归技术，包括线性回归或其他回归技术。首先，使用整个行业全部上市公司甚至跨行业上市公司的数据，把市价比率作为因变量，把驱动因素作为自变量，求解回归方程。然后，利用该方程计算所需要的乘数。通常，多因素修正的数据处理量较大，需要借助计算机才能完成。

此外，在得出评估价值后还需要全面检查评估的合理性。例如，公开交易企业的股票流动性高于非上市企业。因此，非上市企业的评估价值要减掉一部分。一种简便的办法是按上市成本的比例减少其评估价值。当然，如果是为新发行的原始股定价，该股票将很快具有流动性，则无须折扣。再如，对于非上市企业的评估往往涉及控股权的评估，而可比企业大多选择上市企业，上市企业的价格与少数股权价值相联系，不含控股权价值。因此，非上市目标企业的评估值需要加上一笔额外的费用，以反映控股权的价值。

总之，由于认识价值是一切经济和管理决策的前提，增加企业价值是企业的根本目的，所以价值评估是财务管理的核心问题。价值评估是一个认识企业价值的过程，由于企业充满了个性化的差异,因此每一次评估都带有挑战性。不能把价值评估(或资产评估)看成是履行某种规定的程序性工作,而应始终关注企业的真实价值到底是多少,它受哪些因素驱动,尽可能进行深入地分析。

第三节 现金流量折现模型

现金流量模型是企业价值评估使用最广泛、理论上最健全的模型。

一、现金流量模型的种类

任何资产都可以使用现金流量折现模型来估价,其价值都是以下三个变量的函数:

$$价值 = \sum_{t=1}^{n} \frac{现金流量_t}{(1+资本成本)^t}$$

1. 现金流量

"现金流量t"是指各期的预期现金流量。不同资产的未来现金流量表现形式不同,债券的现金流量是利息和本金,投资项目的现金流量是项目引起的增量现金流量。在价值评估中可供选择的企业现金流量有三种:股利现金流量、股权现金流量和实体现金流量。依据现金流量的不同种类,企业估价模型也分股利现金流量模型、股权现金流量模型和实体现金流量模型三种。

(1) 股利现金流量模型

股利现金流量模型的基本形式是:

$$股权价值 = \sum_{t=1}^{n} \frac{现金流量_t}{(1+资本成本)^t}$$

股利现金流量是企业分配给股权投资人的现金流量。

(2) 股权现金流量模型

股权现金流量模型的基本形式是:

$$股权价值 = \sum_{t=1}^{\infty} \frac{股权现金流量_t}{(1+股权资本成本)^t}$$

股权现金流量是一定期间企业可以提供给股权投资人的现金流量,它等于企业实体现金流量扣除对债权人支付后剩余的部分。有多少股权现金流量会作为股利分配给股东,取决于企业的筹资和股利分配政策。如果把股权现金流量全部作为股利分配,则上述两个模型相同。

(3) 实体现金流量模型

实体现金流量模型的基本形式是:

$$实体价值 = \sum_{t=1}^{\infty} \frac{实体现金流量_t}{(1+加权平均成本)^t}$$

股权价值 = 实体价值 - 债务价值

债务价值 = $\sum_{t=1}^{\infty}\frac{偿还债务现金流量_t}{(1+等风险债务成本)^t}$

实体现金流量是企业全部现金流入扣除成本费用和必要的投资后的剩余部分,它是企业一定期间可以提供给所有投资人(包括股权投资人和债权投资人)的税后现金流量。

在数据假设相同的情况下,三种模型的评估结果是相同的。由于股利分配政策有较大变动,股利现金流量很难预计,所以股利现金流量模型在实务中很少被使用。如果假设企业不保留多余的现金,而将股权现金全部作为股利发放,则股权现金流量等于股利现金流量,股权现金流量模型可以取代股利现金流量模型,避免对股利政策进行估计的麻烦。因此,大多数的企业估价使用股权现金流量模型或实体现金流量模型。

2. 资本成本

"资本成本"是计算现值使用的折现率。折现率是现金流量风险的函数,风险越大则折现率越大,因此折现率和现金流量要相互匹配。股权现金流量只能用股权资本成本来折现,实体现金流量只能用企业实体的加权平均资本成本来折现。

3. 现金流量的持续年数

"n"是指产生现金流量的时间,通常用"年"数来表示。从理论上说,现金流量的持续年数应当等于资源的寿命。企业的寿命是不确定的,通常采用持续经营假设,即假设企业将无限期的持续下去。预测无限期的现金流量数据是很困难的,时间越长,远期的预测越不可靠。为了避免预测无限期的现金流量,大部分估价将预测的时间分为两个阶段。第一阶段是有限的、明确的预测期,称为"详细预测期",或简称"预测期",在此期间需要对每年的现金流量进行详细预测,并根据现金流量模型计算其预测期价值;第二阶段是预测期以后的无限时期,称为"后续期"或"永续期",在此期间假设企业进入稳定状态,有一个稳定的增长率,可以用简便方法直接估计后续期价值。后续期价值也被称为"永续价值"或"残值"。这样,企业价值被分为两部分:企业价值 = 预测期价值 + 后续期价值。

二、现金流量模型参数的估计

现金流量模型的参数包括预测期的年数、各期的现金流量和资本成本。这些参数是相互影响的,需要整体考虑,不可以完全孤立地看待和处理。资本成本的估计在前面的章节已经介绍过,这里主要说明现金流量的估计和预测期的确定。

未来现金流量的数据需要通过财务预测取得。财务预测可以分为单项预测和全面预测。单项预测的主要缺点是容易忽视财务数据之间的联系,不利于发现预测假设的不合理之处。全面预测是指编制成套的预计财务报表,通过预计财务报表获取需要的预测数据。由于计算机的普遍应用,人们越来越多地使用全面预测。

(一) 预测销售收入

预测销售收入是全面预测的起点,大部分财务数据与销售收入有内在联系。销售收入取决于销售数量和销售价格两个因素,但是财务报表不披露这两项数据,企业外部的报表使用人无法得到价格和销量的历史数据,也就无法分别预计各种产品的价格和销量。他们只能直接对销售收入的增长率进行预测,然后根据基期销售收入和预计增长率计算预测期的销售收入。销售增长率的预测以历史增长率为基础,根据未来的变化进行修正。在修正时,要考虑宏观经济、行业状况和企业的经营战略。如果预计未来在这三个方面不会发生明显变化,则可以按上年增长率进行预测。如果预计未来有较大变化,则需要根据其主要影响因素调整销售增长率。

【例10-6】DBC公司目前正处在高速增长的时期,2010年的销售增长了12%。预计2011年可以维持12%的增长率,2012年开始逐步下降,每年下降2个百分点,2015年下降1个百分点,即增长率为5%,2016年及以后各年按5%的比率持续增长,如表10-5所示。

表10-5 DBC公司的销售预测

年份	基期	2011	2012	2013	2014	2015	2016	2017	2018	2019	2020
销售增长率	12%	12%	10%	8%	6%	5%	5%	5%	5%	5%	5%

(二) 确定预测期间

预测的时间范围涉及预测基期、详细预测期和后续期。

1. 预测的基期

基期是指作为预测基础的时期,它通常是预测工作的上一个年度。基期的各项数据被称为基数,它们是预测的起点。基期数据不仅包括各项财务数据的金额,还包括它们的增长率以及反映各项财务数据之间联系的财务比率。

确定基期数据的方法有两种:一种是以上年实际数据作为基期数据;另一种是以修正后的上年数据作为基期数据。如果通过历史财务报表分析认为,上年财务数据具有可持续性,则以上年实际数据作为基期数据。如果通过历史财务报表分析认为,上年的数据不具有可持续性,就应适当进行调整,使之适合未来的情况。

DBC公司的预测以2010年为基期,以经过调整的2010年的财务报表数据为基数。该企业的财务预测将采用销售百分比法,需要根据历史数据确定主要报表项目的销售百分比,作为对未来进行预测的假设。

2. 详细预测期和后续期的划分

实务中的详细预测期通常为5~7年,如果有疑问还应当延长,但很少超过10年。企业增长的不稳定时期有多长,预测期就应当有多长。这种做法与竞争均衡理论有关。

竞争均衡理论认为,一个企业不可能永远以高于宏观经济增长的速度发展下去。如果是这样,它迟早会超过宏观经济总规模。这里的"宏观经济"是指该企业所处的宏观经济系统,如果一个企业的业务范围仅限于国内市场,宏观经济增长率是指国内的预期经济增长率;如果一个企业的业务范围是世界性的,宏观经济增长率是指世界的经济增长速度。竞争均衡理论还认为,一个企业通常不可能在竞争的市场中长期取得超额利润,其净资本回报率会逐渐恢复到正常水平。净资本回报率是指税后经营利润与净资本(负债加股东权益)的比率,它反映企业净资本的盈利能力。如果一个行业的净资本回报率较高,就会吸引更多的投资并使竞争加剧,导致成本上升或价格下降,使得净资本回报率降低到社会平均水平。如果一个行业的净资本回报率较低,就会有一些竞争者退出该行业,减少产品或服务的供应量,导致价格上升或成本下降,使得净资本回报率上升到社会平均水平。一个企业具有较高的净资本回报率,往往会比其他企业更快地扩展投资,增加净资本总量。如果新增投资与原有投资的盈利水平相匹配,则能维持净资本回报率。但是,通常企业很难做到这一点,竞争使盈利的增长跟不上投资的增长,因而净资本回报率最终会下降。实践表明,只有很少的企业具有长时间的可持续竞争优势,它们都具有某种特殊的因素,可以防止竞争者进入。绝大多数企业都会在几年内恢复到正常的回报率水平。

竞争均衡理论得到了实证研究的有力支持。各企业的销售收入的增长率往往趋于恢复到正常水平。拥有高于或低于正常水平的企业,通常在3~10年中恢复到正常水平。

判断企业进入稳定状态的主要标志是两个:(1)具有稳定的销售增长率,它大约等于宏观经济的名义增长率;(2)具有稳定的净资本回报率,它与资本成本接近。

预测期和后续期的划分不是事先主观确定的,而是在实际预测过程中根据销售增长率和投资回报率的变动趋势确定的。

续前【例10-6】,通过销售预测观察到DBC公司的销售增长率和净资本回报率在2005年恢复到正常水平(见表10-6)。销售增长率稳定在5%,与宏观经济的增长率接近;净资本回报率稳定在12.13%,与其资本成本12%接近。因此,该企业的预测期确定为2011~2015年,2016年及以后年度为后续期。

表10-6　　　　　　DBC公司的增长率和净资本回报率　　　　　　单位:万元

年份	基期	2011	2012	2013	2014	2015	2016	2017	2018	2019	2020
销售增长率(%)	12	12	10	8	6	5	5	5	5	5	5
经营利润	36.96	41.40	45.53	49.18	52.13	54.73	57.47	60.34	63.36	66.53	69.86
净资本	320.00	358.40	394.24	425.78	451.33	473.89	497.59	522.47	548.59	576.02	604.82
期初净资本回报率(%)		12.94	12.71	12.47	12.24	12.13	12.13	12.13	12.13	12.13	12.13

(三)预计利润表和资产负债表

下面通过前述 DBC 公司的例子,说明预计利润表和资产负债表的编制过程。该公司的预计利润表和资产负债表,如表 10-7 和表 10-8 所示。

表 10-7　　　　　　　　　　DBC 公司的预计利润表　　　　　　　　　　单位:万元

年份	基期	2011	2012	2013	2014	2015	2016
预测假设							
销售增长率(%)		12	12	10	8	6	5	5
销售成本率(%)	72.8	72.8	72.8	72.8	72.8	72.8	72.8
销售、管理费用/销售收入(%)	8	8	8	8	8	8	8
折旧与摊销/销售收入(%)	6	6	6	6	6	6	6
短期债务利率(%)	6	6	6	6	6	6	6
长期债务利率(%)	7	7	7	7	7	7	7
平均所得税率(%)	30	30	30	30	30	30	30
利润表项目							
经营利润							
一、销售收入	400.00	448.00	492.80	532.22	564.16	592.37	621.98
减:销售成本	291.20	326.14	358.76	387.46	410.71	431.24	452.80
销售和管理费用	32.00	35.84	39.42	42.58	45.13	47.39	49.76
折旧与摊销	24.00	26.88	29.57	31.93	33.85	35.54	37.32
二、税前经营利润	52.80	59.14	65.00	70.25	74.47	78.19	82.10
减:经营利润所得税	15.84	17.74	19.51	21.08	22.34	23.46	24.63
三、经营利润	36.96	41.40	45.53	49.18	52.13	54.73	57.47
金融损益							
四、短期借款利息	3.84	4.30	4.73	5.11	5.42	5.69	5.97
加:长期借款利息	2.24	2.51	2.76	2.98	3.16	3.32	3.48
五、利息费用合计	6.08	6.81	7.49	8.09	8.58	9.00	9.45
减:利息费用抵税	1.82	2.04	2.25	2.43	2.57	2.70	2.84
六、税后利息费用	4.26	4.77	5.24	5.66	6.00	6.30	6.62
七、税后利润合计	32.70	36.63	40.29	43.51	46.13	48.43	50.85
加:年初未分配利润	20.00	24.00	50.88	75.97	98.05	115.93	131.72
八、可供分配的利润	52.70	60.63	91.17	119.48	144.17	164.36	182.58
减:应付普通股股利	28.70	9.75	15.20	21.44	28.24	32.64	34.27
九、未分配利润	24.00	50.88	75.97	98.05	115.93	131.72	148.31

表 10-7 中 2015 年的短期借款利息 5.69，长期借款利息 3.32，利息费用合计为 9 万元，似乎计算有误。其实 9 万元是更精确的计算结果。由于举例的计算过程很长，如果在运算中间不断四舍五入，累计误差将不断扩大。为了使最终结果可以相互核对，本举例在计算机运算时保留了小数点后 30 位，只在表格中显示 2 位计算结果，第 5 位四舍五入。因此，根据表格已经四舍五入的显示数据直接计算，其结果与计算机运算结果显示出的数据有差别。这种差别并非计算有误，报表中显示的是更精确的计算结果。类似情况在本章举例中还有多处，以后不再一一注明。

表 10-8　　　　　DBC 公司的预计资产负债表　　　　　　单位：万元

年份	基期	2011	2012	2013	2014	2015	2016
预测假设							
销售收入	400.00	448.00	492.80	532.22	564.16	592.37	621.98
经营现金(%)	1	1	1	1	1	1	1
经营流动资产(%)	39	39	39	39	39	39	39
经营流动负债(%)	10	10	10	10	10	10	10
长期资产/销售收入(%)	50	50	50	50	50	50	50
短期借款/净资本(%)	20	50	50	50	50	50	50
长期借款/净资本(%)	10	10	10	10	10	10	10
项目							
经营资产							
经营现金	4.00	4.48	4.93	5.32	5.64	5.92	6.22
经营流动资产	156.00	174.72	192.19	207.57	220.02	231.02	242.57
减：经营流动负债	40.00	44.80	49.28	53.22	56.42	59.24	62.20
=经营营运资本	120.00	134.40	147.84	159.67	169.25	177.71	186.60
经营长期资产	200.00	224.00	246.40	266.11	282.08	296.18	310.99
减：经营长期负债	0	0	0	0	0	0	0
=净经营长期资产	200.00	224.00	246.40	266.11	282.08	296.18	310.99
净经营资产总计	320.00	358.40	394.24	425.78	451.33	473.89	497.59
金融负债							
短期借款	64.00	71.68	78.85	85.16	90.27	94.78	99.52
长期借款	32.00	35.84	39.42	42.58	45.13	47.39	49.76
金融负债合计	96.00	107.52	118.27	127.73	135.40	142.17	149.28
股本	200.00	200.00	200.00	200.00	200.00	200.00	200.00
年初未分配利润	20.00	24.00	50.88	75.97	98.05	115.93	131.72
本年利润	32.70	36.63	40.29	43.51	46.13	48.43	50.85
本年股利	28.70	9.75	15.20	21.44	28.24	32.64	34.27
年末未分配利润	24.00	50.88	75.97	98.05	115.93	131.72	148.31
股东权益合计	224.00	250.88	275.97	298.05	315.93	331.72	348.31
净负债及股东权益	320.00	358.40	394.24	425.78	451.33	473.89	497.59

在编制预计利润表和资产负债表时，两个表之间有数据的交换，需要一并考虑。下面以2011年的数据为例，说明主要项目的计算过程：

1. 预计经营利润

(1)"销售收入"根据销售预测的结果填列。

(2)"销售成本""销售、管理费用"以及"折旧与摊销"，使用销售百分比法预计。有关的销售百分比列示在"利润表预测假设"部分。

销售成本 = 448 × 72.8% = 326.14(万元)

销售、管理费用 = 448 × 8% = 35.84(万元)

折旧与摊销费用 = 448 × 6% = 26.88(万元)

(3)"投资收益"需要对投资收益的构成进行具体分析。要区分债权投资收益和股权投资收益。债权投资收益，属于金融活动产生的收益，应作为利息费用的减项，不列入经营收益。股权投资收益，一般可以列入经营性收益。DBC公司投资收益是经营性的，但是数量很小，并且不具有可持续性，故预测时将其忽略。

(4)"资产减值损失"和"公允价值变动收益"，通常不具有可持续性，可以不列入预计利润表。"营业外收入"和"营业外支出"属于偶然损益，不具有可持续性，预测时通常予以忽略。

(5)"经营利润"。

税前经营利润 = 销售收入 − 销售成本 − 销售、管理费用 − 折旧与摊销

= 448 − 326.14 − 35.84 − 26.88 = 159.14(万元)

税前经营利润所得税 = 预计税前经营利润 × 预计所得税率 = 59.14 × 30%

= 17.74(万元)

税后经营利润 = 59.14 − 17.74 = 41.40(万元)

接下来的项目是"利息费用"，其驱动因素是借款利率和借款金额，通常不能根据销售百分比直接预测。短期借款和长期借款的利率已经列入"利润表预测假设"部分，借款的金额需要根据资产负债表来确定。因此，预测工作转向资产负债表。

2. 预计经营资产

(1)"经营现金"。现金资产包括现金及其等价物。现金资产可以分为两部分，一部分是生产经营所必需的持有量，目的是为了应付各种意外支付，它们属于经营现金资产。经营现金的数量因企业而异，需要根据最佳现金持有量确定。确定的方法可见本教材的"现金和有价证券管理"部分。DBC公司的经营现金资产，按销售额的1%预计。另一部分是超额部分的现金，属于金融资产，列为金融负债的减项。经营现金 = 448 × 1% = 4.48(万元)

(2)"经营流动资产"。经营流动资产包括应收账款、存货等项目，可以分项预测，也可以作为一个"经营流动资产"项目预测。预测时使用销售百分比法。有关的销售百分比已列在表10−5的资产负债表"预测假设"部分。经营流动资产 = 448 × 39% = 174.72(万元)

(3)"经营流动负债"。表10−5将"经营流动负债"列在"经营流动资产"之后，是为了显示"经营营运资本"，在这里，经营营运资本是指"经营现金"加上"经营流动资产"减去"经营

流动负债"后的余额。

经营营运资本 =（经营现金 + 经营流动资产）- 经营流动负债
　　　　　 =（4.48 + 174.72）- 44.8 = 134.40（万元）

（4）"经营长期资产"。经营长期资产包括长期股权投资、固定资产、长期应收款等。DBC公司假设长期资产随销售增长，使用销售百分比法预测，其销售百分比为50%。

长期资产 = 448 × 50% = 224.00（万元）

（5）"经营长期负债"。经营长期负债包括无息的长期应付款、专项应付款、递延所得税负债和其他非流动负债。它们需要根据实际情况选择预测方法。不一定使用销售百分比法。DBC公司假设它们数额很小，可以忽略不计。

（6）"净经营资产总计"

净经营资产总计 = 134.40 + 224 = 358.40（万元）

3. 预计融资

预计得出的净经营资产是全部的筹资需要，因此也可以称为"净资本"或"投资资本"。如何筹集这些资本取决于企业的筹资政策。

DBC公司存在一个目标资本结构，即有息负债/净资本为30%，其中短期负债/净资本为20%，长期负债/净资本为10%。企业采取剩余股利政策，需要筹集资金时按目标资本结构配置留存收益（权益资本）和借款（债务资本），剩余的利润分配给股东。如果当期利润小于需要筹集的权益资本，在"应付股利"项目中显示为负值，表示需要向股东筹集的现金（增发新股）数额。如果有剩余现金，按目标资本结构同时减少借款和留存利润，企业不保存多于金融资产。在这种情况下，全部股权现金流量都作为股利分配给股东，股利现金流量和股权现金流量是相同的。

（1）"短期借款"和"长期借款"。根据目标资本结构确定应借款的数额：

短期借款 = 净经营资产 × 短期借款比例 = 358.40 × 20% = 71.68（万元）

长期借款 = 净经营资产 × 长期借款比例 = 358.40 × 10% = 35.84（万元）

（2）内部融资额。根据借款的数额，确定目标资本结构下需要的股东权益：

期末股东权益 = 净经营资产 - 借款合计 = 358.40 -（71.68 + 35.84）= 250.88（万元）

根据期末股东权益比期初股东权益的增加，确定需要的内部筹资数额为：

内部筹资 = 期末股东权益 - 期初股东权益 = 250.88 - 224.00 = 26.88（万元）

企业也可以采取其他融资政策，不同的融资政策会导致不同的融资额预计方法：

4. 预计利息费用

现在有了借款的数额，可以返回利润表，预计利息支出。DBC公司的利息费用是根据当期期末有息债务和预期利率预计的。

利息费用 = 短期借款 × 短期利率 + 长期借款 × 长期利率
　　　　 = 71.68 × 6% + 35.84 × 7% = 4.3008 + 2.5088 = 6.81（万元）

利息费用抵税 = 6.81 × 30% = 2.04（万元）

税后利息费用 = 6.81 - 2.04 = 4.77（万元）

5. 计算净利润

净利润 = 经营净利润 – 净利息费用 = 41.40 – 4.77 = 36.63（万元）

6. 计算股利和年末未分配利润

股利 = 本年净利润 – 股东权益增加 = 36.63 – 26.88 = 9.75（万元）

年末未分配利润 = 年初未分配利润 + 本年净利润 – 股利

= 24 + 36.63 – 9.75 = 50.88（万元）

将"年末未分配利润"数额填入 2001 年的资产负债表相应栏目，然后完成资产负债表其他项目的预计。

年末股东权益 = 股本 + 年末未分配利润 = 200 + 50.88 = 250.88（万元）

净负债及股东权益 = 净负债 + 股东权益 = 107.52 + 250.88 = 358.40（万元）

由于利润表和资产负债表的数据是相互衔接的，要完成 2011 年利润表和资产负债表数据的预测工作，才能转向 2012 年的预测。

（四）预计现金流量

根据预计利润表和资产负债表编制预计现金流量表，只是一个数据转换过程，见表 10 - 9 所示。

表 10 - 9　　　　　　　　DBC 公司的预计现金流量表　　　　　　　　单位：万元

年份	基期	2011	2012	2013	2014	2015	2016
税后经营利润	36.96	41.40	45.53	49.18	52.13	54.73	57.47
加：折旧与摊销	24.00	26.88	29.57	31.93	33.85	35.54	37.32
=经营现金毛流量	60.96	68.28	75.10	81.11	85.98	90.28	94.79
减：经营营运资本增加	14.40	13.44	11.83	9.58	8.46	8.89	
=经营现金净流量	53.88	61.66	69.28	76.40	81.81	85.90	
减：净经营长期资产增加	24.00	22.40	19.71	15.97	14.10	14.81	
折旧与摊销	26.88	29.57	31.93	33.85	35.54	37.32	
=实体现金流量	3.00	9.69	17.64	26.58	32.177	33.78	
融资流动							
税后利息费用	4.77	5.24	5.66	6.00	6.30	6.62	
- 短期借款增加	7.68	7.17	6.31	5.11	4.51	4.74	
- 长期借款增加	3.84	3.58	3.15	2.55	2.26	2.37	
+ 金融资产增加							
=债务融资净流量	-6.75	-5.51	-3.80	-1.66	-0.47	-0.49	
+ 股利分配	9.75	15.20	21.44	28.24	32.64	34.27	
- 股权资本发行	0.00	0.00	0.00	0.00	0.00	0.00	
=股权融资流量	9.75	15.20	21.44	28.24	32.64	34.27	
融资流量合计	3.00	9.69	17.64	26.58	32.17	33.78	

有关项目说明如下：

1. 实体现金流量

（1）经营现金毛流量。经营现金毛流量是指在没有资本支出和经营营运资本变动时，企业可以提供给投资人的现金流量总和。它有时也被称为"常用现金流量"。

经营现金毛流量 = 税后经营利润 + 折旧与摊销 = 41.40 + 26.88 = 68.28（万元）

公式中的"折旧与摊销"，是指在计算利润时已经扣减的固定资产折旧和长期资产摊销数额。

（2）经营现金净流量。经营现金净流量是指经营现金毛流量扣除经营营运资本增加后的剩余现金流量。如果企业没有资本支出，它就是可以提供给投资人（包括股东和债权人）的现金流量。

经营现金净流量 = 经营现金毛流量 − 经营营运资本增加
= 68.28 − 14.40 = 53.88（万元）

（3）实体现金流量。实体现金流量是经营现金净流量扣除资本支出后的剩余部分。它是企业在满足经营活动和资本支出后，可以支付给债权人和股东的现金流量。

实体现金流量 = 经营现金净流量 − 资本支出 = 53.88 − (24 + 26.88) = 3.00（万元）

公式中的"资本支出"，是指用于购置各种长期资产的支出，减去无息长期负债增加额。长期资产包括长期投资、固定资产、无形资产和其他长期资产。无息长期负债包括各种不需要支付利息的长期应付款、专项应付款和其他长期负债等。购置长期资产支出的一部分现金可以由无息长期负债提供，其余的部分必须由企业实体现金流量提供（扣除）。因此，经营净流量扣除了资本支出，剩余部分才可以提供给投资人。

为了简化，本举例假设 DBC 公司没有无息长期负债，因此资本支出等于购置长期资产的现金流出，即等于长期资产增加额与本期折旧与摊销之和。

由于资本支出和经营营运资本增加都是企业的投资现金流出，因此它们的合计称为"本期总投资"。

本期总投资 = 经营营运资本增加 + 资本支出

本年在发生投资支出的同时，还通过"折旧与摊销"收回一部分现金。因此"净"的投资现金流出是本期总投资减去"折旧与摊销"后的剩余部分，称之为"本期净投资"。

本期净投资 = 本期总投资 − 折旧与摊销

本期净投资 = 经营营运资本增加 + 资本支出 − 折旧与摊销
= 14.40 + 50.88 − 26.88 = 38.40（万元）

本期净投资是股东和债权人提供的，可以通过净经营资产的增加来验算。

本期净投资 = 期末净经营资产 − 期初净经营资产
=（期末净负债 + 期末股东权益）−（期初净负债 + 期初股东权益）
= 358.40 − 320 = 38.40（万元）

因此，实体现金流量的公式也可以写成:实体现金流量＝税后经营利润－本期净投资
＝41.40－38.40 ＝3.00(万元)

2. 股权现金流量

股权现金流量与实体现金流量的区别，是它需要再扣除与债务相联系的现金流量。

股权现金流量＝实体现金流量－债权人现金流量

＝实体现金流量－税后利息支出－偿还债务本金＋新借债务

＝实体现金流量－税后利息支出＋债务净增加

2011年股权现金流量＝2.9952－4.7667＋7.68＋3.84＝9.7485(万元)

股权现金流量模型也可以用另外的形式表达:以属于股东的净利润为基础扣除股东的净投资，得出属于股东的现金流量。

股权现金流量＝实体现金流量－债权人现金流量

＝税后经营利润＋折旧与摊销－经营营运资本增加－资本支出－税后利息费用＋债务净增加

＝(利润总额＋利息费用)×(1－税率)－净投资 －税后利息费用＋债务净增加

＝(税后利润＋税后利息费用)－净投资－税后利息费用 ＋债务净增加

＝税后利润－(净投资－债务净增加)

2011年股权现金流量＝36.6285－(38.4－7.68－3.84)＝9.7485(万元)

如果企业按照固定的负债率为投资筹集资本，企业保持稳定的财务结构，"净投资"和"债务净增加"存在固定比例关系，则股权现金流量的公式可以简化为:

股权现金流量＝税后利润－(1－负债率)×净投资

＝税后利润－(1－负债率)×(资本支出－折旧与摊销)

－(1－负债率)×营业流动资产增加

2011年股权现金流量＝36.6285－(1－30%)×38.4＝9.7485(万元)

该公式表示，税后净利是属于股东的，但要扣除净投资。净投资中股东负担部分是"(1－负债率)×净投资"，其他部分的净投资由债权人提供。税后利润减去股东负担的净投资，剩余的部分成为股权现金流量。

3. 融资现金流量

融资现金流量包括债务融资净流量和股权融资净流量两部分。

(1)债务融资净流量。

债务融资净流量＝税后利息支出＋偿还债务本金(或－债务增加)＋超额金融资产增加

＝4.77－7.68－3.84 ＝－6.75(万元)

(2)股权融资净流量。

股权融资净流量＝股利分配－股权资本发行＝9.75－0＝9.75(万元)

(3)融资流量合计。

融资流量合计 = 债务融资净流量 + 股权融资净流量 = -6.75 + 9.75 = 3.00(万元)

4. 现金流量的平衡关系

由于企业提供的现金流量就是投资人得到的现金流量，因此它们应当相等。"实体现金流量"是从企业角度观察的，企业产生剩余现金用正数表示，企业吸收投资人的现金则用负数表示。"融资现金流量"是从投资人角度观察的实体现金流量，投资人得到现金用正数表示，投资人提供现金则用负数表示。实体现金流量应当等于融资现金流量。

现金流量的这种平衡关系，给我们提供了一种检验现金流量计算是否正确的方法。

(五)后续期现金流量增长率的估计

后续期价值的估计方法有许多种，包括永续增长模型、经济利润模型、价值驱动因素模型、价格乘数模型、延长预测期法、账面价值法、清算价值法和重置成本法等。这里只讨论现金流量折现的永续增长模型。

永续增长模型如下：

后续期价值 = 现金流量 / (资本成本 - 现金流量增长率)

现金流量的预计在前面已经讨论过，这里说明现金流量增长率估计。

在稳定状态下，实体现金流量、股权现金流量和销售收入的增长率相同，因此，可以根据销售增长率估计现金流量增长率。

我们先看一下 DBC 公司的例子，它在 2016 年进入永续增长阶段。如果我们把预测期延长到 2020 年，就会发现后续期的销售增长率、实体现金流量增长率和股权现金流量增长率是相同的(见表 10-10)。

表 10-10　　　　　　　　　　　　　单位：万元

年份	2016	2017	2018	2019	2020
税后经营利润	57.47	60.34	63.36	66.53	69.86
加：折旧与摊销	37.32	39.18	41.14	43.20	45.36
=经营现金毛流量	94.79	99.53	104.51	109.73	115.22
减：经营资产净增加	23.69	24.88	26.12	27.43	28.80
折旧与摊销	37.32	39.18	41.14	43.00	45.36
=实体现金流量	33.78	35.47	37.24	39.10	41.06
融资流动					
税后利息费用	6.62	6.95	7.30	7.66	8.04
-短期借款增加	4.74	4.98	5.22	5.49	5.76
-长期借款增加	2.37	2.49	2.61	2.74	2.88
=债权人现金流量	-0.49	-0.52	-0.54	-0.57	-0.60
+股利分配	34.27	35.98	37.78	39.67	41.65

续表

年份	2016	2017	2018	2019	2020
－股权资本发行	0.00	0.00	0.00	0.00	0.00
＝股权现金流量	34.27	35.98	37.78	39.67	41.65
融资流量合计	33.78	35.47	37.24	39.10	41.06
现金流量增长率					
实体现金流量增长率(%)	5	5	5	5	5
债权人现金流量增长率(%)	5	5	5	5	5
股权现金流量增长率(%)	5	5	5	5	5

为什么这三个增长率会相同呢？因为在"稳定状态下"，经营效率和财务政策不变，即资产息前税后经营利润率、资本结构和股利分配政策不变，财务报表将按照稳定的增长率在扩大的规模上被复制。影响实体现金流量和股权现金流量的各因素都与销售额同步增长，因此现金流量增长率与销售增长率相同。那么，销售增长率如何估计呢？

根据竞争均衡理论，后续期的销售增长率大体上等于宏观经济的名义增长率。如果不考虑通货膨胀因素，宏观经济的增长率大多在2%～6%。

极少数企业凭借其特殊的竞争优势，可以在较长时间内超过宏观经济增长率。判定一个企业是否具有特殊的、可持续的优势，应当掌握具有说服力的证据，并且被长期的历史所验证。即使是具有特殊优势的企业，后续期销售增长率超过宏观经济的幅度也不会超过2%。绝大多数可以持续生存的企业，其销售增长率可以按宏观经济增长率估计。DBC公司就属于这种情况，我们假设其永续增长率为5%。

单纯从后续期估价模型看，似乎增长率的估计很重要，其实后续期增长率估计的误差对企业价值影响很小。千万不要忘记永续增长要求有永续的资本支出来支持，较高的永续增长率要求较高的资本支出和增加较多的经营营运资本。本期净投资会减少实体现金流量，模型的分子(现金流量)和模型的分母(资本成本与增长率的差额)均减少，对分数值的影响很小。有时候，改变后续期的增长率甚至对企业价值不产生任何影响。问题在于新增投资产生的回报率是否可以超过现有的回报率。由于竞争的均衡趋势限制了企业创造超额利润的能力，使其回报率与资本成本接近，每个新项目的净现值会逐步趋近于零。在这种情况下，销售增长并不提高企业的价值，是"无效的增长"。

(六)企业价值的计算

1.实体现金流量模型

续前例：假设DBC公司的加权平均资本成本是12%，用它折现实体现金流量可以得出企业实体价值，扣除债务价值后可以得出股权价值。有关计算过程如表10-11所示。

表 10-11　　　　　　　　DBC 公司的实体现金流量折现　　　　　　　单位:万元

年份	基期	2011	2012	2013	2014	2015
实体现金流量		3.00	9.69	17.64	26.58	32.17
平均资本成本(%)		12.00	12.00	12.00	12.00	12.00
折现系数(12%)		0.8929	0.7972	0.7118	0.6355	0.5674
预测期现金流量现值	58.10	2.67	7.73	12.55	16.89	18.25
后续期增长率	5.00%					
期末现金流量现值	273.80					482.55
总价值	331.90					
债务价值	96.00					
股权价值	235.90					

预测期现金流量现值 = ∑各期现金流量现值 = 58.10(万元)

后续期终值 = 现金流量 ×(t+1)÷(资本成本 - 现金流量增长率)

　　　　　　= 32.17×(1+5%)÷(12%-5%) = 482.55(万元)

后续期现值 = 后续期终值 × 折现系数 = 482.55×0.5674 = 273.80(万元)

企业实体价值 = 预测期现金流量现值 + 后续期现值 = 58.10 + 273.80 = 331.90(万元)

股权价值 = 实体价值 - 债务价值 = 331.90 - 96 = 235.90(万元)

估计债务价值的标准方法是折现现金流量法,最简单的方法是账面价值法。本例采用账面价值法。

2. 股权现金流量模型

假设 DBC 公司的股权资本成本是 15.0346%,用它折现股权现金流量,可以得到企业股权的价值。有关计算过程如表 10-12 所示。

表 10-12　　　　　　　　DBC 公司的股权现金流量折现　　　　　　　单位:万元

年份	基期	2011	2012	2013	2014	2015
股权现金流量		9.75	15.20	21.44	28.24	32.64
股权成本(%)		15.0346	15.0346	15.0346	15.0346	15.0346
折现系数		0.8693	0.7557	0.6569	0.5711	0.4964
预测期现金流量现值	66.38	8.47	11.49	14.08	16.13	16.20
(后续期现金流量增长率)						5%
+ 残值现值	169.52					341.49
= 股权价值	235.90					
+ 债务价值	96.00					
= 公司价值	331.90					

三、现金流量模型的应用

(一)股权现金流量模型的应用

股权现金流量模型分为三种类型:永续增长模型、两阶段增长模型和三阶段增长模型。

1. 永续增长模型

永续增长模型假设企业未来长期稳定、可持续的增长。在永续增长的情况下,企业价值是下期现金流量的函数。永续增长模型的一般表达式如下:

$$股权价值 = \frac{下期股权现金流量}{股权资本成本 - 永续增长率}$$

永续增长模型的特例是永续增长率等于零,即零增长模型。

$$股权价值 = \frac{下期股权现金流量}{股权资本成本}$$

永续增长模型的使用条件:企业必须处于永续状态。所谓永续状态是指企业有永续的增长率和投资资本回报率。使用永续增长模型,企业价值对增长率的估计值很敏感,当增长率接近折现率时,股票价值趋于无限大。因此,对于增长率和股权成本的预测质量要求很高。

【例10-7】A公司是一个规模较大的跨国公司,目前处于稳定增长状态。2011年每股净利润为13.7元。根据全球经济预期,长期增长率为6%。预计该公司的长期增长率与宏观经济相同。为维持每年6%的增长率,需要每股股权本年净投资11.2元。据估计,该企业的股权资本成本为10%。请计算该企业2011年每股股权现金流量和每股股权价值。

每股股权现金流量 = 每股净利润 - 每股股权本年净投资 = 13.7 - 11.2 = 2.5(元/股)

每股股权价值 = (2.5 × 1.06) ÷ (10% - 6%) = 66.25(元/股)

如果估计增长率为8%,而本年净投资不变,则股权价值发生很大变化:

每股股权价值 = (2.5 × 1.08) ÷ (10% - 8%) = 135(元/股)

如果考虑到为支持8%的增长率需要增加本年净投资,则股权价值不会增加很多。假设每股股权本年净投资需要相应地增加到12.4731元,则股权价值为:

每股股权现金流量 = 13.7 - 12.4731 = 1.2269(元/股)

每股股权价值 = (1.2269 × 1.08) ÷ (10% - 8%) = 66.25(元/股)

因此,在估计增长率时一定要考虑与之相适应的本年净投资。

2. 两阶段增长模型

两阶段增长模型的一般表达式:

股权价值 = 预测期股权现金流量现值 + 后续期价值的现值

假设预测期为n,则

$$股权价值 = \sum_{t=1}^{n} 股利现金流量_t (1 + 股权资本成本)^t$$

$$+\frac{股利现金流量_{n+1}\div(股权资本成本-永续增长率)}{(1+股权资本成本)^n}$$

两阶段增长模型适用于增长呈现两个阶段的企业。第一个阶段为超常增长阶段,增长率明显快于永续增长阶段;第二个阶段具有永续增长的特征,增长率比较低,是正常的增长率。

【例10-8】B公司是一个高技术企业,具有领先同业的优势。2010年每股销售收入20元,预计2011—2015年的销售收入增长率维持在20%的水平。到2016年增长率下滑到3%。目前该公司经营营运资本占销售收入的40%,销售增长时可以维持不变。目前每股资本支出3.7元,每股折旧费1.7元,为支持销售每年增长20%,资本支出需同比增长,折旧费也会同比增长。净资本中净负债占10%,销售增长时维持此资本结构不变。目前每股净利润4元,预计与销售同步增长。

2010年该企业的β值为1.3,稳定阶段的β值为1.1。国库券的利率为3%,市场组合的预期报酬率为12.2308%。

要求:计算目前的股票价值。计算过程显示在表10-13中。

表10-13　　　　　　　　B企业的股票价值评估　　　　　　　　单位:万元

年 份	2010	2011	2012	2013	2014	2015	2016
经营营运资本增加							
收入增长率(%)		20	20	20	20	20	3
每股收入	20.00	24.00	28.80	34.56	41.47	49.77	51.26
经营营运资本/收入(%)	40	40	40	40	40	40	40
经营营运资本	8.00	9.60	11.52	13.82	16.59	19.91	20.50
经营营运资本增加	1.33	1.60	1.92	2.30	2.76	3.32	0.60
每股股权本年净投资							
资本支出	3.70	4.44	5.33	6.39	7.67	9.21	9.48
减:折旧	1.70	2.04	2.45	2.94	3.53	4.23	4.36
加:经营营运资本增加	1.33	1.00	1.92	2.30	2.76	3.32	0.60
=实体本年净投资	3.33	4.00	4.80	5.76	6.91	8.29	5.72
×(1-负债比例)(%)	90	90	90	90	90	90	90
=股权本年净投资	3.00	3.60	4.32	5.18	6.22	7.46	5.15
每股股权现金流量							
净利润	4.00	4.80	5.76	6.91	8.29	9.95	10.25
-股权本年净投资	3.00	3.60	4.32	5.18	6.22	7.46	5.15
=股权现金流量	1.00	1.20	1.44	1.73	2.07	2.49	5.10
股权成本							

续表

年 份	2010	2011	2012	2013	2014	2015	2016
无风险利率(%)		3	3	3	3	3	3
市场组合报酬率(%)		12.23	12.23	12.23	12.23	12.23	12.23
β		1.30	1.30	1.30	1.30	1.30	1.10
股权资本成本(%)		15.00	15.00	15.00	15.00	15.00	13.15
每股股权价值计算							
股权现金流量		1.20	1.44	1.73	2.07	2.49	5.10
折现系数		0.8696	0.7561	0.6575	0.5718	0.4972	0.4394
预测期现值	5.69	1.04	1.09	1.14	1.19	1.24	
后续期价值	24.98					50.24	
股权价值合计	30.67						

各项数据的计算过程简要说明如下:

(1)根据给出资料确定各年的增长率:有限预测期增长率20%,后续期增长率3%。

(2)计算各年销售收入:本年收入=上年收入×(1+增长率)。

(3)计算经营营运资本:经营营运资本=本年收入×经营营运资本百分比。

(4)计算经营营运资本增加额:经营营运资本增加=本年经营营运资本-上年经营营运资本。

(5)计算本年净投资:本年净投资=资本支出-折旧+经营营运资本增加其中,各年的资本支出和折旧费按收入的增长率递增。

(6)计算股权本年净投资:股权本年净投资=实体本年净投资×(1-负债比例)。

(7)计算股权现金流量:股权现金流量-净利润-股权本年净投资。

(8)计算资本成本:

第一阶段的资本成本=3%+1.3×(12.2308%-3%)=15%

第二阶段的资本成本=3%+1.1×(12.2308%-3%)=13.1538%

(9)计算企业价值:

后续期终值=后续期第一年现金流量/(资本成本-永续增长率)

$=5.1011 \div (13.1538\% - 3\%) = 50.24$(元/股)

后续期现值$=50.24 \times 0.4972 = 24.98$(元/股)

预测期现值$= \sum$现金流量×折现系数$=5.69$(元/股)

每股股权价值$=24.98+5.69=30.67$(元/股)

3. 三阶段增长模型

三阶段增长模型包括一个高速增长阶段、一个增长率递减的转换阶段和一个永续增长的稳定阶段。股权价值=增长期现金流量现值+转换期现金流量现值+后续期现金流量现值

$$= \sum_{t=1}^{n} \frac{增长期现金流量_t}{(1+资本成本)^t} + \sum_{t=n+1}^{n+m} \frac{转换期现金流量_t}{(1+资本成本)^t}$$

$$+\frac{\text{后续期现金流量}_{n+m+1} \div (\text{资本成本} - \text{永续增长率})}{(1+\text{资本成本})^{n+m}}$$

模型的使用条件是被评估企业的增长率应当与模型假设的三个阶段特征相符。

【例10-9】C企业2010年的有关数据如下:销售收入每股10元,每股净收益占收入的25%,每股资本支出1.2元,每股折旧0.70元,每股经营营运资本4元。

预计2011—2015年期间每股销售收入增长率可以保持在33%的水平。2016—2020年增长率按算术级数均匀减少至6%,2021年及以后保持6%的增长率不变。该企业在经营中没有负债,预计将来也不利用负债。资本支出、折旧与摊销、经营营运资本、每股净收益等与销售收入的增长率相同。

2011—2015年的β值为1.25,2016年开始每年按算术级数均匀下降,2020年降至1.1,并可以持续。已知无风险利率为7%,股票投资的平均风险补偿率为5.5%。要求:估计该企业股票的价值。

有关的计算过程已经显示在表10-11中,其他的有关说明如下:

(1)增长率。

高增长阶段每年增长33%。

转换阶段每年增长率递减 = (33% - 6%) ÷ 5 = 5.4%

2016年的增长率 = 33% - 5.4% = 27.6%

以下年度的增长率可以类推。

(2)本年净投资。

本年净投资 = 资本支出 - 折旧 + 经营营运资本增加

2011年本年净投资 = 1.596 - 0.9310 + 1.32 = 1.985(元)

以下各年按此类推。

(3)股权现金流量。

股权现金流量 = 每股净收益 - 每股股权本年净投资

2011年股权现金流量 = 3.325 - 1.985 = 1.34(元)

以下各年按此类推。

(4)资本成本。

高增长阶段的资本成本 = 7% + 1.25 × 5.5% = 13.675%

转换阶段的资本成本每年递减 = (13.875% - 13.05%) ÷ 5 = 0.165%

转换阶段的资本成本也可以先计算各年的β值:

转换阶段β的递减 = (1.25 - 1.1) ÷ 5 = 0.03

然后,再用资本资产定价模型,分别计算各年的资本成本:

2016年的β = 1.25 - 0.03 = 1.22

2016年的资本成本 = 7% + 1.22 × 5.5% = 13.71%

稳定阶段的资本成本 = 7% + 1.1 × 5.5% = 13.05%

(5) 折现系数。折现系数需要根据资本成本逐年滚动计算。

某年折现系数 = 上年折现系数/(1 + 本年资本成本)

2011年折现系数 = 1 ÷ (1 + 13.1875%) = 0.8782

2012年折现系数 = 0.8782 ÷ (1 + 13.875%) = 0.7712

以下各年按此类推。

(6) 各阶段的价值。

高增长阶段的现值 = 各年现金流量折现求和 = 8.22(元/股)

转换阶段的现值 = 各年现金流量折现求和 = 18.62(元/股)

后续阶段的终值 = 15.8733 × (1 + 6%)/(13.05% - 6%)
= 238.66(元/股)

后续阶段的现值 = 238.66 × 0.2787 = 66.51(元/股)

每股价值 = 8.22 + 18.62 + 66.51 = 93.35(元/股)

表10-14 C企业的股票价值的估计 单位:万元

年份	2010	2011	2012	2013	2014	2015	2016	2017	2018	2019	2020
销售增长率(%)		33.0	33.0	33.0	33.0	33.0	27.6	22.2	16.8	11.4	6.0
每股收入	10.00	13.30	17.69	23.53	31.29	41.62	53.10	64.89	75.79	84.43	89.50
净收益/收入(%)		25	25	25	25	25	25	25	25	25	25
每股净收益	2.50	3.33	4.42	5.88	7.82	10.40	13.28	16.22	18.95	21.11	22.37
资本支出	1.20	1.60	2.12	2.82	3.75	4.99	6.37	7.79	9.10	10.13	10.74
减:折旧	0.70	0.93	1.24	1.65	2.19	2.91	3.72	4.54	5.31	5.91	6.26
(经营营运资本)	4.00	5.32	7.08	9.41	12.52	16.65	21.24	25.96	30.32	33.77	35.80
加:经营营运资本增加		1.32	1.76	2.33	3.11	4.13	4.59	4.72	4.36	3.46	2.03
= 本年经投资		1.99	2.64	3.51	4.67	6.21	7.25	7.96	8.15	7.68	6.50
股权自由现金流量		1.34	1.78	2.37	3.15	4.19	6.03	8.26	10.80	13.43	15.87
β		1.25	1.25	1.25	1.25	1.25	1.22	1.19	1.16	1.13	1.10
无风险利率(%)		7.0	7.0	7.0	7.0	7.0	7.0	7.0	7.0	7.0	7.0
风险补偿率(%)		5.5	5.5	5.5	5.5	5.5	5.5	5.5	5.5	5.5	5.5
股权资本成本(%)		13.875	13.875	13.875	13.875	13.710	13545	13.380	13.215	13.050
折现系数		0.8782	0.7712	0.6672	0.5947	0.5222	0.4593	0.4045	0.3567	0.3151	0.2787
高成长期现值	8.22	1.18	1.37	1.61	1.87	2.19					
转换期现值	18.62						2.77	3.34	3.85	4.23	4.42
后续期现值	66.51										238.66
每股价值	93.35										

(二)实体现金流量模型的应用

在实务中大多使用尸体现金流量模型。主要原因是股权成本受资本结构的影响较大,估计起来比较复杂。债务增加时,风险上升,股权成本会上升,而上升的幅度不容易测定。加权平均资本成本受资本结构的影响较小,比较容易估计。债务成本较低,增加债务比重是加权平均资本成本下降。与此同时,债务增加使风险增加,股权成本上升,使得加权平均资本成本上升。在无税和交易成本的情况下,债务成本的下降也会大部分被股权成本的上升所抵消,平均资本成本对资本结构变化不敏感,估计起来比较容易。

实体现金流量模型,如同股权现金流量模型一样,也可以分为三种类型:

永续增长模型

$$实体价值 = \frac{下期实体现金流量}{加权平均资本成本 - 永续增长率}$$

2. 两阶段增长模型

实体价值 = 预测期实体现金流量现值 + 后续期价值的现值

设预测期为 n,则:

$$实体价值 = \sum_{t=1}^{n} \frac{实体现金流量_t}{(1 + 加权平均资本成本)^t}$$

$$+ \frac{实体现金流量_{n+1} \div (加权平均资本成本 - 永续增长率)}{(1 + 加权平均资本成本)^n}$$

3. 三阶段增长模型

设成长期为 n,转换期为 m,则:

$$实体价值 = \sum_{t=1}^{n} \frac{成长期实体现金流量_t}{(1 + 加权平均资本成本)^t}$$

$$+ \sum_{t=n+1}^{n+m} \frac{转换期实体现金流量_t}{(1 + 加权平均资本成本)^t}$$

$$+ \frac{后续期实体现金流量_{n+m+1} \div (资本成本 - 永续增长率)}{(1 + 平均资本成本)^{n+m}}$$

实体现金流量折现的上述三种模型,在形式上分别与股权现金流量折现的三种模型一样,只是输入的参数不同。实体现金流量代替股权现金流量,加权平均资本成本代替股权资本成本。

三种类型的实体现金流量模型的使用条件,分别与三种股权现金流量模型类似。

下面通过一个例子说明实体现金流量模型的应用。

【例10-10】D企业刚刚收购了另一个企业,由于收购借入巨额资金,使得财务杠杆很高。2010年年底投资资本总额为6500万元,其中有息债务4650万元,股东权益1850万元,净资本的负债率超过70%。目前发行在外的股票有1000万股,每股市价12元;固定资产净值4000万元,经营营运资本2500万元;本年销售额10000万元,税前经营利润1500

万元,税后借款利息200万元。

预计2011—2015年销售增长率为8%,2016年增长率减至5%,并且可以持续。

预计税后经营利润、固定资产净值、经营营运资本对销售的百分比维持2010年的水平。所得税税率和债务税后利息率均维持2010年的水平。借款利息按上年末借款余额和预计利息率计算。

企业的融资政策:在归还借款以前不分配股利,全部多余现金用于归还借款。归还全部借款后,剩余的现金全部发放股利。

当前的加权平均资本成本为11%,2016年及以后年份资本成本降为10%。

企业平均所得税税率为30%,借款的税后利息率为5%。债务的市场价值按账面价值计算。

要求:通过计算分析,说明该股票被市场高估还是低估了。预测期现金流量的现值计算过程如表10-15所示。

表10-15 D企业预测期现金流量的现值计算   单位:万元

年份	2010	2011	2012	2013	2014	2015	2016
利润表假设							
销售增长率		0.08	0.08	0.08	0.08	0.08	0.05
税前经营利润率	0.15	0.15	0.15	0.15	0.15	0.15	0.15
所得税率	0.30	0.30	0.30	0.30	0.30	0.30	0.30
债务税后利息率	0.05	0.05	0.05	0.05	0.05	0.05	0.05
利润表项目							
销售收入	10 000	10 800.00	11 664.00	12 597.12	13 604.89	14 693.28	15 427.94
税前经营利润	1 500	1 620.00	1 749.60	1 889.57	2 040.73	2 203.99	2 314.19
税后经营利润	1 050	1 134.00	1 224.72	1 322.70	1 428.51	1 542.79	1 619.93
税后借款利息	200	232.50	213.43	190.94	164.68	134.24	99.18
净利润	850	901.50	1 011.30	1 131.76	1 263.83	1 408.55	1 520.75
减:应付普通股股利	0	0.00	0.00	0.00	0.00	0.00	0.00
本期利润留存	850	901.50	1 011.30	1 131.76	1 263.83	1 408.55	1 520.75
资产负债表假设							
经营营运资本净额/销售	0.25	0.25	0.25	0.25	0.25	0.25	0.25
固定资产/销售收入	0.40	0.40	0.40	0.40	0.40	0.40	0.40

续表

资产负债项目							
经营营运资本净额	2 500	2 700.00	2 916.00	3 149.28	3 401.22	3 673.32	3 856.99
固定资产净值	4 000	4 320.00	4 665.60	5 038.85	5 441.96	5 877.31	6 171.18
净资本总计	6 500	7 020.00	7 581.00	8 188.13	8 843.18	9 550.63	10 028.16
有息债务	4 650	4 268.50	3 818.81	3 293.58	2 684.79	1 983.69	940.47
股本	1 000	1 000.00	1 000.00	1 000.00	1 000.00	1 000.00	1 000.00
年初未分配利润	0	850.00	1 751.50	2 762.80	3 894.55	5 158.39	6 566.94
本期利润留存	850	901.50	1 011.30	1 131.76	1 263.83	1 408.55	1 520.75
年末未分配利润	850	1 751.50	2 762.80	3 894.55	5 158.39	6 566.94	8 087.69
股东权益合计	1 850	2 751.50	3 762.80	4 894.55	6 158.39	7 566.94	9 087.69
净负债及股东权益	6 500	7 020.00	7 581.60	8 188.13	8 843.18	9 550.63	10 028.16
现金流量							
税后经营利润		1 134.00	1 224.72	1 322.70	1 428.51	1 542.79	1 619.93
－本年净投资		520.00	561.00	606.53	6S5.05	707.45	177.53
＝实体现金流量		614.00	663.12	716.17	773.46	835.34	1 142.40
资本成本		0.11	0.11	0.11	0.11	0.11	0.10
折现系数		0.9009	0.8116	0.7312	0.6587	0.5935	0.5395
成长期现值	2 620.25	553.15	538.20	523.66	509.50	495.73	616.33
后续期现值	13 559.21					22 848.05	
实体价值合计	16 179.46						
债务价值	4 650.00						
股权价值	11 529.46						
股数	1 000.00						
每股价值	11.53						

下面以2011年数据为例，说明各项目的计算过程：

销售收入＝上年销售收入×(1＋增长率)＝10 000×(1＋8%)＝10 800(万元)

税前经营利润＝销售收入×税前经营利润率＝10 800×15%＝1 620(万元)

税后经营利润＝税前经营利润×(1－所得税税率)＝1 620×(1－30%)
＝1 134(万元)

税后借款利息＝年初有息债务×借款税后利息率＝4 650×5%＝232.50(万元)

净利润 = 税后经营利润 – 税后利息 = 1 134 – 232.50 = 901.50(万元)

经营营运资本 = 销售收入 ×(经营营运资本/销售)= 10 800 × 25% = 2 700(万元)

固定资产 = 销售收入 ×(固定资产/销售收入)= 10 800 × 40% = 4 320(万元)

本年净投资 = 年末净资本 – 年初净资本 = 7 020 – 6 500 = 520(万元)

归还借款 = 利润留存 – 本年净投资 = 901.50 – 520 = 381.50(万元)

有息债务 = 年初有息债务 – 归还借款 = 4 650 – 381.5 = 4 268.5(万元)

实体现金流量 = 息前税后经营利润 – 本年净投资 = 1 134 – 520 = 614(万元)

预测期现金流量现值合计 = 2 620.25(万元)

后续期终值 = 1 142.40 ÷(10% – 5%)= 22 848.05(万元)

后续期现值 = 22 848.05 ×(1 + 11%)– 5 = 13 559.21(万元)

企业实体价值 = 2 620.25 + 13 559.21 = 16 179.46(万元)

股权价值 = 实体价值 – 债务价值 = 16 179.46 – 4 650 = 11 529.46(万元)

每股价值 = 11 529.46 ÷ 1 000 = 11.53(元/股)

该股票目前市价为每股 12 元,所以它被市场高估了。

【本章小结】

本章主要介绍了企业价值评估的方法、相对价值模型理论和现金流量折现模型的运行,主要包括:

企业价值评估的三种方法:成本法、收益法和市场法,分析了三种方法的条件和局限性。

相对价值模型主要学习了市盈率法、市净率、收入乘数比例模型和各种方法的优缺点。

现金流量折现模型主要介绍了现金流量模型的公式,折现模型有股利现金流量模型、股权现金流量模型和实体现金流量模型。

【学习思考】

1. 企业价值评估的方法有哪些?各个方法的优缺点是什么?
2. 现金流量模型方法的计算公式是什么?
3. 企业价值评估的意义是什么?
4. 企业价值评估的类型有哪些?

附录

年金现值系数表(PVIFA 表)

n	1%	2%	3%	4%	5%	6%	8%	10%	12%	14%	15%	16%	18%	20%	22%	24%	25%	30%	35%	40%	45%	50%
1	0.99	0.98	0.97	0.961	0.952	0.943	0.925	0.909	0.892	0.877	0.869	0.862	0.847	0.833	0.819	0.806	0.799	0.769	0.74	0.714	0.689	0.666
2	1.97	1.941	1.913	1.886	1.859	1.833	1.783	1.735	1.69	1.646	1.625	1.605	1.565	1.527	1.491	1.456	1.44	1.36	1.289	1.224	1.165	1.111
3	2.94	2.883	2.828	2.775	2.723	2.673	2.577	2.486	2.401	2.321	2.283	2.245	2.174	2.106	2.042	1.981	1.952	1.816	1.695	1.588	1.493	1.407
4	3.901	3.807	3.717	3.629	3.545	3.465	3.312	3.169	3.037	2.913	2.854	2.798	2.69	2.588	2.493	2.404	2.361	2.166	1.996	1.849	1.719	1.604
5	4.853	4.713	4.579	4.451	4.329	4.212	3.992	3.79	3.604	3.433	3.352	3.274	3.127	2.99	2.863	2.745	2.689	2.435	2.219	2.035	1.875	1.736
6	5.795	5.601	5.417	5.242	5.075	4.917	4.622	4.355	4.111	3.888	3.784	3.684	3.497	3.325	3.166	3.02	2.951	2.642	2.385	2.167	1.983	1.824
7	6.728	6.471	6.23	6.002	5.786	5.582	5.206	4.868	4.563	4.288	4.16	4.038	3.811	3.604	3.415	3.242	3.161	2.802	2.507	2.262	2.057	1.882
8	7.651	7.325	7.019	6.732	6.463	6.209	5.746	5.334	4.967	4.638	4.487	4.343	4.077	3.837	3.619	3.421	3.328	2.924	2.598	2.33	2.108	1.921
9	8.566	8.162	7.786	7.435	7.107	6.801	6.246	5.759	5.328	4.946	4.771	4.606	4.303	4.03	3.786	3.565	3.463	3.019	2.665	2.378	2.143	1.947
10	9.471	8.982	8.53	8.11	7.721	7.36	6.71	6.144	5.65	5.216	5.018	4.833	4.494	4.192	3.923	3.681	3.57	3.091	2.715	2.413	2.168	1.965
11	10.367	9.786	9.252	8.76	8.306	7.886	7.138	6.495	5.937	5.452	5.233	5.028	4.656	4.327	4.035	3.775	3.656	3.147	2.751	2.438	2.184	1.976
12	11.255	10.575	9.954	9.385	8.863	8.383	7.536	6.813	6.194	5.66	5.42	5.197	4.793	4.439	4.127	3.851	3.725	3.19	2.779	2.455	2.196	1.984
13	12.133	11.348	10.634	9.985	9.393	8.852	7.903	7.103	6.423	5.842	5.583	5.342	4.909	4.532	4.202	3.912	3.78	3.223	2.799	2.468	2.204	1.989
14	13.003	12.106	11.296	10.563	9.898	9.294	8.244	7.366	6.628	6.002	5.724	5.467	5.008	4.61	4.264	3.961	3.824	3.248	2.814	2.477	2.209	1.993
15	13.865	12.849	11.937	11.118	10.379	9.712	8.559	7.606	6.81	6.142	5.847	5.575	5.091	4.675	4.315	4.001	3.859	3.268	2.825	2.483	2.213	1.995
16	14.717	13.577	12.561	11.652	10.837	10.105	8.851	7.823	6.973	6.265	5.954	5.668	5.162	4.729	4.356	4.033	3.887	3.283	2.833	2.488	2.216	1.996
17	15.562	14.291	13.166	12.165	11.274	10.477	9.121	8.021	7.119	6.372	6.047	5.748	5.222	4.774	4.39	4.059	3.909	3.294	2.839	2.491	2.218	1.997
18	16.398	14.992	13.753	12.659	11.689	10.827	9.371	8.201	7.249	6.467	6.127	5.817	5.273	4.812	4.418	4.079	3.927	3.303	2.844	2.494	2.219	1.998
19	17.226	15.678	14.323	13.133	12.085	11.158	9.603	8.364	7.365	6.55	6.198	5.877	5.316	4.843	4.441	4.096	3.942	3.31	2.847	2.495	2.22	1.999
20	18.045	16.351	14.877	13.59	12.462	11.469	9.818	8.513	7.469	6.623	6.259	5.928	5.352	4.869	4.46	4.11	3.953	3.315	2.85	2.497	2.22	1.999
21	18.856	17.011	15.415	14.029	12.821	11.764	10.016	8.648	7.562	6.686	6.312	5.973	5.383	4.891	4.475	4.121	3.963	3.319	2.851	2.497	2.221	1.999
22	19.66	17.658	15.936	14.451	13.163	12.041	10.2	8.771	7.644	6.742	6.358	6.011	5.409	4.909	4.488	4.129	3.97	3.322	2.853	2.498	2.221	1.999
23	20.455	18.292	16.443	14.856	13.488	12.303	10.371	8.883	7.718	6.792	6.398	6.044	5.432	4.924	4.498	4.137	3.976	3.325	2.854	2.498	2.221	1.999
24	21.243	18.913	16.935	15.246	13.798	12.55	10.528	8.984	7.784	6.835	6.433	6.072	5.45	4.937	4.507	4.142	3.981	3.327	2.855	2.499	2.221	1.999
25	22.023	19.523	17.413	15.622	14.093	12.783	10.674	9.077	7.843	6.872	6.464	6.097	5.466	4.947	4.513	4.147	3.984	3.328	2.855	2.499	2.222	1.999
26	22.795	20.121	17.876	15.982	14.375	13.003	10.809	9.16	7.895	6.906	6.49	6.118	5.48	4.956	4.519	4.151	3.987	3.329	2.855	2.499	2.222	1.999
27	23.559	20.706	18.327	16.329	14.643	13.21	10.935	9.237	7.942	6.935	6.513	6.136	5.491	4.963	4.524	4.154	3.99	3.33	2.856	2.499	2.222	1.999
28	24.316	21.281	18.764	16.663	14.898	13.406	11.051	9.306	7.984	6.96	6.533	6.152	5.501	4.969	4.528	4.156	3.992	3.331	2.856	2.499	2.222	1.999
29	25.065	21.844	19.188	16.983	15.141	13.59	11.158	9.369	8.021	6.983	6.55	6.165	5.509	4.974	4.531	4.158	3.993	3.331	2.856	2.499	2.222	1.999
30	25.807	22.396	19.6	17.292	15.372	13.764	11.257	9.426	8.055	7.002	6.565	6.177	5.516	4.978	4.533	4.16	3.995	3.332	2.856	2.499	2.222	1.999
40	32.834	27.355	23.114	19.792	17.159	15.046	11.924	9.779	8.243	7.105	6.641	6.233	5.548	4.996	4.543	4.165	3.999	3.333	2.857	2.499	2.222	1.999
50	39.196	31.423	25.729	21.482	18.255	15.761	12.233	9.914	8.304	7.132	6.66	6.246	5.554	4.999	4.545	4.166	3.999	3.333	2.857	2.499	2.222	1.999

年金终值系数表(FVIFA 表)

n	1%	2%	3%	4%	5%	6%	7%	8%	9%	10%	11%	12%	13%	14%	15%	16%	17%	18%	19%	20%	25%	30%
1	1	1	1	1	1	1	1	1	1	1	1	1	1	1	1	1	1	1	1	1	1	1
2	2.01	2.02	2.03	2.04	2.05	2.06	2.07	2.08	2.09	2.1	2.11	2.12	2.13	2.14	2.15	2.16	2.17	2.18	2.19	2.2	2.25	2.3
3	3.03	3.06	3.091	3.122	3.153	3.184	3.215	3.246	3.278	3.31	3.342	3.374	3.407	3.44	3.473	3.506	3.539	3.572	3.606	3.64	3.813	3.99
4	4.06	4.122	4.184	4.246	4.31	4.375	4.44	4.506	4.573	4.641	4.71	4.779	4.85	4.921	4.993	5.066	5.141	5.215	5.291	5.368	5.766	6.187
5	5.101	5.204	5.309	5.416	5.526	5.637	5.751	5.867	5.985	6.105	6.228	6.353	6.48	6.61	6.742	6.877	7.014	7.154	7.297	7.442	8.207	9.043
6	6.152	6.308	6.468	6.633	6.802	6.975	7.153	7.336	7.523	7.716	7.913	8.115	8.323	8.536	8.754	8.977	9.207	9.442	9.683	9.93	11.259	12.756
7	7.214	7.434	7.662	7.898	8.142	8.394	8.654	8.923	9.2	9.487	9.783	10.089	10.405	10.73	11.067	11.414	11.772	12.142	12.523	12.916	15.073	17.583
8	8.286	8.583	8.892	9.214	9.549	9.879	10.26	10.637	11.028	11.436	11.859	12.3	12.757	13.233	13.727	14.24	14.773	15.327	15.902	16.499	19.842	23.858
9	9.369	9.755	10.159	10.583	11.027	11.491	11.978	12.488	13.021	13.579	14.164	14.776	15.416	16.085	16.786	17.519	18.285	19.086	19.923	20.799	25.802	32.015
10	10.462	10.95	11.464	12.006	12.578	13.181	13.816	14.487	15.193	15.937	16.722	17.549	18.42	19.337	20.304	21.321	22.393	23.521	24.701	25.959	33.253	42.619
11	11.567	12.169	12.808	13.486	14.207	14.972	15.784	16.645	17.56	18.531	19.561	20.655	21.814	23.045	24.349	25.733	27.2	28.755	30.404	32.15	42.566	56.405
12	12.683	13.412	14.192	15.026	16.917	16.87	17.888	18.977	20.141	21.384	22.713	24.133	25.65	27.271	29.002	30.85	32.824	34.931	37.18	39.581	54.208	74.327
13	13.809	14.68	15.618	16.627	17.713	18.882	20.141	21.495	22.953	24.523	26.212	28.029	29.985	32.089	34.352	36.786	39.404	42.219	45.244	48.497	68.76	97.625
14	14.947	15.974	17.086	18.292	19.599	21.015	22.55	24.215	26.019	27.975	30.095	32.393	34.883	37.581	40.505	43.672	47.103	50.818	54.841	54.196	86.949	127.91
15	16.097	17.293	18.599	20.024	21.579	23.276	25.129	27.152	29.361	31.772	34.405	37.28	40.417	43.842	47.58	51.66	56.11	6.965	66.261	72.035	109.69	167.29
16	17.258	18.639	20.157	21.825	23.657	25.673	27.888	30.324	33.003	35.95	39.19	42.753	46.672	50.98	55.717	60.925	66.649	72.939	79.85	87.442	138.11	218.47
17	18.43	20.012	21.762	23.698	25.84	28.213	30.84	33.75	36.974	40.545	44.501	48.884	53.739	59.118	65.075	71.673	78.979	87.068	96.022	105.93	173.64	285.01
18	19.615	21.412	23.414	25.645	28.132	30.906	33.999	37.45	41.301	45.599	50.396	55.75	61.725	68.394	75.836	84.141	93.406	103.74	115.27	128.12	218.05	371.52
19	20.811	22.841	25.117	27.671	30.539	33.76	37.379	41.446	46.018	51.159	56.939	63.44	70.749	79.969	88.212	98.603	110.29	123.41	138.17	154.74	273.56	483.97
20	22.019	24.297	26.87	29.778	33.066	36.786	40.995	45.762	51.16	57.275	64.203	72.052	80.947	91.025	120.44	115.38	130.03	146.63	165.42	186.69	342.95	630.17
25	28.243	32.03	36.459	41.646	47.727	54.865	63.249	73.106	84.701	98.347	114.41	133.33	155.62	181.87	212.79	249.21	292.11	342.6	402.04	471.98	1054.8	2348.8
30	34.785	40.588	47.575	56.085	66.439	79.058	94.461	113.28	136.31	164.49	199.02	241.33	293.2	356.79	434.75	530.31	647.44	790.95	966.7	1181.9	3227.2	8730
40	48.886	60.402	75.401	95.026	120.8	154.76	199.64	259.06	337.89	442.59	581.83	767.09	1013.7	1342	1779.1	2360.8	3134.5	4163.21	5519.8	7343.9	30089	120393
50	64.463	84.579	112.8	152.67	209.35	290.34	406.53	573.77	815.08	1163.9	1668.8	24000	3459.5	4991.5	7217.7	10436	15090	21813	31515	45497	280256	165976

复利现值系数表（PVIF 表）

n	1%	2%	3%	4%	5%	6%	8%	10%	12%	14%	15%	16%	18%	20%	25%	30%	35%	40%	50%
1	0.99	0.98	0.97	0.961	0.952	0.943	0.925	0.909	0.892	0.877	0.869	0.862	0.847	0.833	0.8	0.769	0.74	0.714	0.666
2	0.98	0.961	0.942	0.924	0.907	0.889	0.857	0.826	0.797	0.769	0.756	0.743	0.718	0.694	0.64	0.591	0.548	0.51	0.444
3	0.97	0.942	0.915	0.888	0.863	0.839	0.793	0.751	0.711	0.674	0.657	0.64	0.608	0.578	0.512	0.455	0.406	0.364	0.296
4	0.96	0.923	0.888	0.854	0.822	0.792	0.735	0.683	0.635	0.592	0.571	0.552	0.515	0.482	0.409	0.35	0.301	0.26	0.197
5	0.951	0.905	0.862	0.821	0.783	0.747	0.68	0.621	0.567	0.519	0.497	0.476	0.437	0.401	0.327	0.269	0.223	0.185	0.131
6	0.942	0.887	0.837	0.79	0.746	0.704	0.63	0.564	0.506	0.455	0.432	0.41	0.37	0.334	0.262	0.207	0.165	0.132	0.087
7	0.932	0.87	0.813	0.759	0.71	0.665	0.583	0.513	0.452	0.399	0.375	0.353	0.313	0.279	0.209	0.159	0.122	0.094	0.058
8	0.923	0.853	0.789	0.73	0.676	0.627	0.54	0.466	0.403	0.35	0.326	0.305	0.266	0.232	0.167	0.122	0.09	0.067	0.039
9	0.914	0.836	0.766	0.702	0.644	0.591	0.5	0.424	0.36	0.307	0.284	0.262	0.225	0.193	0.134	0.094	0.067	0.048	0.026
10	0.905	0.82	0.744	0.675	0.613	0.558	0.463	0.385	0.321	0.269	0.247	0.226	0.191	0.161	0.107	0.072	0.049	0.034	0.017
11	0.896	0.804	0.722	0.649	0.584	0.526	0.428	0.35	0.287	0.236	0.214	0.195	0.161	0.134	0.085	0.055	0.036	0.024	0.011
12	0.887	0.788	0.701	0.624	0.556	0.496	0.397	0.318	0.256	0.207	0.186	0.168	0.137	0.112	0.068	0.042	0.027	0.017	0.007
13	0.878	0.773	0.68	0.6	0.53	0.468	0.367	0.289	0.229	0.182	0.162	0.145	0.116	0.093	0.054	0.033	0.02	0.012	0.005
14	0.869	0.757	0.661	0.577	0.505	0.442	0.34	0.263	0.204	0.159	0.141	0.125	0.098	0.077	0.043	0.025	0.014	0.008	0.003
15	0.861	0.743	0.641	0.555	0.481	0.417	0.315	0.239	0.182	0.14	0.122	0.107	0.083	0.064	0.035	0.019	0.011	0.006	0.002
16	0.852	0.728	0.623	0.533	0.458	0.393	0.291	0.217	0.163	0.122	0.106	0.093	0.07	0.054	0.028	0.015	0.008	0.004	0.001
17	0.844	0.714	0.605	0.513	0.436	0.371	0.27	0.197	0.145	0.107	0.092	0.08	0.059	0.045	0.022	0.011	0.006	0.003	0.001
18	0.836	0.7	0.587	0.493	0.415	0.35	0.25	0.179	0.13	0.094	0.08	0.069	0.05	0.037	0.018	0.008	0.004	0.002	0
19	0.827	0.686	0.57	0.474	0.395	0.33	0.231	0.163	0.116	0.082	0.07	0.059	0.043	0.031	0.014	0.006	0.003	0.001	0
20	0.819	0.672	0.553	0.456	0.376	0.311	0.214	0.148	0.103	0.072	0.061	0.051	0.036	0.026	0.011	0.005	0.002	0.001	0
21	0.811	0.659	0.537	0.438	0.358	0.294	0.198	0.135	0.092	0.063	0.053	0.044	0.03	0.021	0.009	0.004	0.001	0	0
22	0.803	0.646	0.521	0.421	0.341	0.277	0.183	0.122	0.082	0.055	0.046	0.038	0.026	0.018	0.007	0.003	0.001	0	0
23	0.795	0.634	0.506	0.405	0.325	0.261	0.17	0.111	0.073	0.049	0.04	0.032	0.022	0.015	0.005	0.002	0.001	0	0
24	0.787	0.621	0.491	0.39	0.31	0.246	0.157	0.101	0.065	0.043	0.034	0.028	0.018	0.012	0.004	0.001	0	0	0
25	0.779	0.609	0.477	0.375	0.295	0.232	0.146	0.092	0.058	0.037	0.03	0.024	0.015	0.01	0.003	0.001	0	0	0
26	0.772	0.597	0.463	0.36	0.281	0.219	0.135	0.083	0.052	0.033	0.026	0.021	0.013	0.008	0.003	0.001	0	0	0
27	0.764	0.585	0.45	0.346	0.267	0.207	0.125	0.076	0.046	0.029	0.022	0.018	0.011	0.007	0.002	0	0	0	0
28	0.756	0.574	0.437	0.333	0.255	0.195	0.115	0.069	0.041	0.025	0.019	0.015	0.009	0.006	0.001	0	0	0	0
29	0.749	0.563	0.424	0.32	0.242	0.184	0.107	0.063	0.037	0.022	0.017	0.013	0.008	0.005	0.001	0	0	0	0
30	0.741	0.552	0.411	0.308	0.231	0.174	0.099	0.057	0.033	0.019	0.015	0.011	0.006	0.004	0.001	0	0	0	0
31	0.734	0.541	0.399	0.296	0.22	0.164	0.092	0.052	0.029	0.017	0.013	0.01	0.005	0.003	0	0	0	0	0
32	0.727	0.53	0.388	0.285	0.209	0.154	0.085	0.047	0.026	0.015	0.011	0.008	0.005	0.002	0	0	0	0	0
33	0.72	0.52	0.377	0.274	0.199	0.146	0.078	0.043	0.023	0.013	0.009	0.007	0.004	0.002	0	0	0	0	0
34	0.712	0.51	0.366	0.263	0.19	0.137	0.073	0.039	0.021	0.011	0.008	0.006	0.003	0.002	0	0	0	0	0
35	0.705	0.5	0.355	0.253	0.181	0.13	0.067	0.035	0.018	0.01	0.007	0.005	0.003	0.001	0	0	0	0	0
36	0.698	0.49	0.345	0.243	0.172	0.122	0.062	0.032	0.016	0.008	0.006	0.004	0.002	0.001	0	0	0	0	0
37	0.692	0.48	0.334	0.234	0.164	0.115	0.057	0.029	0.015	0.007	0.005	0.004	0.002	0.001	0	0	0	0	0
38	0.685	0.471	0.325	0.225	0.156	0.109	0.053	0.026	0.013	0.006	0.004	0.003	0.001	0	0	0	0	0	0
39	0.678	0.461	0.315	0.216	0.149	0.103	0.049	0.024	0.012	0.006	0.004	0.003	0.001	0	0	0	0	0	0
40	0.671	0.452	0.306	0.208	0.142	0.097	0.046	0.022	0.01	0.005	0.003	0.002	0.001	0	0	0	0	0	0
41	0.665	0.444	0.297	0.2	0.135	0.091	0.042	0.02	0.009	0.004	0.003	0.002	0.001	0	0	0	0	0	0
42	0.658	0.435	0.288	0.192	0.128	0.086	0.039	0.018	0.008	0.004	0.002	0.001	0	0	0	0	0	0	0
43	0.651	0.426	0.28	0.185	0.122	0.081	0.036	0.016	0.007	0.003	0.002	0.001	0	0	0	0	0	0	0
44	0.645	0.418	0.272	0.178	0.116	0.077	0.033	0.015	0.006	0.003	0.002	0.001	0	0	0	0	0	0	0
45	0.639	0.41	0.264	0.171	0.111	0.072	0.031	0.013	0.006	0.002	0.001	0.001	0	0	0	0	0	0	0
46	0.632	0.402	0.256	0.164	0.105	0.068	0.029	0.012	0.005	0.002	0.001	0.001	0	0	0	0	0	0	0
47	0.626	0.394	0.249	0.158	0.1	0.064	0.026	0.011	0.004	0.002	0.001	0	0	0	0	0	0	0	0
48	0.62	0.386	0.241	0.152	0.096	0.06	0.024	0.01	0.004	0.001	0.001	0	0	0	0	0	0	0	0
49	0.614	0.378	0.234	0.146	0.091	0.057	0.023	0.009	0.003	0.001	0.001	0	0	0	0	0	0	0	0
50	0.608	0.371	0.228	0.14	0.087	0.054	0.021	0.008	0.003	0.001	0	0	0	0					

复利终值系数表（FVIF 表）

	1%	2%	3%	4%	5%	6%	7%	8%	9%	10%	11%	12%	13%	14%	15%	16%	17%	18%	19%	20%	25%	30%
1	1.01	1.02	1.03	1.04	1.05	1.06	1.07	1.08	1.09	1.1	1.11	1.12	1.13	1.14	1.15	1.16	1.17	1.18	1.19	1.2	1.25	1.3
2	1.02	1.04	1.061	1.082	1.103	1.124	1.145	1.166	1.188	1.21	1.232	1.254	1.277	1.3	1.323	1.346	1.369	1.392	1.416	1.44	1.563	1.69
3	1.03	1.061	1.093	1.125	1.158	1.191	1.225	1.26	1.295	1.331	1.368	1.405	1.443	1.482	1.521	1.561	1.602	1.643	1.685	1.728	1.953	2.197
4	1.041	1.082	1.126	1.17	1.216	1.262	1.311	1.36	1.412	1.464	1.518	1.574	1.63	1.689	1.749	1.811	1.874	1.939	2.005	2.074	2.441	2.856
5	1.051	1.104	1.159	1.217	1.276	1.338	1.403	1.469	1.539	1.611	1.685	1.762	1.842	1.925	2.011	2.1	2.192	2.288	2.386	2.488	3.052	3.713
6	1.062	1.126	1.194	1.265	1.34	1.419	1.501	1.587	1.677	1.772	1.87	1.974	2.082	2.195	2.313	2.436	2.565	2.7	2.84	2.986	3.815	4.827
7	1.072	1.149	1.23	1.316	1.407	1.504	1.606	1.714	1.828	1.949	2.076	2.211	2.353	2.502	2.66	2.826	3.001	3.185	3.379	3.583	4.768	6.275
8	1.083	1.172	1.267	1.369	1.477	1.594	1.718	1.851	1.993	2.144	2.305	2.476	2.658	2.853	3.059	3.278	3.511	3.759	4.021	4.3	5.96	8.157
9	1.094	1.195	1.305	1.423	1.551	1.689	1.838	1.999	2.172	2.358	2.558	2.773	3.004	3.252	3.518	3.803	4.108	4.435	4.785	5.16	7.451	10.604
10	1.105	1.219	1.344	1.48	1.629	1.791	1.967	2.159	2.367	2.594	2.839	3.106	3.395	3.707	4.046	4.411	4.807	5.234	5.695	6.192	9.313	13.786
11	1.116	1.243	1.384	1.539	1.71	1.898	2.105	2.332	2.58	2.853	3.152	3.479	3.836	4.226	4.652	5.117	5.624	6.176	6.777	7.43	11.642	17.922
12	1.127	1.268	1.426	1.601	1.796	2.012	2.252	2.518	2.813	3.138	3.498	3.896	4.335	4.818	5.35	5.936	6.58	7.288	8.064	8.916	14.552	23.298
13	1.138	1.294	1.469	1.665	1.886	2.133	2.41	2.72	3.066	3.452	3.883	4.363	4.898	5.492	6.153	6.886	7.699	8.599	9.596	10.699	18.19	30.288
14	1.149	1.319	1.513	1.732	1.98	2.261	2.579	2.937	3.342	3.797	4.31	4.887	5.535	6.261	7.076	7.988	9.007	10.147	11.42	12.839	22.737	39.374
15	1.161	1.346	1.558	1.801	2.079	2.397	2.759	3.172	3.642	4.177	4.785	5.474	6.254	7.138	8.137	9.266	10.539	11.974	13.59	15.407	28.422	51.186
16	1.173	1.373	1.605	1.873	2.183	2.54	2.952	3.426	3.97	4.595	5.311	6.13	7.067	8.137	9.358	10.748	12.33	14.129	16.172	18.488	35.527	66.542
17	1.184	1.4	1.653	1.948	2.292	2.693	3.159	3.7	4.328	5.054	5.895	6.866	7.986	9.276	10.761	12.468	14.426	16.672	19.244	22.186	44.409	86.504
18	1.196	1.428	1.702	2.026	2.407	2.854	3.38	3.996	4.717	5.56	6.544	7.69	9.024	10.575	12.375	14.463	16.879	19.673	22.901	26.623	55.511	112.455
19	1.208	1.457	1.754	2.107	2.527	3.026	3.617	4.316	5.142	6.116	7.263	8.613	10.197	12.056	14.232	16.777	19.748	23.214	27.252	31.948	69.389	146.192
20	1.22	1.486	1.806	2.191	2.653	3.207	3.87	4.661	5.604	6.727	8.062	9.646	11.523	13.743	16.367	19.461	23.106	27.393	32.429	38.338	86.736	190.05
21	1.232	1.516	1.86	2.279	2.786	3.4	4.141	5.034	6.109	7.4	8.949	10.804	13.021	15.668	18.822	22.574	27.034	32.324	38.591	46.005	108.42	247.065
22	1.245	1.546	1.916	2.37	2.925	3.604	4.43	5.437	6.659	8.14	9.934	12.1	14.714	17.861	21.645	26.186	31.629	38.142	45.923	55.206	135.525	321.184
23	1.257	1.577	1.974	2.465	3.072	3.82	4.741	5.871	7.258	8.954	11.026	13.552	16.627	20.362	24.891	30.376	37.006	45.008	54.649	66.247	169.407	417.539
24	1.27	1.608	2.033	2.563	3.225	4.049	5.072	6.341	7.911	9.85	12.239	15.179	18.788	23.212	28.625	35.236	43.297	53.109	65.032	79.497	211.758	542.801
25	1.282	1.641	2.094	2.666	3.386	4.292	5.427	6.848	8.623	10.835	13.585	17	21.231	26.462	32.919	40.874	50.658	62.669	77.388	95.396	264.698	705.641
26	1.295	1.673	2.157	2.772	3.556	4.549	5.807	7.396	9.399	11.918	15.08	19.04	23.991	30.167	37.857	47.414	59.27	73.949	92.092	114.475	330.872	917.333
27	1.308	1.707	2.221	2.883	3.733	4.822	6.214	7.988	10.245	13.11	16.739	21.325	27.109	34.39	43.535	55	69.345	87.26	109.589	137.371	413.59	1192.533
28	1.321	1.741	2.288	2.999	3.92	5.112	6.649	8.627	11.167	14.421	18.58	23.884	30.633	39.204	50.066	63.8	81.134	102.967	130.411	164.845	516.988	1550.293
29	1.335	1.776	2.357	3.119	4.116	5.418	7.114	9.317	12.172	15.863	20.624	26.75	34.616	44.693	57.575	74.009	94.927	121.501	155.189	197.814	646.235	2015.381
30	1.348	1.811	2.427	3.243	4.322	5.743	7.612	10.063	13.268	17.449	22.892	29.96	39.116	50.95	66.212	85.85	111.065	143.371	184.675	237.376	807.794	2619.996
40	1.489	2.208	3.262	4.801	7.04	10.286	14.974	21.725	31.409	45.259	65.001	93.051	132.78	188.882	267.86	378.72	533.87	750.38	1051.7	1469.8	7523.2	36119
50	1.654	2.692	4.384	7.107	11.467	18.42	29.457	46.902	74.358	117.39	184.57	289	450.74	700.23	1083.7	1670.7	2566.2	3927.4	5988.9	9100.4	70065	497929

读者反馈意见

亲爱的读者：

　　感谢您对《财务管理学》的学习和热爱！为了今后能给您提供更优质的服务，请您抽出宝贵时间填写下面意见反馈表，以便我们更好地对本教材做进一步的改进。同时如果您在使用本教材的过程中遇到了什么问题，或者有什么好的建议，也请您来信、来电告诉我们。

　　地址：北京市丰台区科学城南极星大厦108室
　　电话：010 – 61229894 /83794403
　　电子邮箱：caikai6223@263.net　　　QQ：649319527　　QQ：1694299827
　　网址：WWW.KFHWH.CN

教材名称：《财务管理学》
个人资料：
姓名：_____　年龄：_____　所在院校/专业_____
文化程度：_____　通讯地址：_____
联系电话：_____　电子信箱：_____
您使用本书是作为：□指定教材、□选用教材、□辅导教材
您对封面设计的满意度：
□很满意、□满意、□一般、□不满意　改进建议_____
您对本书印刷质量的满意度：
□很满意、□满意、□一般、□不满意　改进建议_____
您对本书的总体满意度：
从语言质量角度看：□很满意、□满意、□一般、□不满意
从科技含量角度看：□很满意、□满意、□一般、□不满意
本书最令您满意的是：
□指导明确　□内容充实　□讲解详尽　□实例丰富
您认为本书在哪些地方应进行修改？（可附页）
_____
_____
您希望本书在哪些方面需进行改进？（可附页）
_____
_____